聊城大学出版基金资助

义务教育均衡发展研究

民生改善视域下
民族地区义务教育质量优化研究

Quality Optimization of Compulsory Education in Minority Areas from
the Perspective of People's Livelihood Improvement

满忠坤 著

科学出版社
北 京

内 容 简 介

跨入"后普九"时代，民族地区教育办学条件有了质的改善，教育质量有了大幅提升。经济社会整体发展水平相对落后的现实，依旧是制约民族地区义务教育质量提升的社会历史文化根源。这也是制约民族地区义务教育质量提升的核心问题。

本书以教育发展与民生改善的依存关系为视角，重点考查社会文化因素对教育发展质量的制约，以警惕"文化相对主义"的道德陷阱。民族地区义务教育质量的优化，不应机械照搬"大一统"的改革模式和行动策略，应兼顾民族地区经济、社会、文化和教育发展的客观现实，探索构建适合民族地区实际的特色路径和实践策略。

本书适合教育学、民族学、人类学、社会学等领域的在读研究生、高校教学科研人员、相关政府职能部门工作人员，以及对相关内容感兴趣的普通大众阅读。

图书在版编目（CIP）数据

民生改善视域下民族地区义务教育质量优化研究/满忠坤著.—北京：科学出版社，2018.3

ISBN 978-7-03-056257-9

Ⅰ. ①民… Ⅱ. ①满… Ⅲ. ①民族地区-义务教育-教育质量-研究-中国 Ⅳ. ①G522.3

中国版本图书馆 CIP 数据核字（2018）第 003883 号

责任编辑：乔宇尚　王丽娟/责任校对：王　瑞

责任印制：张欣秀/封面设计：润一文化

科 学 出 版 社 出版

北京东黄城根北街 16 号
邮政编码：100717
http://www.sciencep.com

北京京华虎彩印刷有限公司 印刷

科学出版社发行　各地新华书店经销

*

2018 年 3 月第 一 版　开本：720×1000　B5
2018 年 3 月第一次印刷　印张：15 3/4
字数：290 000

定价：89.00 元
（如有印装质量问题，我社负责调换）

序

教育问题是复杂的，也是简单的。教育问题的复杂性源于教育的对象是人，人的复杂性决定了教育的复杂性。说教育问题简单，是因为教育作为一项社会事业，具有社会事业的共同特点，都受制于"经济基础决定上层建筑"的规律。当然，就本质而言，教育也具有上层建筑的属性。但就作为社会事业的教育而言，其发展无疑受制于经济基础的保障情况。"教育就是教育"作为一个哲学命题或一种信念虽并无大碍，但具体到现实生活，"教育从来不单单是教育"。教育需要有理想，但教育无法仅仅悬置于理想的天空；"知识即美德"虽也不错，但知识更应是温暖亲切的。经验告诉我们，教育一旦遗忘了生活，也就遗忘了教育中的人，进而导致人们自然无法认同那些"陌生""高远"的教育信念和学校知识的价值。

教育问题是社会问题，也是文化问题；教育是国事，也是民生。跨入"后普九"时代，民族地区义务教育普及成效有了质的改善，无论是普及的数量，还是普及的质量，整体水平较之从前均有大幅提升。但是，民族地区整体相对落后的社会生产力发展水平和民族传统文化与现代学校教育文化之间的差异，依旧是制约民族地区义务教育质量优化的瓶颈。本书对民族地区义务教育质量问题的思考，是基于对学校教育与社会文化规约关系的思考，继而拓展到对人的文化性及现实需要的关注，并提炼为"教育发展与民生改善的依存关系"这一具有创新性的价值立场和研究视角。在整个研究过程中，"社会文化"是在一种宽泛意义上使用的，即特定群体具有稳定性的生活方式和心理倾向的总和。

长期以来，"教育经济负担"①一直是民族地区义务教育阶段学生失学、辍

---

① "教育经济负担"特指因直接支付教育费用所产生的负担，不包含因接受教育直接或间接损失的经济收入导致的经济负担。

学的最主要原因。近年来，伴随国家对基础教育的大力投入和各项倾斜性政策的实施，加之我国经济社会发展水平和综合国力的不断提升，经济困难已不是民族地区教育发展质量提升的最主要障碍，"没钱读书"已不再是阻碍民族地区家庭送子女接受义务教育的主要原因，一般家庭送子女读书并无负担。然而，民族地区教育经费投入水平的不断加大并未带来教育质量的相应提升，有的甚至出现了教育质量的滑坡、倒退。针对上述问题，本书的创新之处有三：①在经济教育学、政治教育学视角的基础上，提出民生教育学的视角，并将其作为剖析民族地区义务教育质量困境的新路径。②坚持"从实求知"的原则，以田野工作（fieldwork）为主要研究方式，深入民族地区开展实地调研，"自下而上"地收集了较为丰富的一手资料。③对民族地区一切教育问题的回答，都不应忽视其根植的社会文化背景，最终又可归为对人性（人的社会性）问题的思考。只是这一问题或问题的某些方面在民族地区表现得更为突出、更加典型，这也是本书提出"作为方法的民族教育问题"的方法论创新。基于上述研究设计，本书对民族地区义务教育质量困境的认识大概有三个方面。

1）民族地区义务教育质量困境的实质，是学校教育普及与民族群众民生改善之间某些不和谐乃至冲突的现实表征。关注教育与文化的依存关系，即是关注教育发展与民生改善的依存问题。文化与民生的关系尤为紧密，可以说文化问题本身就是民生问题。人们创造文化、积淀文化、传承文化，为的是增进生活的福祉、改善民生。当然，民生的内涵十分丰富，不应限于政策话语或政治概念的理解、运用。民族地区的民生境遇和教育诉求不仅规约着教育质量的应然样态，还规约着教育质量的实然状态。现代学校教育表征的"大传统"与民族地区社会文化的"小传统"之间的文化隔膜，是问题的深层表征。民族地区义务教育的发展应与其根植的社会文化系统保持必要的张力，在传统与现代、继承与创新之间保持动态平衡。忽视民族地区社会文化的特殊性和民生诉求，机械推行"大一统""一刀切""超速发展"的教育改革方略和政策行动，既不符合教育发展的基本规律，又脱离了民族群众的实际需要。民族地区的学生就会面临"听不懂、学不会、坐不住"的教育困境，"免费教育不免费""读书无用论"的价值危机，以及"村落流民群体""双重边缘化"的文化危机。这也是"后普九"时代民族地区教育发展普遍面临的质量困境。

2）对待民族地区的教育问题应避免两种错误的方法论倾向：①民族主义，又称文化中心主义；②民族虚无主义，又称文化取消主义。前者表现为对待民族教育问题的"特殊主义"，后者表现为"普遍主义"，两者均不能全面把握民族教育问题的客观现实与症结所在。民族地区的教育问题同非民族地区的教育问题既有共性，亦具有自身特殊性。民族文化的上述特征无疑会对教育特别是学校教育提出某些特殊要求。但是，现实中由于各种主客观因素的制约，我们的教育实践对以文化差异为核心的民族教育特殊性的认识和重视均有待提高，导致民族地区教育发展沿袭"一刀切"的办学模式，很少考虑少数民族地区的文化传统在教育发展中的特殊制约性。民族地区对教育的特殊需求在"大一统"的教育模式下很容易被忽视，这也是当前民族地区义务教育质量困境的症结。忽视民族教育理论与民族教育实践的特殊性，往往会导致以"客位立场"代替"主位立场"看待民族教育问题，将民族地区的一切教育问题简单地等同于中东部地区与非民族地区的教育问题，并在此基础上照搬其他地区的教育政策、策略等。这一方法论指引下的民族教育改革，由于民族文化主体和民族文化要素的"缺席"，有时难免"好心办坏事"，使教育供给与教育需求之间出现了鸿沟，结果往往并不能带来民族教育的真正发展，反而造成有限教育资源的闲置、浪费。

3）应充分发挥民族地区独特的地理人文资源优势，探索教育与民生互促发展的协同机制。"学不会，不愿学，学了没用"的现实难题导致民族群众对"免费教育"的认同和需求普遍不高，甚至对义务教育的普及持有否定和抵制的态度，继而对"接受免费教育""读书上学"缺乏必要动力和积极性。民族地区相对落后、窘迫的民生境遇又需要义务教育普及为之提供改善民生的基础性智力支持和观念引导。这就需要充分发挥民族地区的教育资源优势，探索整合多元教育形态，使义务教育的普及真正成为改善民生的福祉。一方面，民族地区特殊的自然人文系统，要求当地教育发展必须探索特色发展的路径；另一方面，民族地区独特的自然人文系统也为教育特色发展提供了可资利用的丰富的自然、人文资源。因此，提出民族地区教育发展的特色路径既有必要，又有可能。优化教育资源配置，办好公平优质的教育，让民族群众真正享受教育发展的成果，是"后普九"时代民族地区教育改革和发展的核心目标。值得注意的是，虽然本书主要关注社会文化差异与民族地区义务教育质量困境的依存关系，但也警惕"文化相对主义"的道德陷阱。关注教育与文化的规约关系，不应走向"泛文化论"的另一极端。

　　毋庸置疑，置身中国社会加速转型发展的进程中，民族地区的义务教育质量问题已超出了单纯的教育问题和教育学的边界。本书对民族地区义务教育质量问题的界定和研究视角的选择，不可避免地存在形式和内容上的片面或偏执，这也是本书的局限性和不足之处。通过更加广泛、翔实、持续的田野工作和理论提炼，进一步厘清民族地区教育发展与社会文化的动态依存关系，探索民族地区教育与民生协同发展的机制和策略，是后续研究的任务。

满忠坤

2017 年 6 月 5 日

目　　录

第一章

民族地区义务教育质量优化的基本思路

> 各种制度的自然本性不过是它们在某些时期以某些方式产生出来了。时期和方式是什么样，产生的制度也就是什么样，而不能是另样的。各种制度的不可分割的特性必然是由于它们产生的方式，所以根据这些特性，我们就可以断定他们的本性或产生情况是这样而不是另样的。[①]
>
> ——维柯

对学校教育问题的思考不应仅仅把视野局限在学校系统内部，而应放眼于学校教育赖以运作的社会文化系统及时代变迁的场域中。民族地区的义务教育质量既是一个文化问题，又是民生问题。谈及民族地区的义务教育质量问题，既有研究多把原因归于"经费投入不足""家长观念落后"，很少从民族成员的教育需要及民生境遇出发思考问题；较少关注"免费读书"对民族成员"脱贫致富""体面生活"的民生需要意味着什么；疏于审视对民生成员而言"优质教育"的现实意义。

第一节 "后普九"时代民族地区的教育质量困境

跨入"后普九"时代，民族地区各项办学条件有了质的改善，教育质量有了大幅提升。但是，经济社会整体发展水平相对落后的现实，依旧是制约民族地区义务教育质量提升的社会历史文化根源。尤其对广大民族地区、偏远山区而言，教育资源配置的数量增加与教育质量提升之间的矛盾依然突出、紧迫。教育发展仍不能很好地满足人民群众对优质公平教育的需要，民族群众对"强制""免费"义务教育的逃离、放弃，是这一矛盾的行为体现。概言之，义务教育发展"量的问题"虽已基本解决，但"质的矛盾"依然突出，这是民族地区普遍面临的教育质量困境。

---

① 维柯. 新科学. 朱光潜译. 北京：商务印书馆，2012：109.

一、从"有学上"到"上好学"的目标转向

进入 21 世纪，全面普及义务教育和提高义务教育质量成为"后普九"时代的双重目标。前者强调义务教育的普及率，做到适龄儿童"人人有学上"；后者强调义务教育的完成质量，实现"上好学"的目标。从民生改善的视角来看，接受义务教育是公民的一项基本权利和社会义务，提高教育质量、"办人民满意的教育"，既是新形势下义务教育发展的战略选择，又是人民群众对优质公平教育的合理诉求，更是我国社会主义教育的本质体现。具体到民族地区，伴随各项帮扶、倾斜性政策的大力推行，无论是教育经费的充盈、办学条件的改善，还是城乡、区域、校际差距的缩小，均有大幅改善（图 1-1）。

（a）　　　　　　　　　　　　　　（b）

图 1-1　彝区乡村现代化的教学楼和实验室

就教育经费投入来看，伴随对西部地区、民族地区发展的重视和各项配套政策的出台实施，民族地区某些教育投入统计指标业已接近全国平均水平，甚至超过某些中部地区。资料显示，自 2010 年实施"农村义务教育薄弱学校改造计划"至 2013 年 12 月，中央财政四年对中西部 22 个省份和新疆生产建设兵团农村薄弱学校已累计安排薄弱学校改造计划补助资金 656.8 亿元，投入教学装备类项目专项资金 219.27 亿元，加之地方配套资金，各地经招标采购建设实际完成的教学装备类项目总价值为 307.68 亿元，"最好的建筑在学校，最美的环境在校园"得到中西部群众的公认。纵向比较来看，2013 年中西部农村义务教育学校仪器设备值和图书册数较 2009 年有明显增加（表 1-1）。[①]

---

① 焦新. 农村薄弱学校改造计划教学装备类项目实施成效明显. 中国教育报，2014-03-21（01）.

表 1-1　中西部农村义务教育学校仪器设备值、图书册数及增长情况

年份	仪器设备值/亿元	增长率/%	图书册数/亿册	增长率/%
2009	244.17	41.00	13.13	61.00
2013	413.10		34.01	

　　横向比较来看，2011 年贵州、云南、四川、西藏、河南和全国地方普通小学生均公共财政预算教育经费和地方农村小学生均教育经费实际支出的比较可佐证上述情况（图 1-2、图 1-3）。

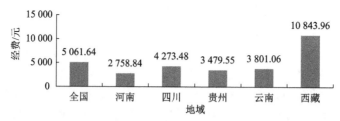

图 1-2　2011 年五省份与全国地方普通小学生均公共财政预算教育经费比较[①]

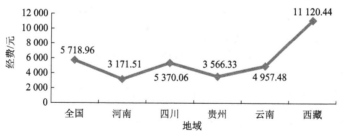

图 1-3　2011 年五省份与全国地方农村小学生均教育经费实际支出比较[①]

　　但调研发现，教育资源配置总量和区域均衡水平的不断提升，并未带来民族地区义务教育普及质量的应有提升，教育资源投入数量的增加与教育发展的质量提升之间的矛盾依然突出。一项关于全国东中西部 8 个省份共 31 个区县义务教育阶段六年级学业质量的抽样调查表明，东部地区学生的学业水平明显高于中西部地区，且差异非常显著。[②]另据全国人民代表大会常务委员会执法检查组关于检查《中华人民共和国义务教育法》实施情况的报告，在中西部欠发达地区，尤其是边远、贫困及少数民族地区，农村初中辍学率较高，有的地区超过 10%，且极

---

① 整理自：教育部财务司，国家统计局社会科技和文化产业统计司. 中国教育经费统计年鉴（2012）. 北京：中国统计出版社，2013.

② 中央教育科学研究所中小学生学业成就调查研究课题组. 我国小学六年级学生学业成就调查报告. http://www.nies.net.cn/cb/bg/201203/t20120329_303286.html[2012-03-29].

少数是因贫辍学。一些学生家长认为继续让子女读书升学不如早务工赚钱；一些学校教学水平低，学生因厌学而辍学。[①]民族地区的田野调研也表明，辍学、隐性辍学、失学现象严重和学业成绩普遍低下，是民族地区义务教育发展面临的普遍问题。具体到不同民族地区、不同民族，又体现出不同程度的特殊性。民族地区普遍存在的辍学、失学现象不仅直接制约着教育质量的提升，还引发诸多社会问题。"流民群体"现象和民族传统文化、村落文化的式微，以及民族成员"双重边缘化"引发的文化归属和身份认同的精神危机，是此类问题的集中表现。

义务教育内涵式发展理念的提出进一步明确了我国义务教育发展的目标转向，使义务教育政策的价值导向从服务于政治稳定、经济发展的"政治取向""经济取向"，转向服务于人民生活改善的"民生取向"。调查发现，在等速增长甚至超速发展模式的引领下，某些民族地区的教育发展出现了脱离地区实际的"大干快上""机械照搬""盲目达标"的不良倾向，造成有限教育资源的闲置乃至浪费。民族地区教育积累相对薄弱，如何发挥有限教育资源最优化效益，避免"大跃进""浮夸风"，是民族教育理论与实践关注的共同话题。教育是国计，亦是民生。忽视人民群众的民生境况与教育诉求，任何有关义务教育质量问题的理论与实践活动，都必将是空泛的、不负责任的，其所承诺的价值也难免流于形式。以民生改善为视角，重新审视民族地区义务教育质量的价值定位和实践策略，厘清制约义务教育质量提升的社会文化因素，具有重要理论意义和实践价值。

二、"读书无用论"与"流民群体"的教育隐忧

"升学无望、就业无门、致富无术"，可谓"后普九"时代民族地区义务教育质量困境的经典概括。对绝大多数升学无望的学生而言，学校教育传授的高深知识对他们的就业（务农或打工）帮助并不大，既不能解决当地农业生产和管理的现代化问题，又不能为他们进城务工提供必要的技能培训。免费教育供给与人们对美好生活的现实追求之间出现了"脱节"，免费供给的义务教育成为一种"庄户不能，学问不成"的"两不靠"的教育，"读书无用论"在某些民族村寨悄然兴起。现实矛盾是免费学校教育的获取不但耽误他们从事各种生产劳动积累财富的可及性，各种必要的教育投入还加重了家庭经济负担。此外，不同程度存在的"教育浪费"和"过度教育"又使义务教育成为一种相对过剩的教育，这不同于"教育贫困"时期"无学上""上不起学"的历史困境，而是在办学条件、教育机会

---

① 中国人大网. 全国人民代表大会常务委员会执法检查组关于检查《中华人民共和国义务教育法》实施情况的报告. http://www.npc.gov.cn/npc/xinwen/2013-12/24/content_1819968.htm[2013-12-24].

等"教育经济"①相对富足的情况下，出现的"上好学"的质量困境。从这个意义上说，这种相对过剩的教育的实质是教育投入水平的增加与预期教育质量提升的不同步、不匹配导致的教育投入回报低效、无效乃至负效。

大多数少数民族学生在义务教育阶段面临学业水平低下、难以跟上学习进度的学业困境，导致辍学率、失学率居高不下乃至今不如昔的"滑坡""反弹"。调研发现，少数民族地区在学校布局调整的过程中，虽在整体办学水平提升和校际差距缩小方面取得一定的成效，但又产生一些新的问题。部分地区学校布局调整失当，大量村小和教学点被撤并，导致失学率和辍学率的反弹。同时，各种形式的逃学、辍学、隐性辍学更是普遍存在。调研的西双版纳傣族自治州某县属中学，平均每天有100～200名学生缺课（包括请假的学生）。据校长介绍，最头疼的就是学生不爱学习，经常逃课、缺课，"控辍保学"成为学校工作中的"老大难"问题。学校平均每天都有70～80名学生以各种"理由""借口"请假。特别是每逢周五，逃课、缺课的学生更多，有时甚至达100～200人。即便这样，他们学校还是同类学校中"控辍保学"的榜样。每逢学期开学，学校都要组织教师开展家访劝返工作。但实际的效果并不理想，仍不能从根本上制止学生逃学、流失。虽然上报的各项指标均已超额达标，但实际的情况也不容乐观。表1-2是2013年4月份该校一周学生到校情况统计。

表 1-2　某中学一周学生到校情况统计表

时间	应到学生数/人	实到学生数/人	请假学生数/人	逃课学生数/人	缺课学生总数/人	缺课比例/%
星期一	1287	1099	76	112	188	14.6
星期二	1287	1105	84	98	182	14.1
星期三	1287	1100	88	99	187	14.5
星期四	1287	1104	82	101	183	14.2
星期五	1287	1086	31	170	201	15.6
合计			361	580	941	

民族地区的田野调研和既有研究均表明，辍学、隐性辍学、失学现象严重、

---

① "教育经济"不同于"社会经济"，一定国家、地区的"社会经济贫困"也必然意味着"教育经济贫困"，反之亦然。较之"社会经济"，"教育经济"具有相对的独立性，二者的发展并不必然同步，这与国家、地区特定时期教育发展的理念、投入政策有关。"穷国办大教育""民族地区教育优先发展"等是这一独立性的具体表现，是国家、地区教育"超常""优先""倾斜"发展理念的确立与实践选择。

学业成绩普遍低下，是民族地区义务教育普及中面临的普遍问题。此外，各种形式的辍学、失学少年多系留守儿童，由于缺乏必要的家庭教育，他们很容易受到各种社会不良风气的影响，甚至从事各种违法、犯罪行为，成为游荡于村寨和乡镇新的"流民"阶层的主要来源和危害社会的不稳定因素。离开学校和游走在学校和社会之间的辍学、失学少年，成为民族地区社会不稳定因素的重要来源，这一社会问题与义务教育普及成效具有内在关联，需要教育理论与实践者高度重视。

三、"学校繁荣"与"教育衰败"的文化隐喻

现代学校教育在民族地区的强势介入与民族传统文化的式微，同样表现出"学校繁荣"与"教育衰败"的文化隐喻。"学校繁荣"与"教育衰败"[①]作为教育学话语中具有隐喻意义的阐释，是当前我国民族地区义务教育质量困境的又一表征。一方面，义务教育的全面普及使现代教育在民族地区获得巨大的"成功"；另一方面，相伴而生的村落文化的式微、消解，又显露出村落社会未来命运的文化衰败。

现实中的"乡土中国"，既非传统意义上的"世外桃源"，亦非现代化意义上的"新型农村"。传统村落的文化要素、文化结构和文化生态正经历着痛苦的裂变，很多乡村正朝着城市模本飞奔而去，仿佛一个个巨大的"城市赝品"。具体到民族地区，现代学校教育"外向型""精英主义"的知识价值取向，使民族成员有时被置于"双重边缘化"的尴尬境地：①民族传统文化、地域文化的消解与传承危机是民族地区普遍面临的"生存危机"和"精神危机"。置身现代化的浪潮中，民族传统文化日益被稀释，越来越被扣上落后、愚昧、贫穷的帽子，降格为被歧视、被排挤的"弱者"。②民族文化因素差异（包括民族语言、文化心理、社会习俗等），又使他们不能很好地融入现代生活，成为游荡在村落与都市、传统与现代边缘的"文化游民"。③面对本土传统文化的尴尬境遇，民族成员有时又以一种"无意识的自愿心态"放弃传统生活方式维系的本土文化，以期尽快融入现代社会的大潮流中，继而希望成为被认可的一员。民族成员这一"双重边缘化"的境地使他们既不能很好地融入主流文化，又在挣扎中被迫放弃、逃离本土文化。其结果是，"越是传统，越是贫穷""越是原始，也越是落后"，成为不断被强化的文化观念。在这一过程，城市取向、精英取向、汉语言取向的现代制度化学校教育，无疑成为加速民族成员边缘化的"无形之手"。

一方面，现代学校教育作为制度化的"异文化"强势介入传统文化场域，与

---

① 筑波大学教育学研究会. 现代教育学基础. 钟启泉译. 上海：上海教育出版社，1986：230.

民族成员的既有文化难免存在不同程度的不和谐乃至冲突。因语言文字、风俗习惯、宗教信仰等传统文化要素的制约，现代学校教育的内容、方式、目标对民族成员来说有时是陌生的、值得怀疑的。他们要么因无法认同现代学校教育的价值预设，自愿放弃免费教育或努力逃离学校；要么因文化差异面临诸多学业障碍，即使拼命学习也终难逃脱"失败者"的遭遇。学校教育的经历往往使他们自暴自弃、心灰意冷，甚至以一种反学校文化的方式游移于学校与村落之间，学校教育的经历成了他们不愿触及的"文化伤痛"。

另一方面，民族村寨传统文化的衰败不仅表现为资源的外流，更重要的是以传统文化为根基的既有伦理观念、价值体系的崩解。费孝通早在 50 多年前便指出，"文字下乡"是中国现代社会改造的表现。费先生当年关于"这种新式教育，一方面不能供给一般人民所需要的文字知识，一方面又夺取了一乡的领袖人物。在这种情形下而想复兴农村是在做梦"[1]的判断，在今天依然具有现实意义。一方面，现代观念和制度开始替代传统观念和制度，"传统越来越边缘化，越来越失去合法性"；另一方面，城市生活及观念为村落生活提供了模范，村落社会相对都市生活也越来越边缘化。[2]乡村秩序的合法性逐渐走向失落。

以前我们常说"礼失求诸野"，如今村落作为传统文化最后的避难所也日益暴露在现代化的大潮中。义务教育的强势介入，无疑加速了传统村落文化、民族文化的衰败。现代学校教育的强势介入与乡村文化的日益消解，提醒我们反省现代教育的办学理念与价值取向。

第二节　民族地区义务教育质量困境的历史探索

民族地区的教育发展与民族民生问题的改善具有内在的依存关系。"学不会，不愿学，学了没用"的现实难题导致民族群众对"免费教育"的认同和需求普遍不高，甚至对义务教育的普及持有否定和抵制的态度，继而对获取免费教育缺乏必要的动力和积极性。民族地区相对落后、窘迫的民生境遇，又迫切需要义务教育的普及为之提供改善民生可资依赖的基础性智力支持和观念引导。

一、"城市化"与"乡土化"的两难困境

纵观我国乡村教育研究的发展历程，我们发现"城市化"和"乡土化"是两

---

① 费孝通. 江村经济. 上海：上海人民出版社，2007：238.

② 贺雪峰. 什么农村，什么问题. 北京：法律出版社，2008：10.

种典型的理论主张与实践应对。前一种观点主张乡村教育应使农村学生接受与城市学生均等公平的教育，继而实现"农村城市化""农村现代化"，最终促成"农村人的现代化"。这也是肇始于19世纪末20世纪初，我国思想学术界以"国民性改造"为主题的"启蒙运动""教育救国"的重要组成部分，是通过平民教育和乡村建设改造"国民性"的实践探索和不断延伸。

（一）"文字下乡"与乡村义务教育的嵌入

廖泰初先生应属国内从事农村教育研究的先驱，他早在1936年就在我国鲁西南的汶上县开展农村教育田野考察。廖先生从中西文化冲突的视野出发，详尽地考察了当时汶上县"洋学"（学校）与私塾对抗、竞争，甚至落败的情形。通过考察，廖先生发现，老百姓并不欢迎"洋学"，他们更喜欢把孩子送进私塾，"洋学"只能在政府的严令下挣扎维持，私塾则在民间兴旺不衰。一方面，学校与私塾的矛盾与冲突体现了中西文化的冲突；另一方面，它也是政府与民众、庙堂与乡野的冲突。"洋学"代表了"现代""先进""科学"，而以私塾为象征的传统文化被认为是"落后""守旧""迷信"的代名词。[1]在"乡学"与"官学"的对立过程中，"洋学"最终以"国家"的角色强势"嵌入村落"[2]，开启了学校作为"村落中的'国家'"[3]的"文字下乡"的历史进程。

从被费孝通概括为"文字下乡"在"乡土中国"的赓续历程来看，这一过程肇始于19世纪晚期的新学运动，并一直延续到20世纪末21世纪初的"双基""普九"工程，前后历经100余年。虽然其间经历了"乡民毁校""新学不胜私塾""教育大革命""文化大革命"等种种艰辛或反复，但现代教育往下渗透的客观总趋势是不变的。在这一进程中，教会学校、国家政权、民间社会都曾是"乡土中国"发生的"文字乡下"的主持者；"外来殖民势力""国家政府力量"和"民间社会"，是推动这一历史进程的三方博弈势力。[4]自此，现代学校制度作为国家建设的重要组成部分，逐步向乡村延伸，国家与基层的冲突、乡土性与现代性的博弈，展现了我国传统乡村文化、传统教育在现代化进程中的嬗变图景。时至今天，这一过程还在延续。

---

① 廖泰初. 动变中的中国农村教育. 燕京大学硕士学位论文, 1936.

② 司洪昌. 嵌入村庄的学校：仁村教育的历史人类学探究. 华东师范大学博士学位论文, 2006.

③ 李书磊. 村落中的"国家"：文化变迁中的乡村学校. 杭州：浙江人民出版社, 1999.

④ 熊春文. "文字上移"：20世纪90年代末以来中国乡村教育的新趋向. 社会学研究, 2009, （5）：110-140, 244-245.

（二）"离农"与"向农"的乡村教育价值困境

以"乡村教育"为主题展开的相关研究，大致可概括为"离农"和"向农"两种价值取向和方法论范式。这类研究多持一种"反意识形态"的价值立场和分析路径，有意无意地强化了"学校是村落中的国家""村落中的学校是国家权力延伸的重要标志"[①]的方法论惯习，难免先入为主地陷入另一种"意识形态"的陷阱，以一种"思维定式"和"价值偏误"过滤了村落教育中的许多乡土本色、生活气息和变迁图景。以教科书为例，在"表达城乡内容的插图和课文在绝对数量上的差异并不明显，但在内容上却有一些明显差异"，这说明语文课本中的文化偏向仍然存在。这一城市取向的课程设计，"一方面在价值取向上培养农村孩子对城市生活的羡慕与憧憬"；另一方面，文化差异"又阻滞了大部分农村孩子通过升学而走进城市的通道"。在这样的教育内容选择及评价体系下，学校教育在为城市输送少量农村优秀人才的同时，也为农村留下了大量无奈、失望、既不热爱农村又无实用技能的学业失败者。城市与乡村的差距也因此越拉越大。[②]

历史经验表明，"离农"取向的乡村教育，在为城市输送大批优秀人才的同时，也造成农村的凋敝与空心化，"城乡二元"的结构性差距也越拉越大。"向农"主张乡村教育应服务于农村社会经济建设，从培养目标的设定，到课程内容的选取，都应紧紧围绕农村生活的实际，做到"从乡土中来，到乡土中去"，陶行知、梁漱溟、晏阳初都是这一观点的持有者和实践者。时至今日，这仍然是绝大多数"乡土学者"的基本立场。在他们看来，当今中国农村、农民面临的深层问题乃是精神、文化和教育的问题。乡村社会的精神危机是乡村教育相对弱化的直接原因，中国乡村、中国农民的出路只能是乡村文化的复苏与重建，"乡土中国与乡村教育""乡村文化与教育重建"成为他们共同的信念与实践情怀。[③]

（三）从"区位概念"转向"功能概念"

西方社会"国家与社会"中"权利、边界和交换问题"的二分法的客观实存是上述"离农"与"向农"二元分析框架有效性的前提。但运用"国家与社会"二分的框架来处理中国案例，在方法论上即存有问题。如果不能回答农村社会究

---

① 张济洲. 文化视野中的村落、学校与国家——一个县教育变迁的历史人类学考察（1904—2006）. 华东师范大学博士学位论文, 2007.

② 余秀兰. 中小学教学内容的城市偏向分析——以语文教科书为例. 南京师范大学学报（社会科学版）, 2005, （5）: 89-95.

③ 钱理群, 刘铁芳. 乡土中国与乡村教育. 福州: 福建教育出版社, 2008.

竟是国家的附属物，还是并未真正被国家所控制，而脱离农村社会经济结构及实际的政治环境，抽象地从权利分化、国家进入或退出、国家经纪人、文化等方面进行的概念化分析或推理，以及以此展开的相关研究的科学性和价值性是存有质疑的。[①]这一分析框架和价值预设，过分强化国家、村落、个人之间的对立，过于专注"庙堂"与"乡土"的差别，虽也宣称"小农立场""底层路线"，往往难逃理性主义、道德主义、理想主义的窠臼。乡村教育的发展需要改变思路，更新观念，从一种广阔的视角去关注乡村文化的特质与走向。

伴随社会经济文化的变迁与转型，"乡村教育"的理解应"超越传统的范围与模式"，应从"区位概念"转向"功能概念"。"乡村教育"也应该被界定为："一切可能且应该为农村现代化发展服务的教育，它既指农村中的教育要强化为农村发展服务的功能，也指城市中的教育要强化为农村发展服务的功能"，即为包含经济发展在内的人文发展服务，增进农村人的幸福。[②]如果农村教育只追求本土化，不参与城市文化和城市生活，其结果可能造成农村地区、贫困地区"文化再生产"的复制过程。尤其在建设社会主义新农村的进程中，鉴于农村现代化发展对教育更广泛、更深刻的需求，乡村教育应超越传统的范围与模式。[③]否则，如果硬是把城市和乡村对立、孤立起来，"仅仅是在农村社会内部寻求局部性的解决，那么，这样的努力就是根本无效的"，因为农村的问题并不仅仅是农村社会内部的问题，而是整个社会的问题。[④]陶行知在《中国乡村教育之根本改造》和潘光旦在《说乡土教育》中描述的现代教育普及造成乡村人才向城市流动和乡村荒漠化、日益凋敝在今天依旧适用。

> 近年来国计民生的大问题之一是地方的凋敝和农村的衰落，大家都看到这个问题，但一般人对于这问题的分析似乎始终限于经济与政治两个方面。此种分析实质上没有能尽这个问题的底蕴与症结。底蕴与症结所在，我以为直接是人才的，而间接是教育的。如果农村中比较有志力的分子不断地向城市跑，外县的向省会跑，外省的向首都与通商大埠跑，人之云已，邦国殄萃，试问，地方又安得而不凋敝，农村又安得而不衰落？[⑤]

---

① 郭正林. 当代中国农村政治研究的理论视界. 中共福建省委党校学报，2003，（7）：22-27.

② 张乐天. 重新解读农村教育. 教育发展研究，2003，（11）：19-22.

③ 李宁. 全球化视野下中国农村教育问题研究. 长春：东北师范大学出版社，2008：48.

④ 钱理群，刘铁芳. 乡土中国与乡村教育. 福州：福建教育出版社，2008：22.

⑤ 潘乃谷，潘乃和. 潘光旦教育文存. 北京：人民教育出版社，2002：343.

"学以致用"是费孝通先生一生的学术追求。在他看来，科学起源于人类生存和繁荣的需要，"无须隐瞒或掩盖我们这个实用的立场，问题只是在为谁实用？用来做什么？"①教育研究作为一门实践性学科，关怀实践、学以致用应是其不容推诿的责任与使命。"以史为鉴，可以知兴衰。"翔实的变迁叙事虽然必要，但如果仅仅为了叙事而叙事，乡村教育研究只能更多地停留在"讲故事"的层面。由于缺乏对"实用"的关怀，这类研究往往给人一种不完整的感觉，终难脱离"学院派"知识分子的理论偏好和批判惯习，其为摆脱困境而设计的各种路径不免带有理想主义的"乌托邦"色彩。置身现代化的浪潮中，义务教育作为基础教育的核心对象，对村落文化并不像 20 世纪 20—30 年代那样陌生和无用武之地；所谓的"村落"与"国家"、"庙堂"与"乡野"之间的隔膜也非过往历史中非此即彼的对峙。

二、民生教育的理论与实践探索

民族地区义务教育质量的提升不应仅仅把视野局限在学校系统内部，更要放眼于学校教育赖以存在的整个社会文化系统及时代变迁的场域。改善民生既是教育的应有功能，又是义务教育质量提升的基础性保障。民族地区的民生改善有赖于教育普及成效的提升，义务教育质量的提升同样需要以民生的进一步改善为基础。民生改善不仅为民族成员接受教育提供了充裕的社会、家庭物质保障，自然也会激发群众新的教育需要，并逐步体认到学校教育的"有用性"，认同接受教育乃是改善生活的必要条件，继而为教育发展提供必要的观念保障和可及的对象。

（一）民生教育的历史探索

民生是关乎人民群众生存和发展的根本问题，也是维护国家长治久安和构建社会主义和谐社会所应关注的核心问题。民生内涵随着时代发展而变化，而改善民生和解决民生问题的方式也会有所不同。

"民生"（people's livelihood）作为一个学术概念具有狭义和广义之分：狭义的民生是指"国民的生计与生活"；广义的民生不仅包括人民的生计与生活，还包括人民的政治需求、文化需求和精神需求，包括人的生命价值、健康价值和尊严价值等内容。具体而言，"民生"可大致划分为"生存的民生、发展的民生和全面发展的民生"三个具体层面。②"民生教育"一词为我国近代著名教育家姜琦先生（1885—1951）最早提出。姜先生于民国时期十七年（1928 年）在《职业

---

① 费孝通. 费孝通自选集. 北京：首都师范大学出版社，2008：366.
② 林祖华. 民生概念辨析. 经济研究导刊，2009，（22）：162-163.

与教育》上发表的《民生运动与民生教育》一文中，最早探讨了"民生运动与民生教育的关系"问题，提出"欲做民生运动，不可不依赖'民生教育'拿它做个基础"主张。他认为"民生教育是不仅限于生计教育——狭义的职业教育，并且应该注重科学艺术等等教育——广义的职业教育"，还提出把"民生教育"作为"训练国际革命大队伍的大本营"①。在当时的背景中，"民生教育"主要被视为培养人们从事生产和获取谋生技能的职业教育，"以发展人民生计的经济活动为脊干，来改进民众生活，扶植社会生存，保障群众生命而达到民族复兴的教育"，"达到美满人生的目的"②。罗廷光先生也认为，民生教育的目的在于"达成丰富圆满的人生"，进而主张民生教育的实施应依"人民的生活实况而渐为提高"，"虽应顾及人民生活的全部，但应当解决衣食住行问题为首要，有物质生活的相当满足，进而提高其精神生活"，"否则不免徒增苦恼"③。邰爽秋把"民生"看作是人民生活、社会生存、国民生计、群众生命四大要素之和，认为建设之首要在民生，民生之需要为衣食住行，解决人民衣食住行依赖于发展农业、织造、建筑、修治道路等多项经济事业，不仅涉及资料生产，还涉及分配、文化、社会等方面，实际上指的是整个物质文明和精神文明建设。④

民国时期，为学术交流和推动社会进步的需要，一批倡导民生教育的学者还专门成立了中国民生教育学会（1936—1949 年），并创办了《民生教育》会刊，在当时产生了较大影响。陶百川先生题写的"为民生而教育，以教育光民生"、陶行知先生题写的"富之教之"的创刊词，宣誓了民生教育学会的立会主张及价值诉求。有研究者专门对中国民生教育学会的会刊进行了研究，认为《民生教育》的出版发行，适应了当时教育的发展潮流，对当时中国教育政策的制定、社会风气的改变等都有较大影响，体现了中国民生教育学会对改造中国教育的深层次思考和创造性贡献。⑤

（二）教育民生功能的确立

学校教育不过是特定文化主体价值或意义确立、认同、传承的特殊过程，以

---

① 姜琦. 民生运动与民生教育. 教育与职业，1928，（91）：4-15.

② 邰爽秋. 民生教育刍议. 教育杂志，1935，（6）：25-28.

③ 罗廷光. 教育与民生. 政治季刊，1948，（4）：28-29.

④ 刘齐. 回到乡土：邰爽秋民生教育思想与实践研究. 南京师范大学博士学位论文，2014.

⑤ 雷志松. 中国民生教育学会会刊《民生教育》. 宁波大学学报（教育科学版），2011，（3）：29-33. 民国时期，以中国民生教育学会为阵营，其主要成员发表了大量有关"民生教育"问题的著述，详细内容参见：雷志松. 学术、社团与社会：中国民生教育学会研究（1936—1949）. 北京：社会科学文献出版社，2012：224-254.

尊重人的社会存在和人在实践中的主体性和文化规约性作为理解"教育价值"和"教育质量"的客观依据，是民族地区义务教育质量提升应遵循的基本原则。关注教育与民生的关系是当下我国教育理论与实践共同关注的焦点。

民生教育学是在继承毛泽东思想、邓小平理论、"三个代表"思想基础上，党对教育本质和功能认识的升华，是立足"民生"主题来思考、定位、规划教育事业发展。①民生教育学顺应人民的教育诉求，重视教育改善民生的价值，兼具穷人教育学②和幸福教育学③的双重意蕴。研究者还通过对民国时期流行的"生计教育""民生教育""生产教育""职业教育"等相关概念的辨析，指出自洋务运动以来，继以语言学堂和军事学堂为主流的教育变革之后，到清末民初，实业教育便成为国家教育体制的重要组成部分。特别是民国时期有关生计教育、职业教育、生产教育、民生教育等教育主张渐次提出，这一过程勾勒出我国民生教育理论与实践的历史图景。④

农村义务教育"事关农村人口综合素质的持续发展，事关农村学生有效率地升学。农村义务教育质量的提高不仅有助于促进农村人口参与社会竞争、促进农村经济社会和谐发展，更有助于促进农村人口亲近知识、走近文明"⑤。研究者以中华人民共和国成立后我国教育政策的价值取向为例指出，我国的教育政策在价值取向上经历了"从服务于政治的'文教'事业定位、服务于经济的'科教'定位"，转向"服务于人的发展的'民生'定位"④。"作为民生的教育"不同于民生教育学所强调的"教育的民生功能"。作为民生的教育是把教育作为民生改善的重要对象或要素之一，是民生改善的重要对象，旨在通过优化教育内外条件，提高教育教学质量和各级办学效益，并最终服务于民生改善。民生教育学的提出是"以人为本"的理念在教育和教育学中最集中的体现和落实，实现了教育价值评价主体的转移，人民群众成为评价教育价值的主体。教育由传统的社会本位、国家本位，转向以人为本的平民教育和穷人教育。民生教育学主张，教育事

---

① 程斯辉，李中伟. 从政治教育学到民生教育学——中国共产党领导教育的与时俱进. 复旦教育论丛, 2011, （4）: 5-14.

② 穷人教育学要义有三：一是"关注穷人的教育"；二是"关注农村教师"；三是"对穷人有用的教育"。尤以第三点，"我们还缺乏关注，缺乏研究"，是"涉及到农村教育改造的大题目"。杨东平. 有多少状元能够真正成才. 南京：南京师范大学出版社，2010: 86-87.

③ 穷人教育学的核心价值有三：核心是教育公平；重心是向穷人倾斜；目的是"消灭"穷人。王枬. 以穷人教育学促进幸福生活. 教育理论与实践, 2008, （12）: 5.

④ 杨才林，王宏伟. 民国时期生计教育诸概念论析. 北京理工大学学报（社会科学版）. 2008, （6）: 95-98, 102.

⑤ 邬志辉. 农村义务教育质量至关重要. 教育研究, 2008, （3）: 31-33.

业"不仅要让政府满意、国家满意、社会满意，还要让广大人民群众满意，尤其是要让数以亿计的受教育个体以及受教育者的家庭和亲人满意"①。民生教育学旨在把教育作为民生改善的重要手段或途径，强调教育服务于民生改善的功能及保障。民生教育学以"研究及推行民生本位教育"为宗旨，重在以教育力量发展人民生计，改进民众生活。②

对广大民族地区而言，由于经济发展水平、政策落实力度、地域自然条件等诸多主客观因素的制约，人民群众的生活仍处于较低的水平，且普遍落后于我国东中部地区及非民族地区。当前，民族地区的民生问题主要面临两方面的任务，即保障民生和改善民生。前者旨在满足人民群众基本的生存和生活需要，后者着眼于人民群众的发展和生活的需要。生计教育（career education）是与民生教育密切相关的又一概念，1971 年由美国教育总署署长西德尼·马兰在"生计教育计划"（也称为"马兰计划"）中首次提出。③生计教育并不同于一般的专业化、正规职业教育，而是在普通学校中或接受普通教育后，学生学习有关职业上的知识技能，其旨在服务于受教育者就业或再就业。这种以升学和就业为双向目标的基础模式，对优化义务教育培养目标及结构调整，解决我国当前民族地区普遍存在的"升学无望，就业无门""读书无用论""毕业即失业"等现实问题，具有重要的启示意义。

我国社会主义的教育是国计，也是民生；忽视教育与民生问题的依存关系，无法全面把握当前我国民族地区教育问题的"全貌"及内在机制。既有研究主要关注教育的政治、经济、文化、育人等功能，对教育"民生功能"的必要性和可能性关注不足，这些尚属研究的"盲区"。谈及民族地区的教育问题或文化问题，既有研究多孤立看待其"文化性"或"教育性"，对教育发展与民生改善的依存关系关注不足；多归咎于教育资源不足、家长观念落后，或以"客位立场"代替"主位立场"，把一切问题归置于"文化冲突""文化不适应"的定势框架，对制约民生改善与教育发展良性互动机制生成的社会文化及变迁缺乏关注。对待民族教育问题，不能就教育谈教育、就文化谈文化，应从学校与社会互动的场域中剖析客观事象和内在机理，将学校外部制衡关系的运作机制与学校内部依存关系的传递机制结合起来。

---

① 司晓宏. "以人为本"教育价值观的真正确立——对党的"十七大"报告从"改善民生"角度论述教育问题的解读. 陕西师范大学学报（哲学社会科学版），2009，（5）：95-99.

② 刘建业. 中国抗日战争大辞典. 北京：北京燕山出版社，1997：1164.

③ 孟旭，杜志萍. 美国的生计教育运动. 中国职业技术教育，2004，（3）：29-30.

第三节　民族地区义务教育质量优化的研究设计

进入"后普九"时代，民族地区义务教育发展逐渐摆脱"经济贫困"，普通家庭"因贫辍学"的问题业已基本解决。但是，民族地区的教育发展的质量问题依旧突出，成为民族地区义务教育发展中普遍面临的质量困境。基于以上事实，本书通过广泛深入的田野工作，尝试厘清民族地区义务教育质量问题的现实表征，剖析制约民族地区义务教育质量提升的社会文化因素及运作机制，并以此提出相应的优化理路及实践策略。

一、作为方法的民族教育问题

就学术发展的历程和学科分类而言，最初关注民族教育问题的教育人类学和民族教育学的理论方法和知识体系主要来源自人类学、民族学，而非教育学。[①]从具体的研究对象来看，不管是西方的"多元文化教育"还是我国的"少数民族教育"问题，"研究对象共同的特点是多民族国家中处境不利的弱势族群的教育现象及其规律"[②]。人类学和社会学是民族教育研究中并举的双重方法论范式，前者延续人文科学的范式，以文化为焦点，后者从社会事实的角度定位教育问题。

本书的基本假设是，与东部地区及非民族地区的教育发展相比，民族地区的义务教育发展较好地呈现了我国农村义务教育问题的"全貌"，具有研究义务教育一般性问题的"方法"的意义。这也是本书对民族地区教育质量困境的基本认识和研究思路。

1）义务教育是我国推行的国民教育的核心组成部分，完成国家规定的国民教育的统一标准是任何地区义务教育的共同目标，也是每个中华人民共和国公民必须履行的基本义务。

2）义务教育是基础教育的重要组成部分，培养学生适应现代社会所需的基本知识、基本技能，培养良好的品德修养，是义务教育质量共同的目标和现实要求，更是实现"人的世界历史性存在"的重要途径。

3）置身现代化的大潮中，以传统生产生活方式为代表的村落文化、地域文化的消解亦是我国广大农村地区面临的共同困境，学校教育发展中的诸种偏误，有

---

① 钱民辉. 多元文化与现代性教育之关系研究——教育人类学的视野与田野工作. 北京：民族出版社，2008：107.

② 王鉴. 民族教育学. 兰州：甘肃教育出版社，2002：11-12.

意无意成了加速这一过程的"幕后推手"。

由此，民族地区的义务教育较好地展现了我国农村义务教育发展的"全貌"，具有研究我国当前农村义务教育问题的"分析单位"方法及方法论特征。对田野点义务教育质量问题的深度考察有助于我们从纵向和横向相结合的双向维度，揭示义务教育质量困境的深层根源及可能的优化路径，使研究问题的典型性更加突出。

二、民生取向研究视角的确立

本书对民族地区义务教育质量困境问题的提出和归因分析，是一种民生取向的教育学阐释，也可归为广义的民生教育学或穷人教育学的范畴。学校教育的普及之于普通民族群众日常生活的意义和民生改善的价值，是本书关注民族地区义务教育质量问题的出发点和归宿，社会文化归因是其分析视角。

民生取向的研究视角的选择旨在强调关注"民生主体"的基本生存和生活状况、基本发展机会和基本发展能力、基本权益保护和基本利益诉求，把"最广大人民的根本利益"作为理解和解决教育问题的出发点和归宿，使教育成为民生改善的"有力武器"。通过教育提高受教育者民生改善的观念意识、实践能力，增强其在民生改善过程中的主体性、能动性和创造性，是教育民生功能的本质内涵与生成机制，即"以具体的人的生存发展需要为出发点"[①]，提升受教育者的生存发展能力和生活质量，并最终促进民生主体的全面发展。本书秉持民生取向的研究视角和价值立场，以教育促进人的发展和人民生活的改善为价值旨归，在广泛田野工作的基础上，尝试勾勒出民族地区义务教育质量困境的现实表现及社会文化制约机理，为民族地区义务教育发展质量提升和人民生活改善共赢机制的营建，提供可资参考的田野资料和理论依据。

三、具体研究内容的设计

民族地区的义务教育质量问题既是一个相对宽泛的研究问题，又具有一定的特殊性和典型性；既关涉教育质量的内涵及其评价的一般问题，又关涉农村教育、乡村教育及教育与文化的关系等相关问题。本书选择凉山彝区和黔东南侗乡为田野点，以作为生活方式的社会文化为归因线索，剖析民族地区义务教育质量困境的实践表征及制约机理，继而探寻教育发展与民生改善共赢的基本路径。本书主要关注如下内容。

---

① 张晓燕，孙振东. 论教育的民生功能. 教育发展研究，2014，（5）：41-46.

1）民族地区义务教育质量困境的考察指标及对其质量困境的全面考察，特别是对义务教育供给与当地社会文化、民生改善之间依存逻辑及现实矛盾的田野考察，力图较完整地勾勒出民族地区义务教育质量困境的田野图景与时代镜像。

2）民族地区义务教育质量困境的成因分析。以凉山彝区和黎平侗乡的田野调研为参照，以社会文化要素及社会文化变迁为线索，揭示"后普九"时代民族地区义务教育质量困境的社会文化制约机理及实践表征，厘清民族地区教育质量提升与社会文化之间的制衡关系及现实困境。

3）民族群众的民生境遇及教育诉求。坚持"倾听底层"的价值立场和"从实求知"的方法论原则，结合田野工作和深度访谈，力图勾勒民族成员眼中"好教育"的理论内涵及现实表征。其中，民族传统文化的现实境遇及民生主体的利益诉求与教育需要，是本书关注的核心问题。

4）民族地区义务教育发展质量提升的路径选择。教育的出路与社会的出路具有共通性，探寻民族地区教育发展的出路，必须体认民族村寨的出路所在。以民族地区的社会文化背景，尝试构建民族地区义务教育质量提升与民生改善共赢的基本理论，并提出可资参考的具体意见和建议。

四、研究方式与方法的运用

本着"从实求知"的方法论原则，本书主要以"自上而下"的田野工作为主要研究方式，以质的研究范式为方法论框架展开具体研究，在充分查阅相关文献的基础上，通过人类学倡导的田野工作获取有关民族地区义务教育质量优化的第一手资料，综合运用文献法、实地调研、深度访谈、案例分析和比较研究等具体研究方法。

1）通过广泛查阅文献和深入实地的田野比较考察，力求客观、整体、动态把握民族地区义务教育普及所依存的独特天地系统与社会文化空间，批判性地澄清民族地区义务教育质量问题特殊性的本质规定及实践表征，继而厘清民族地区义务教育质量评价中的价值观念、评价指标、监测方式等若干方法论问题。

2）通过广泛深入的田野工作和比较研究的运用，力求全面、系统地呈现"后普九"时代民族地区义务教育质量困境的田野图景和主要矛盾，厘清民族地区义务教育质量问题的特殊性与普遍性、历时性与共时性、地域性与民族性，提炼民族地区义务教育质量困境的全貌及主要内在矛盾，揭示制约民族地区义务教育质量提升的社会文化阻止机制，为民族地区义务教育质量优化提供田野依据和理论参考。

3）通过参与式观察、居住体验和开放式访谈，倾听不同主体（教师、学生、教育行政人员、学生家长、村寨老人等）对民族地区义务教育质量问题的归因分析及质量优化的诉求、建议和意见，特别是对底层社会教育民生主体生活境遇与教育诉求的关注，力求鲜活地呈现各利益相关群体对义务教育质量的评价标准、价值诉求和困境归因，确证民族地区义务教育质量优化的价值定位、基本原则，继而探讨有关民族地区义务教育质量优化的对策性建议和意见。

第二章

民族地区义务教育质量评价的方法论

批判性反思的出发点是认识到你到底是谁，认识到"认识你自己"也是一种历史过程的产物，它在你身上留下无数的痕迹，但你却理不清它的头绪。因此，找出这一头绪就成为当务之急。[①]

——安东尼奥·葛兰西

"繁荣"与"隐忧"并存算是对当前民族地区义务教育发展境况较为公允的评述。一方面，民族群众受教育的机会增多了、均等了，教育经费充足了、均衡了，学生读书免费了、教育负担消除了，即"有学上"的目标已基本实现；另一方面，民族群众送子女读书的积极性并未获得相应的提升，他们对学校教育价值的认同并未提高，"读书无用论"的无奈感叹和"控辍保学"的现实难题是其表征，即"上好学"的任务依旧艰巨。这就向我们提出了一系列不可回避的现实问题：人民满意的教育的评价标准是什么？什么样的教育才是"人民满意的教育"？由于民族地区的教育发展水平及经济社会发展的背景与非民族地区、东部地区存在诸多差异，考察民族地区义务教育质量的状况及存在的现实问题，有必要在厘清教育发展与民生改善依存关系的基础上，进一步澄清民族地区教育问题的特殊性，继而提升教育质量评价指标及监测方式的有效性和针对性。本章在全面把握民族教育问题特殊性的前提下，以民族地区教育发展与民生改善的依存关系为框架，探讨有关民族地区义务教育质量的评价指标及测评方式，为揭示民族地区义务教育质量困境的现实表征、制约机理和优化路径的选择提供依据。

第一节　教育质量的内涵及评价

明确教育质量及其评价的内涵是有效探讨教育质量问题的前提。"如果大家对

[①] 安东尼奥·葛兰西. 狱中笔记. 转引自：爱德华·萨义德. 东方学. 王宇根译. 北京：生活·读书·新知三联书店，2013：33.

质量不能有相同的理解,说着共同的语言,就是使用最好的工具和系统也不会有'质量';相反,还会使组织加速解体。"①笔者以此为基础,构建和落实教育质量评价的相关指标及监测方式,并最终服务于教育实践的质量优化。

一、教育质量的内涵及演进

(一)教育质量内涵的揭示

论及教育质量(教育品质)的内涵,论者看法不尽相同,笔者对其梳理如下:有人从"完美观点"论质量,认为质量是一种卓越的象征;有人从"产品观点"论质量,认为质量应具某些特质;有人从"用户观点"论质量,认为质量亦适用;有人从"制造观点"论质量,认为质量是符合要求和规范;有人从"价值观点"论质量,质量是顾客所能接受的价格。这些看法皆是从某一角度切入质量意涵,但是难以看到质量意义之"全貌"。②研究还区分了质量的规范性和描述性特征。描述性意义的质量是个人或组织的属性或内在特点;规范性意义的质量反映了个人或组织的相对价值。在教育改革与创新的语境下,质量主要是在规范性意义上使用的。③历史与逻辑均表明,就教育质量的内涵而言,不同历史时期、不同主体会有不同的理解和诉求,是同国家地区的社会、经济和文化发展水平紧密相关的具有客观性与主观性、统一性与多样性的概念。

《教育大辞典》把教育质量界定为"对教育水平高低和效果优劣的评价",并"最终体现在培养对象的质量上","衡量标准是教育目的和各级各类学校的培养目标。前者规定受培养者的一般质量要求,亦是教育的根本质量要求,后者规定受培养者的具体质量要求,衡量人才是否合格的质量规格"④。有学者认为,义务教育质量是指一个国家义务教育目标的实现程度,是义务教育的实际投入、产出与预期或既定的义务教育目标完成情况相匹配、相符合的程度。⑤研究者对相

---

① 杨钢. 质量无惑:世界质量宗师克劳士比省思录. 北京:中国城市出版社,2002:62.

② "教育品质"是我国台湾地区探讨教育质量问题所使用的词汇,其英文翻译为 the quality of education 或者 educational quality,亦即"教育质量"。相关研究参见:吴清山. 教育品质管理的精义. 品质月刊,2006,(6);黄刚毅. 再论学校选择与教育品质——一个经济模型的说明. 虎尾科技大学学报,2010,(1);韩继成. 十二年国教之探究. 学校行政双月刊,2006,(7);蔡金田. 国民小学学生家长知觉学校教育品质满意度之探究——以彰化县一所国民小学为例. 慈济大学教育研究学刊,2011,(7)。

③ 周作宇. 论教育质量观. 教育科学研究,2010,(12):27-32.

④ 教育大辞典编纂委员会. 教育大辞典(第一卷). 上海:上海教育出版社.1990:24.

⑤ 许丽艳. 义务教育质的提升——中国教育学会中青年理论工作者分会第十八届学术年会观点综述. 中小学管理,2010,(3):23-26.

关研究进行了归纳：有人认为教育质量是由社会决定的关于离校者必须达到的知识、技能、习惯与价值水平的一组参数，强调满足社会需求的毕业生的特性；也有人提出教育质量就是指教育活动的目标达到什么程度；还有人认为教育质量既包括受教育者表现出来的各方面的素质，又包括其满足社会需要的特性。[①]这类解释只是指出了教育质量的表现及标准问题，没有对教育质量的内涵进行界定。因此，有研究者从"教育质量特性的表现形式和内容"出发，对教育质量的内涵进行新的阐释。[②]不难发现，若想对教育质量的内涵达成一致的意见并非易事，特别在教育质量内涵的语言表达层面，更是如此。也有研究者指出，应允许教育质量的含义在世界不同地区有不同的解释，但无论背景怎样变化，至少有一种含义是不会改变的，那就是"当教育赋予学生应对现实生活中多种挑战的力量时，才可以被称之为'有质量的'"[③]。质量作为主体的价值判断，不同主体对教育质量的关注与评价也不尽相同。因此，有研究者提出了"谁之质量""何种质量"的命题。[④]也研究者针对高等教育质量问题，区分了国家政府、经济组织、高等教育系统或学术组织、受教育者（学生）四个方面的主体，并从"政治、经济、学术和人本"四个方面对"高等教育质量"分别进行界定。[⑤]有研究者把教育质量界定为"学习者特征、背景、输入、教与学、结果"五个方面，并以之作为教育质量的监测和改进的依据。[⑥]由此可见，"质量"作为"事物主客观规定性的量度表达"，反映了事物的存在特性及其与主体需要的匹配符合关系，具有一定的相对性。因此，也有研究者把"教育质量"定义为"对培养人的服务规定性的量度表达，是通过价值分析所实现的对教育服务规定特性的科学把握，具有功能性、经济性和文明性特征"[⑦]。不难发现，虽然人们对教育质量内涵的具体表述不同，但其"主体性""相对性""生成性"逐渐成为界定教育质量内涵的核心词汇，这也是教育理论"主体赋予"特征的体现。

（二）教育质量的主体性

教育质量内涵的探讨关注的是教育供给与主体需要之间的关系，具有明显的

---

① 王敏. 教育质量的内涵及衡量标准新探. 东北师范大学学报（哲学社会科学版），2000，（2）：20-23.

② 程凤春. 教育质量特性的表现形式和内容——教育质量内涵新解. 教育研究，2005，（2）：45-49，67.

③ UNESCO. Quality Education for All Young People：Reflections and Contributions Emerging from the 47th International Conference on Education of UNESCO. Geneva：IBE，2005：46-47.

④ 徐冬青. 谁之质量？何种质量？——关于提高义务教育质量的思考. 基础教育，2010，（2）：24-28.

⑤ 蔡宗模，陈韫春. 高等教育质量：概念内涵与质量标准. 清华大学教育研究，2012，（3）：14-20.

⑥ 唐晓杰，刘耀明. 上海市教育质量评价指标体系概述. 中国教育政策评论，2010，（00）：120-129.

⑦ 王军红，周志刚. 教育质量的内涵及特征. 河北大学学报（哲学社会科学版），2012（5）：70-73.

主体性，与特定的"教育质量观"密不可分。可以说，持有不同的教育质量观的人，对教育质量内涵的理解也不尽相同。斯宾塞（Herbert Spencer）论及课程问题时候曾追问"什么知识最有价值"；阿普尔（Michael Apple）则进一步提出"谁的知识最有价值"。关于教育质量观，可以提出类似的问题：什么样的质量观最有价值？谁的教育质量观最有价值？知识传承是制度化学校教育的核心职能，知识的"合法性"是衡量学校教育质量的出发点。因此，日本学者安彦忠彦从探讨学校知识的"合法性"（legitimacy）出发，重新审视学校教育的本质及教育质量的内涵。他从学校教育内容的合法性、正统性出发，分析了赋予"学校知识"权威性的不同因素，指出赋予学校知识权威性的因素主要有四个：①社会需求的权威，把这种教育视为合法的、社会所认可的。②教育行政的权威，国家和地方公共权力负有责任，保障这种教育的合法性。③教师人格的权威，每一个教师体现作为教育者的权威。④学术内容权威，源于教育中所传递的教学内容的学术上的准确性。安彦忠彦在此基础上反思实践中教育知识合法性的现实境遇，认为上述四个因素都是飘忽不定的，都不能保证知识合法性的绝对正确。因此，学校知识的"合法性"正在丧失，学校的教育质量不容乐观。[①]此外，米歇尔·福柯在《知识考古学》中从历史学角度对"学校知识"的"合法性"进行了分析，指出"学校知识"是一个新近的产物，并非亘古不变的"普遍真理"。"学校知识"合法性的确证嵌入了"看不见的权力作用"，凡是不适合权力的或是违背权力的知识，学校一概不予采纳。[②]这些观点，为我们重新思考教育质量的内涵与评价依据提供了新的方法论视角。教育质量的确立是一个主观与客观相结合的实践问题，具有时代性、主体性、发展性、行动性。教育质量的具体内涵表现为特定的教育质量观。提高教育质量同样也是一个实践性命题，是一项主体积极建构的实践活动。无论是奉"知识即美德"，还是主张"知识就是力量"，都是对知识价值、教育质量内涵的时代判断。提高教育质量的实践活动能否取得实效，取决于诸多主客观条件。其中，正确的质量观是一个核心的、至关重要的前提。合理的质量观应是一种主客观统一的质量观，既使主体地位得以凸显，又要重视质量实现的客观条件。

（三）教育质量内涵的演进

教育质量内涵的认识，经历了一个不断深化并在学科中心和学生中心之间呈

---

① 钟启泉. "学校知识"的特征：理论知识与体验知识——日本学者安彦忠彦教授访谈. 全球教育展望，2005，
　（6）：3-5.

② 米歇尔·福柯. 知识考古学. 谢强，马月译. 北京：生活·读书·新知三联书店，2012.

"钟摆式"调整发展的历程。在国际范围内，这一发展历程可概略为如下阶段：①20世纪30—50年代：从单一走向多样；②20世纪60—80年代：新的统一；③20世纪80年代末至90年代：基于标准的教育改革全面推开；④21世纪以来：国际化。[①]教育质量问题，也是联合国教育、科学及文化组织（United Nations Educational，Scientific and Cultural Organization，UNESCO）长期关注的焦点。1972年国际教育发展委员会在提交的《学会生存：教育世界的今天和明天》报告中，首次就教育质量问题阐明立场，并提出"终生学习"和"相关性"等重要概念；指出"改进教育质量需要建立起以尊重学习者社会文化背景的方式学习科学技术的体系"[②]。1990年，《世界全民教育宣言》又将"教育质量"视为实现"教育公平"的先决条件；提出"保证儿童认知能力的发展是教育质量的关键因素"。1996年，国际21世纪教育委员会在向UNESCO提交的《教育——财富蕴藏其中》的报告中，提出了教育的四大支柱：学会认知（learning to know）、学会做事（learning to do）、学会共同生活（learning to live together）、学会生存（learning to be）。这个观点为人们认识教育质量指明了方向，实际上也初步确立了教育质量的概念及范畴。2000年，《达喀尔行动纲领》（Dakar Framework for Action）提出"优质教育"（quality education）的观念，宣称享受"优质教育"是每个儿童的权利，质量是"教育的核心所在"。该纲领扩大了教育质量概念的内涵，并将"全面提高教育质量"作为全民教育的六大目标之一。2003年10月，UNESCO在巴黎召开了"教育质量问题部长级圆桌会议"（Ministerial Round Table on Quality of Education），重申了"优质教育"的重要性，重申将"优质教育"作为UNESCO的工作重点。特别是2004年11月发布的《2005全球全民教育监测报告》[③]，专门提出了教育质量的认识框架和提高教育质量的政策框架。这份报告确立了界定教育质量的两条基本原则：①要将学习者的认知技能发展认定为一切教育系统的主要明确目的。衡量教育质量的高低，关键在于这一目的的达成情况。②强调教育在促进"负责任公民"的培养中所发挥的作用。把学习者认知技能的发展和"负责任公民"的培养作为界定教育质量的双重原则，意味着UNESCO对教育质量问题的关注和理解上升到了一个新的高度。[④]除了UNESCO之外，其他的一些组织对教育质量问题也有自己的观点。比如，联合国儿童基金会在《教育质量

---

① 教育部基础教育质量监测中心. 基础教育质量监测信息简报，2014，（2）：4-5.

② 陈敬朴. 农村教育发展水平的质量评价研究. 长春：东北师范大学出版社，2008：16.

③ Global Monitoring Report Team （UNESCO）. Education for All：The Quality Imperative. EFA Global Monitoring Report （2005）. Paris：Graphóprint，2004：35-36.

④ 陈敬朴. 农村义务教育质量保障机制. 南京：南京师范大学出版社，2011：216.

定义》的文件中主张，"教育质量必须从多维度理解"，认为教育质量主要涉及五个要素：学习者、环境、内容、过程与成果。[①]2011 年 10 月，UNESCO 又发布主题为"青年与技能：拉近教育和工作世界距离"的《2012 全民教育全球监测报告》，该报告的核心思想是关注教育与职业、教育与体面生活之间的关联，强调"优质教育"不仅要确保所有儿童都"有学上"，还要满足青年人安身立命、过体面生活的"上好学"的需要。

从 UNESCO 对教育质量的逐步认识过程可以看出，尽管对教育质量的提法在细节上有所不同，但对于教育质量的认识大多坚持两个关键因素：①确保学习者认知能力的发展；②强调培养学习者的创造力和情感的发展，使他们具有"成为负责任公民"应该具有的价值观和处世态度。

二、教育质量的评价

何为教育评价？这是一个有着众多阐释的概念。正如有的学者所言："评价是人们常见的一种社会活动。几乎可以说，每个人都经常地评价着社会的各种现象，评价着他人，也评价着自身。然而，什么是评价？这并不是每个人都能正确地回答的问题。"[②]虽然对教育评价的具体阐释存有差异，但对于教育评价的意义和价值是众所公认的。

（一）相关概念的澄清

有效的教育质量评价是评判教育质量优劣的依据，也是教育质量提升的导向。《国家中长期教育改革和发展规划纲要（2010—2020 年）》提出，把"制定教育质量国家标准，建立教育质量保障体系"作为提高教育质量的重要手段和基本要求。以基础教育质量监测为突破口，完善教育评估体系的建设，有效推动考试评价制度改革和素质教育的实施，是教育观念更新和体制机制改革的重大突破点。

探讨教育质量评价及指标体系的构建，厘清"学业质量、学校办学质量和教育质量"等一组相邻概念的关系是实现其有效性的前提。研究者通过分析"上海市学生学业质量绿色指标体系"，对"学业水平"和"学校办学质量"进行了区分。学校的办学条件、办学过程和办学绩效等方面达到的水平，反映出学校的管

---

① UNICEF. Defining Quality in Education. A paper presented at the meeting of The International Working Group on Education Florence，2000. 3.

② 陈玉琨. 教育评价学. 北京：人民教育出版社，1999：1.

理水平、师资队伍建设、教育教学业绩、办学特色及社会声誉等方面的状况。[①]该"绿色指标体系"以全面教育质量观为指导，确立了教育质量评价的三个维度：学生维度、知识维度和教学工作维度。[②]义务教育是基础国民教育，"强制性教育质量标准"和"推荐性教育质量标准"，应是其质量标准的"双重效力性"指标。2014年3月，中国基础教育质量监测协同创新中心发布了"区域教育质量健康指数"，即目前全国首套区域教育质量健康状况"体检指标"。该指标由学业成绩标准达成指数、高层次认知能力发展指数、学业均衡指数、学校归属感指数、学习压力指数、学习动力指数、艺术体育兴趣指数、教师教学方式指数、校长课程领导力指数、学生亲子关系指数、师生关系指数和学生品德行为指数12个子项指标构成，并以5级划分。[③]

（二）教育质量评价的国际化进程

教育质量评价标准的确立与实施，对教育发展具有导向、评价、诊断、修正等功能，是保障优质教育质量的重要环节。以教育质量标准为基点，建立健全相应的保障机制，是发达国家与国际组织的通行做法和发展趋势。进入21世纪，一些大型国际评估研究项目受到空前重视，教育质量标准国际化进程也在加速推进，并呈现如下特点：①教育质量目标的对象将是所有人；②学习者的关键能力成为教育质量标准的核心内容；③教育质量评估遵循国际评估和国内监测并重的原则。[②]基础教育质量监测和评估是世界各国和国际组织关注的焦点和核心内容，是促进教育质量提升和进行国际教育质量比较的重要抓手。以俄罗斯为例，国家把教育标准的制定、实施与监控作为国家教育质量评价的重要手段，每10年左右还对正在使用的教育质量标准予以修订，并积极寻求独立的第三方评价体系与评价组织。[④]伴随大规模教育评价技术日趋成熟，评估体系逐步完善。其中，以美国的教育进展评估（National Assessment of Educational Progress，NAEP）和经济合作与发展组织（Organization for Economic Co-operation and Development，OECD）的国际学生评估项目（Programme for International Student Assessment，PISA）为代表。[⑤]伴随经济全球化及世界一体化进程的加快推进，制定共同的教育质量评估指标是国际教

① 陈效民. 改革义务教育质量综合评价的理性抉择——关于上海市试行学生学业质量绿色指标体系的思考. 上海教育科研，2012，（8）：5-8.

② 陈效民. 简明基础教育评价常用词语汇释. 北京：高等教育出版社，2012：6.

③ 教育部基础教育质量监测中心. 基础教育质量监测信息简报，2014，（2）：5，11.

④ 李艳辉. 俄罗斯基础教育创新发展动向及启示. 中国教育学刊，2013，（2）：89-92.

⑤ 辛涛，胡平平. 我国国家基础教育质量监测新进展. 中国教育报，2013-3-27（09）.

育合作的重要内容之一。为此，2000 年 5 月，欧盟在里斯本召开了教育特别会议，会议提出了"关于教育质量评估的欧洲合作"计划，并依据"欧洲教育质量指标"报告，制定了供各国政府参考的质量指标。这一指标主要关注以下四方面的内容：①学生必须掌握的知识；②毕业率和升学率；③学校教育评估和家长参与；④教育资源的结构。同时，该指标还强调与质量指标相关的"5 个关键词"（five key words），即对知识重新认识、学校自主权的问题、资源问题、融入社会的问题、数据的比较性问题。①

　　近年来，关注教育质量、科学测评学生学业成就，并进行国际比较研究，业已成为世界和各国教育发展和相关研究的重要内容和一大趋势。目前，国际上比较有影响的学生学业成就调查主要是国际教育成就评价协会（International Association for the Evaluation of Educational Achievement，IEA）和经济合作与发展组织开展的国际比较研究。此外，一些发达国家定期组织进行的本国学生学业成就调查，如美国的"全国教育进步评量"、英国的"学业成效测评"（the Assessment of Performance Unit，APU）、日本的学力调查等，都构建有各自相对独立的学业成就测评体系，在促进本国或区域教育质量提高方面发挥了独特作用。②Hanushek 和 Kim 建议采用各种测验或国际教育保准测验来评价教育质量，例如，采用国际学生评价项目，如现在国际通行的 PISA 测验，或者墨西哥的国家学校学业成就测验（NAAAS），以此来评估本国学生与国家规定的义务教育标准之间的距离。这类测验的结果还表明，国家的教育质量与国家的国民生产总值的增长存在显著相关；而且教育质量还是分析人力资本和经济增长关系中非常重要的因素之一。③此类评价方式过于依赖标准化的定量指标，对有关教育评价的定性指标关注不够，因此，在评价的具体指标及方式的选取上，很难达成一致的共识，也难以准确、全面地反映出教育质量的真实状况。基于对标准化测评范式的批判与反思，加利福尼亚大学伯克利分校的 Lotfi Zadeh 教授提出了教育质量评价的模糊逻辑（fuzzy logic）的概念。模糊逻辑模仿人脑的不确定性概念判断、推理思维方式，利用各种非线性模型、模糊集合和模糊规则进行推理，用来解决常规方法难于对付的规则型模糊信息问题。教育质量是一种对教育的主观评价，有什么样的质量观，就会有相应的质量评价依据及评价结果。传统的质量观强调，产品（服务）应当与众不同、特色鲜明，往往赋

① 周振平. 欧盟的教育质量指标. 中小学管理，2004，（10）：47-50.

② 中央教育科学研究所中小学生学业成就调查研究课题组. 我国小学六年级学生学业成就调查报告. http://www.nies.net.cn/cb/bg/201203/t20120329_303286.html[2012-03-29].

③ Hanushek E A, Kim D. Schooling labor force quality and economic growth. National Bureau of Economic Research, 1995，（12）.

予拥有者或使用者某种身份地位。因此，传统的质量概念中隐含着"独占性"（exclusivity）[1]。无论选取何种标准作为教育质量的评价依据，其中蕴涵感情、态度和价值的成分是不容回避的。因此，教育质量评价标准体系"不只是客观指标的总和"，不同的利益相关人对质量的界定可能大异其趣。[2]

第二节　民生取向的教育质量评价观念及文化规约

教育与文化具有本然的亲缘关系。教育作为一种培养人的社会活动，是通过知识的选择、传递、积累来实现的；文化作为特定社会群体生活方式的总和，赋予教育、知识以社会价值和存在意义。就我国的社会主义教育问题而言，无论是教育质量的提升，还是民族文化的传承，其本质都可归为广义的民生问题。无论是以民族传统文化为代表的村落文化式微，还是学校教育供给与农村人的教育需要相疏离导致的广泛蔓延的"读书无用论"，都使民族地区的教育具有鲜活的典型性、代表性；而以民族传统文化与现代学校教育冲突与消解为主题源发的各种民族教育问题，又使民族地区的教育具有自身的特殊性。从民族教育概念的内涵来看，文化性是一切民族教育问题中的特殊矛盾，决定了民族地区义务教育质量评价的民生意蕴及社会文化规约性。

一、教育发展与民生改善的依存关系

由于诸多主客观因素的影响，民族地区的义务教育发展相对薄弱，具有我国基础教育"活化石"的特点。同时，与东部地区、非民族地区教育发展的状况相比，民族地区的教育问题兼具我国教育发展的"历史印记"与"时代图景"的双重特点。民族地区义务教育发展中的质量困境的实质乃是学校教育普及与民生改善之间诸种不和谐乃至冲突的集中表现。民生问题是与人民群众生存和发展直接相关的基本问题，我国社会主义的教育是其重要组成部分。我国的义务教育普及与民生改善具有内在的依存关系，要义有二：①作为民生事业的教育发展及在民生改善中的对象性价值；②教育促进民生改善的应有功能及目的性价值。前者把教育发展作为民生改善的直接对象，强调教育同医疗、住房、交通、养老等其他社会问题的共同性，是一项投入性的社会事业；后者把教育发展作为改善民生的

① Green G. What is Quality in Higher Education? The Society for Research into Higher Education. Berkshire：Open University Press，1994：12.

② 周作宇. 论教育质量观. 教育科学研究，2010，（12）：27-32.

重要策略和实现途径，旨在突出教育在民生改善过程中的功能及实践生成，关注教育发展的收益性。二者统一于"办人民满意的教育"的共同目标。

（一）作为民生对象的教育事业

作为民生对象的教育事业，强调教育发展同医疗、养老、住房、交通等其他社会事业的共通性和对象性，本身即是民生改善的直接对象或要素之一，均属投入性的社会事业。为此，党的十八大报告把教育放在改善民生和加强社会建设之首，明确提出"努力办好人民满意的教育"，指明了我国教育事业改革与发展的方向。把教育事业作为改善民生的重要对象，旨在通过优化教育资源配置、改善办学条件，为教育均衡、教育公平发展提供必要前提和保障，这也是教育民生功能有效生成的物质前提和现实可能性。把教育作为民生改善的首要对象，不仅强调教育资源配置总量充足、教育优先发展，更关注资源配置的公平与正义，为人民群众提供公平的教育机会，着力解决"无学上，上学难，上学贵"的现实问题，确保适龄人群依法享有受教育的基本权利，保证学有所教。

具体到实践话语和政策举措，把教育作为民生事业旨在增加教育投入、促进教育公平和教育均衡发展，主要解决人民群众"有学上"的问题，更多关注教育发展的投入指标和投入水平。现实中，各级教育发展的速度和规模是衡量教育事业发展水平的一般性常规指标，对教育之于民生改善的实际状况关注不足，容易忽视社会事业发展并不必然带来人民生活改善的客观现实。就当前民族地区义务教育的普及而言，在一味强调教育投入和入学率、完成率等数字化评价指标"达标""合格"的同时，民族地区群众对免费义务教育的放弃、逃离却也是不争的事实。义务教育作为一项旨在增进民生福祉的社会事业，忽视"目标人群"的民生境况和利益诉求，是"目标人群"逃离或放弃免费教育的根源。因此，增进民生福祉是提高人民群众教育满意度的迫切需要与根本路径。

（二）教育之于民生改善的应有功能

教育的民生功能旨在强调教育在实现民生改善过程中的应有价值，把教育发展作为改善民生的重要手段和实现途径，满足人民群众"上好学"的教育需要，做到学有所用。民生取向的教育质量衡量指标不应缩减为以教育资源和入学机会均衡为主要内容的"有学上"的外延指标，更应包括以提升生活质量、过有品位生活的"上好学"的内涵指标。这也是教育从"国计"到"民生"、从"工具论"到"民生论"的发展转向。通过教育提高受教育者民生改善的观念意识、实践能力，增强民生主体在民生改善中的主体性、能动性和创造性，是教育民生功能的内涵，即"以具体的人的生存发展需要为出发点"，提升受教育者的生存发展能力和生活质量，并最终促进民生主体的全面发展。①教育民生功能的提出，旨在把"人民满意"作为教育发展的核心价值诉求和质量指标，从过去"一为"，即"教育为社会主义现代化建设服务"，转向"二为"，即"教育为社会主义现代化建设服务，为人民服务"，突出了人民群众在教育实践中的主体地位，强化了教育关注并服务民生需求的性质与功能。②教育民生功能的有效生成是一个主观建构的实践过程，有赖于民生取向教育的价值确立、制度安排和课程设计等方面的协同性。忽视教育之于民生改善应有功能的有效落实，是民族地区"读书无用论""因学致贫""教育放弃"的重要原因。因此，随着我国政府民生取向执政理念的确立、深化和落实，我们应更加关注底层声音和不同主体的利益诉求，保障人民群众在教育普及中的利益诉求和主体地位。

（三）教育民生功能的统一性

强调教育的民生功能，亦非忽视、弱化教育为政治建设、经济建设服务的功能和需要。重视教育的民生功能，实际上也就抓住了教育为政治服务、为经济服务的根本，也是我国社会主义教育事业发展的本质要求。因为只有把人培养好，教育才能服务好政治建设和经济建设③，才能确保人民群众安居乐业、社会安定有序、国家长治久安。

教育民生功能的提出旨在关注"教育事业发展"水平与"教育民生功能"有效生成之间的内在区别及实存差异，有助于我们更全面、更科学地把握、评价优质教育的内涵，避免把教育事业的发展作为全面教育发展的片面指标。同时，引入民生教育学的视角有助于避免"就教育谈教育"的线性思维，主张关注教育与政治、经济、文化等其他社会系统的动态依存关系。教育发展与民生改善的依存关系，以及本书对民族地区义务教育质量优化与民生改善问题探讨的分析框架和基本思路，可用图 2-1 表示。

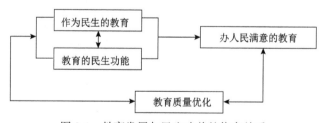

图 2-1　教育发展与民生改善的依存关系

---

① 张晓燕，孙振东. 论教育的民生功能. 教育发展研究，2014，（5）：41-46.

② 李金奇. 教育民生论的发生与解读. 高等教育研究，2013，（11）：18-24.

③ 程斯辉，李中伟. 从政治教育学到民生教育学——中国共产党领导教育的与时俱进. 清华大学教育研究，2011，（4）：5-14.

改革开放以来，特别是近十年来，党和政府高度重视少数民族地区的教育事业发展，为民族地区义务教育的全面普及创造了良好的制度环境和资源保障。从中央到地方先后制定、出台、完善了一系列发展少数民族地区教育事业的倾斜政策与扶持措施，坚持把民族地区的教育放在优先发展的战略地位，在政策、资金和项目上不断加大对少数民族地区义务教育的普及力度和质量提升，特别是"两基"攻坚计划的大力实施，实现了少数民族地区教育事业的跨越式发展。但是，不容回避的事实是，民族地区各项办学条件不断改善和地区间教育资源配置均衡水平不断提升之时，民族地区的教育发展质量并未获得与之相应的提升。当民族群众的"生存权"的需要升格为"发展权"需要时，教育发展中人人"有学上"的"量的问题"虽已基本解决，但人民群众"上好学"的"质的问题"依旧突出，并成为制约民族地区义务教育质量提升的深层困境。"教育民生是真正的中国教育及中国问题"，通过对教育公平的追求达成个人利益和国家利益的统一[1]，也是我国社会主义教育本质规定和现实体现。

关注教育发展与民生改善的依存关系，旨在强调"倾听底层"，"把承认和增强民众的利益作为理解和解决教育问题的出发点和落脚点，强调倾听基层民意、兼顾不同利益、协调平等与效率、沟通官方与民间"[2]，从人民享有幸福、有尊严的生活来思考、定位、谋划教育事业的发展。关注教育发展与民生改善的依存关系，既为"深化、拓展教育基本理论提供了一个全新的认识视角"[3]，又为教育实践中诸多现实问题的解决提供了创新性的理论范式和实践策略。

二、人的需要与"好教育"的民生意蕴

人的需要具有内在的一致性，不同主体满足需要的方式则具有文化多样性。基于人的需要的"好教育"的标准，兼具跨文化的内在通约性和内容多样性。世间并无"绝对好"的教育存在，"好教育"永远是相对的、具体的。基于人的需要对"好教育"的理解和获取，必然受到社会文化的制约。强调人的需要的一致性和"好教育"的文化多样性，旨在提醒人们高度关注教育改革的文化规约性，增强教育改革的文化关照及限度意识。

（一）人的需要的客观普遍性

"环境的改变和人的活动的一致性，只能被看作是并合理地理解为革命的实

---

① 谭维智. 国家视角下的教育民生论. 教育研究，2014，（12）：4-12.

② 劳凯声，李孔珍. 教育政策研究的民生视角. 教育科学研究，2012，（12）：11-18.

③ 李金奇. 教育民生论的发生与解读. 高等教育研究，2013，（11）：18-24.

践"，是马克思主义关于人和环境与教育的关系问题的基本看法，其实质是对教育在人的发展和社会发展中作用的科学揭示。

"人的需要既不是莫衷一是、见仁见智的主观偏好，也不是计划者或政党官员心目中的静态内容。需要具有普遍性和可知性，但是我们对于需要本身以及对于满足需要所必需的条件的理解是动态的、开放的。"[①]人的需要具有客观性、普遍性，而满足需要的具体方式则具有文化差异性。社会的需求作为一种宏观评价指标，文化关照是其应有之义。"好教育"是基于特定文化背景的价值判断，其必须服务于文化主体所赖以生存和发展的生活方式的需要，也是"教育的社会制约性"这一教育学原理的客观表现与主观实践。教育是社会文化的一个组成部分，学校是一种体制化的文化工具，是文化传递的途径之一。学校不是社会的"孤岛"，而是整个文化大陆的组成部分。[②]因此，要认识学校的本质及存在的现实问题，不应就学校研究学校、就教育研究教育，而应着眼于学校赖以存在的整个社会文化系统，而不是脱离社会文化的发展，抽象地、孤立地考虑教育问题。唯有此，才能对学校教育的价值及运转机制作出切合实际的定位，针对现实问题的各种应对策略、优化方略才能"有的放矢""标本兼治"。

无论是从人性的角度而言，还是从日常生活中的价值观念与行为表现来看，人类的共同性往往都要大于差异性，表现为人（人类）的"需要"的客观性和普遍性。正如英国当代文化研究者 Paul Gilroy 所言："人与人之间的共同之处远远多于相异之处，我们有能力彼此对话、相互尊重。如果我们不再重蹈覆辙，就必须在普遍人性的规范下约束自己的行为。"[③]列维·斯特劳斯（Claude Lévi-Strauss）也有类似的阐释："如果只把少数几个社会加以比较，会使人觉得其间的差异实在太大，但是一把比较的范围扩大后，那些差异就变得越来越小。"[④]劳伦斯·哈里森（Lawrence Harrison）也直言："我相信世界上绝大多数人都会同意：活比死好，健康比疾病好，自由比受奴役好，富裕比贫穷好，教育比无知好，正义比非正义好。"[⑤]因此，人们对美好生活的理解，也有着比较一致的看法。莫言先生曾写道："人类社会闹闹哄哄，乱七八糟，灯红酒绿，声色犬马，看上去无比的复杂，但认真一想，也不过是贫困者追求富贵，富贵者追求享乐和刺激——基本

① 莱恩·多亚尔，伊恩·高夫. 人的需要理论. 汪淳波，张宝莹译. 北京：商务印书馆，2008：8.

② Bruner J. The Culture of Education. New York：Harvard University Press，1996：100.

③ Gilroy P. After Empire：Melancholia or Convivial Culture? London：Routledge，2004：4.

④ 列维·斯特劳斯. 忧郁的热带. 王志明译. 人民大学出版社. 2013：482.

⑤ 塞缪尔·亨廷顿，劳伦斯·哈里森. 文化的重要作用：价值观如何影响人类进步. 程克雄译. 北京：新华出版社，2010：35.

上就是这么一点事儿。"①或许，在那些"有品位"的"典雅文士"看来，莫言的言论无疑是肤浅的，乃至低俗的，抑或对其不屑一顾。但是，莫言的上述文字确实"代言"了普通老百姓的心声及底层群众真实的生活方式，无疑是一种质朴而真切的"庶民理论"（folk theory）。"无论是圣人还是百姓，无论是知识分子还是文盲，都对贫困和富贵的关系有清醒的认识"，有时倒是那些"基于人满足人的需要的专业见解，论证并实施了许多灾难性的社会改革"。这应是每一个理论工作者（包括我们教育研究者）时刻警惕的陷阱。受后现代思潮的影响，人们以一种"后殖民主义"的惯习与盲从，看待价值问题、教育问题。"相对主义""多元文化理论"成为理论工作者"好心办坏事"的有意或无意之举。

（二）教育知识价值的主体性

把最高目的归于高于人的领域、脱离生活的论题是一个缺乏理由和明证（evidence）的假设，"既缺乏逻辑上的必然性，也缺乏存在论的明证"②。因此，脱离人的需要讨论"什么知识最有价值"或"好教育"的标准是什么，只能是把问题导向神秘。教育质量问题既是教育学的永恒话题，亦是当前我国教育理论与实践共同关注的前沿问题与热点问题，具有时代的特征。就永恒性而言，"无论是家庭教育还是学校教育，都应当帮助和训练孩子们准备去过一种'有意义的生活'，应该不会有人对此产生怀疑"③；就时代性而言，"有意的生活"的具体"样式"及教育需要，则不尽相同。例如，在农业社会、工业社会和信息社会，教育对"有意义的生活"的实现具有不同的实践方式与内容供给。具体而言，"捆绑在土地"上的"乡土社会"是没有文字需要的，专业、高深的学校教育无疑是多余的；大工业社会的发展，要求工人阶级掌握基本的读写算能力，由此推动义务教育的普及，接受一定程度的学校基础教育成为工人阶级谋生的前提；信息时代，终身教育和学校型社会成为现代教育发展的时代特征与未来趋势。

教育质量的评价与教育价值的确立是基于特定主体需要基础上的价值选择及价值判断。教育价值、教育质量，并非某种先验的、"在那儿"的本体论存在，世上也本无"绝对好"的教育，好的教育也是相对的，"合适"的教育才是最好的，"知识即美德"与"科学知识最有价值"并无绝对意义上的孰对孰错，更不是"要么全部都要有，要么全部都没有"（all-or-nothing）③的非此即彼。教育价值的评判标准不是客观外在的，应考虑主体的价值诉求，以此来回答"教育为了

---

① 莫言. 悠着点，慢着点——"贫富"与"欲望"漫谈. 江南，2011，（3）：82-84.

② 赵汀阳. 论可能生活. 北京：生活·读书·新知三联书店，1994：12.

③ 约翰·怀特. 教育与"有意义的生活". 教育研究与实验，2014，（1）：1-4.

谁""为什么需要教育""为了什么目的而进行教育"。教育价值的确立以教育客体属性之于主体的有用性为前提,是教育过程和生活实践的展开过程。因此,我们说哲学意义上的"价值",与经济学上的"使用价值",即"物的有用性"具有一致性。教育价值的展开包括"客体主体化"和"主体客体化"两个阶段,前一阶段寓于教育实践,后一阶段寓于生活实践。知识的终极价值具有抽象性、永恒性、统一性,而人的需要具有具体性、相对性、个体性,以终极价值评判、代替知识的所有价值是机械的、错误的,容易陷入形而上学的"诗化本体论",造成存在与价值的割裂。"终极价值""终极意义"的确是充满"诱惑"的词汇,同样更加充满了模糊和不确定性,使人"误入歧途"。即使承认教育或知识的终极价值,但它们也不是其价值的全部或唯一,因为人不能仅依赖终极价值维持生命、生活。[①]在现实的生活中,教育的好与坏是一个相对的概念,"从来就没有所谓的'好教育',也没有所谓的'坏教育',只有'适合'的和'不适合'的教育,所谓'适合'与'不适合',主要的衡量标准是它能否满足社会的需求"[②]。理想生活中的终极幸福毕竟不是现实生活中幸福的全部或唯一。

(三)民生取向的"好教育"

文化本身就是一种生活方式,属于广义的民生范畴。我们所讲的"价值多样性"和"文化差异性",同样是人类共同需要基础上"实现方式""生活方式"的差异。然而,不容否定的事实是"人们经常并不知道或者并不真正知道自己所需要的是什么东西"。这说明我们"所需要的东西"就其本身而言是"弱于怀疑态度的"。实际上,我们所直接知道的只能是发生着的经验,因为它时时刻刻发生在我们的身边,所以一清二楚。对于"所需求的东西",其实只能解释为人类以"趋乐避苦的方式"追求的"所需要的经验"。这恰恰又不需要"关于感受的真理"的解释和引导,"因为感受的性质可以自然而然地经验到"[③]。由此,苦乐本身并无分歧,有效的价值判断亦是价值真理;所谓的分歧只是引出个体苦乐经验的东西及获取方式不同而已。这也是教育研究中基于"主体赋予"的"价值多样性""文化多样性"的本质所在,否则教育学便无法跻身学科或科学的行列,教育学的构建也就成为不可能的事情。就民族地区的教育供给与民族成员对教育的态度而言,民族成员或许并不真正知晓他们所真正需要的东西,以及什么才是实现这一需要的明智之举。受制于"无知""短视"的"惯习",限于生活经验、

---

① 满忠坤. 教育价值危机的理性审视. 教育学术月刊, 2012, (9): 3-6.

② 陆有铨. 转型期西方教育理论与实践丛书. 济南: 山东教育出版社, 2011: 15.

③ 赵汀阳. 论可能生活. 北京: 生活·读书·新知三联书店, 1994: 62.

文化传统的规约，他们确立并追求其"想要"的东西，体现为对现行学校教育制度或满意或不满意，或趋向或逃离的行为选择。因此，我们可以参照民族地区人民群众心中想的、口中说的、实际追求的"想要"，结合"客观真理"（价值论、知识论）和"社会背景"（社会的政治、经济、文化环境），提炼、诠释他们真实的"实然"和"应然"的"需要"，这就要兼顾民族成员的"当务之急"与"长远发展"、"国家统一要求"与民族地域"文化的差异性"，以此衡量教育质量的优劣及学校教育有效供给的策略和路径。从"主位"到"客位"的理论提升，与从"客位"到"主位"的实践落实，坚持"自上而下"与"自下而上"相结合的方法论原则，构建"人民满意的教育"的理论图景与实践架构，为"办人民满意的教育"的理论构建与实践落实提供可资参考的田野资料与学理依据。举例而言，"脱贫致富""改变命运"作为普通百姓共同的现实"需要"（need），即"一种困乏或缺乏状态"，读书升学、外出打工则是不同个体或群体所选择的摆脱困境、满足缺乏状态之"需要"的具体实现方式，亦即不同现实方式所选取、追求的"想要"（want）的东西。帮助、引导民族群众选取满足现实需要的科学途径，减少不必要的盲目或错误，也是教育民生功能有效发挥的重要方面。

因此，我们说基本需要是一致的，但满足需要的具体方式不尽相同，乃至表现出诸种形式的"不可通约性""不可超越性"。生活中，我们经常会感到他人的行为"不可思议"，也就是这种"文化差异"的体现。我国社会主义的教育是人民的教育，是面向普通大众的教育，是一种"贫民教育"，不同于古希腊时代、封建社会的"贵族教育""博雅教育""有闲阶级的教育"。教育改革作为一项"总体性社会事件"，最终能否成功并不取决于少数精英人士的理念和行为，而是取决于"绝大多数人"的观念和行动。而绝大多数人恰恰是主要根据"利益权衡"结果来选择是否及在多大程度上参与或支持教育改革的，这绝大多数人则构成了足以推动与加速或延缓与阻止教育改革的社会文化基础。[①]因此，义务教育质量标准的确立既要关注国家的统一要求和世界历史趋势（时代性），又要"倾听底层声音"（差异性），把"人民满意"作为衡量教育质量的核心价值取向与质性标准，这也是民生取向的"好教育"的本质内涵和评判依据。国际教育发展委员会认为，"教育问题中的基本事实是具有普遍意义的"，"根据模糊的标准分类是危险的"[②]。例如，对环境不完全适应和学习不及格的情况，至少就比较而言，是各个民族出身的学生所具有的通病。因此，虽然我们强调关注民族地区教育问

---

① 吴康宁. 中国教育改革为什么会这么难. 华东师范大学学报（教育科学版），2010，（4）：10-19，36.

② 联合国教科文组织，国际教育发展委员会. 学会生存——教育世界的今天和明天. 华东师范大学比较教育研究所译. 北京：教育科学出版社，2008：9.

题的特殊性，但绝不意味着我们可以孤立地探讨民族地区的教育问题，这也是本书的基本假设和方法论主张。

三、民族地区教育质量的文化规约性

民族教育问题的特殊性规约了民族地区教育质量评价的特殊性。厘清民族地区教育问题特殊性的内涵是有效把握民族地区义务教育质量评价相关问题的前提。

（一）民生教育的内涵

研究者在分析、归纳国内外有关民族教育概念界定的五种代表性观点的基础上，从民族和教育的历史与现状、理论与实践、国内与国外的多学科与多重角度，对民族教育概念的含义进行了重新阐释。在区分了民族教育、国民教育、少数民族教育、多数民族教育、单一民族教育、复合民族教育等相关概念的基础上指出：民族教育概念可分为广义概念与狭义概念。广义概念是指对作为有着共同文化的民族或共同文化群体的民族集团进行的文化传承和培养该民族或民族集团的成员，在适应现代主流社会，以求得个人更好的生存与发展的同时，继承和发展本民族或本民族集团的优秀传统文化遗产的社会活动。狭义概念是指少数民族教育，就是对在一个多民族国家中人口居于少数的民族的成员实施的复合民族教育，即多元文化教育。[1]可以看出，研究者虽然对民族教育的广义和狭义进行了区分，但依然是以对"民族"和"教育"的广义概念和狭义概念区分为基础的，并未涉及当前民族教育理论与实践中实存的以"文化地域特征""生产力发展水平"为依据的对"民族教育"和"非民族教育"的分类。具体到本书中，这一区分对分析以义务教育质量困境为基础的基础教育非均衡发展缺乏应有的解释力和针对性。概念是分析问题的理论工具，问题的特殊性决定了概念及理论框架选取的有效性。厘清民族地区义务教育质量困境的社会文化成因，首先应明确民族教育问题的文化特殊性及方法论意蕴。

需要说明的是，确证民族教育问题的文化特殊性，强调民族教育发展中的文化关照，并非在这里宣称"文化决定论"，刻意回避、忽视政治、经济等因素对民族教育发展的现实制约性。事实上，民族地区面临的诸多现实问题，无法简单地概括为"文化问题"，更不应该过分夸大与非民族地区所面临的问题的差异。城市化、现代化是广大农村地区共同遭遇的时代阵痛，也是人类社会发展的共同局势。因此，民族地区的教育问题不应简单地概括为"现代化问题"或狭义的"民

---

[1] 滕星. 民族教育概念新析. 民族研究，1998，（12）：23-30.

族文化的传承问题"，其实质乃是"传统文化"与"现代化"、"城市文明"与"村落文化"、"眼前利益"与"长远发展"的博弈，亦可概略为教育发展与民生改善的依存问题。民族教育问题的文化归属，只是理解民族地区义务教育质量困境的一种新的视角或范式。当然，这里的"社会文化"也是一个相对宽泛的范畴，亦即人类社会赖以维系的"社会背景"和"存在方式"。

（二）文化研究的启示

文化研究给予我们的启示在于对日常生活逻辑及其意义的关注。日常生活本质上是一种实践活动，是人类社会特有的存在方式。在这个意义上，实践也是人的存在方式，其本质是一种文化现象。人的实践活动是通过文化展开的，也只有借助文化才能理解实践的意义和价值。提出实践活动的文化归属，旨在说明人们总是在一定的文化范式内从事各种活动，人们之所以模式化地生活则在于文化的结构性规约和意义负载。文化并非一种自具力量和目的的"超有机体"，其必须依赖于主体的实践活动，并在实践中调试、变迁。作为一种具有一定价值倾向性的生活方式，文化虽然因作用全面、稳定、持久而不易改变，但其本身并非一成不变的"铁板一块"。作为一种实践，文化同样遵循实践的变迁逻辑。法国社会学家布迪厄（Pierre Bourdieu）指出："必须承认实践有一种逻辑，一种不是逻辑的逻辑，这样才不至于过多地要求实践给出它所不能给出的逻辑，从而避免强行向实践索取某种不连贯性，或把一切牵强的连贯性强加给它。"[①]由此，实践逻辑并非抽象于无限多样实践活动中的"通贯性的规律"（general laws），而是在有限的可观察的实践活动（如生产劳动、日常生活、传统习俗等）中所表现出的"通贯性的概括"（generalization）[②]；它不是脱离具体存在的、超时空的明确清晰的"普遍性"，而表现为一种具有模糊性的"共同性"。文化的调试与变迁受一种"前逻辑"或"前理性"的"实践感"支配，在"前对象性""非设定性"的层面上运作。实践逻辑作为主体日常生活中结构化的惯习思维方式（即"实践性思维方式"），"是融主观与客观、主体与客体、真理与价值相统一的思维方式，在方法论的意义上，它是全部马克思主义哲学理论的深层基础及其在哲学史

---

① 布迪厄. 实践感. 蒋梓骅译. 南京：译林出版社，2003：133.

② "通贯性的概括"（generalization）和"通贯性的规律"（general laws）是余英时先生提出的一组概念，用来说明自然科学和历史学中"规律"的区别。所谓"概括"，是指可以在历史上发现一些整体的趋势、动态、结构及其因果关系，不同于自然科学中普遍有效的"规律"。详见：余英时. 中国史研究的自我反思. http://news.ifeng.com/exclusive/lecture/special/yuyingshi/[2014-09-17].

上根本变革的真谛所在"①。当一种文化观念不再受到流行信念的支持，或者其造成的现实窘境使文化持有者感到非变不可时，文化就有可能随之改变。泰国人对年轻男子入寺当和尚观念的转变，就是一个典型的例证。在泰国，从前年轻男子都要用几年的时间出家当和尚，这既有益于精神和灵魂的陶冶，又适应当时经济活动和办事的慢慢吞吞的节奏。如今情况发生了变化，泰国生活节奏加快，商贸兴旺，企业需要劳动力。年轻人修身养性缩短成几个星期，刚学会一些念经礼仪，就返回到现实的物质世界。人人都知道时间就是金钱，时间的相对价值变了。这一变化是不可能强加于人的，除非来一场革命。②同样，对待民族地区的教育问题应避免既有研究中两种错误的极端倾向：①民族主义，又称文化中心主义；②民族虚无主义，又称文化取消主义。前者表现为对待民族教育问题的"特殊主义"，后者表现为对待民族教育问题的"普遍主义"，两者均不能全面把握民族教育问题的真实情况及症结所在。民族地区的教育问题同其他非民族地区的教育问题既存有共性，又有其特殊性。

处于现代化的大潮中，传统教育作为一种城市取向的精英教育，"没有教毕业生留在农村所需的知识和看法，学生脱离社区生活而去研究与农业毫无关系的历史问题和枝节问题。难怪年轻人要逃离农村！"③现代学校作为一种"嵌入文化"，若想真正在民族地区、农村地区扎根，必须与当地的社会发展融为一体，必须有助于增进农村人的幸福。人的幸福也就是"人的社会性需要的满足"，离不开和谐社会的建立。而和谐社会的建立，根本上还是要依靠科学技术的进步、生产力的发展带来的物质和精神财富的丰富。④对许多民族地区而言，一方面，民族成员的科技素养普遍偏低，致使当地经济社会发展尚未建立起以发挥民族成员主体性为依托的长效造血机制，往往发展相对落后。民族地区的学校教育作为传授科学文化知识的主要部门，理应担当起民族地区经济社会全面发展的引领者，为民族地区的发展注入新鲜的血液，构筑起民族地区自我发展的造血机制，转变长期以来"输血型""救济型"的外援式、依赖型发展模式。另一方面，当前社会"功利主义"的普遍盛行使得世俗的现实利益僭越了传统文化的合法性，民族传统文化维系的既有价值和伦理体系日渐被稀释。城市取向的现代学校教育制度，有意无意地加速了这一过程。结果便是，虽然"当代人可以比文化中的英雄和半

---

① 张澍军. 略论哲学本体论思维. 东北师大学报（哲学社会科学版），2004，（1）：5-10.

② 塞缪尔·亨廷顿，劳伦斯·哈里森. 文化的重要作用：价值观如何影响人类进步. 程克雄译. 北京：新华出版社，2013：绪论，48.

③ 阿瑟·克雷明. 学校的变革. 单中惠，马晓斌译. 济南：山东教育出版社，2009：78.

④ 孙振东. 教育何以促进人的幸福. 湖南师范大学教育科学学报，2008，（1）：5-9.

神更有能耐"，但是也"背弃了在高尚（sublimation）的高层文化中得到维护的期望，践踏了在高尚的高层文化中得到维护的真理"①。人们不再想象另一种可能的生活方式，而是朝着同一生活方式的不同类型或畸形方式全力以赴。当然，这也是我国广大农村地区面临的共同问题，只是这一问题在民族地区表现得更加突出、更加紧迫。

（三）民族地区教育质量的特殊性

民族教育发展中的特殊矛盾决定了民族教育问题的特殊性，继而规约了民族教育的实践举措与理论建设的基本路径。当前，民族地区义务教育质量的优化面临的主要矛盾有二：①制度化的教育与当地经济社会发展水平之间的矛盾，主要表现为教育与当地生产力发展水平之间的不适应；②制度化的教育与民族（地域）文化传承与保护之间的矛盾，主要表现为制度化教育与民族文化传承之间的不和谐。与某些贫困的非民族地区、偏远山区、落后地区教育发展中面临的现实问题相比，教育与经济、教育与生产力发展水平之间的矛盾并非民族教育的特有矛盾，而民族文化传承与保护，以及传统文化与现代教育之间的诸多不和谐乃至冲突，是民族教育面临的特殊矛盾，这也是民族教育学作为一门独立学科的本质规定。物质生活的生产方式制约着其赖以维系社会的政治、经济、精神生活的整个过程，文化则是其特殊性的表现样式和运作方式。因此，民族文化与现代教育的冲突，本质上是现代学校教育与民族传统生活生产方式的不适应、不协调，并最终表现为特定的价值冲突及行为选择。教育价值是教育客体属性对主体需要的满足，探讨民族地区诸如"教育均衡发展与质量提升""教育保护与传承民族文化""教育发展与民生改善"的问题，以文化关照为核心的民族成员的教育需要应是其出发点和归宿。伴随现代学校教育在民族地区的纵深推进，少数民族成员有时处于一种"双重边缘化"的境地，他们既不能很好地融入主流文化，又逐渐疏远其传统文化，成为现代化进程中的弱势群体。忽视或片面理解民族教育的特殊性，是民族地区教育发展质量低下的重要原因。因此，具体到本书中，义务教育质量困境乃是兼具地域性、民族性、时代性的复合性概念，是基于国民教育之共同性的、具有文化特殊性的教育学范畴。事实上，教育质量就本体论而言并非某种先验的存在及其标准，而是一定社会文化的理论建构和实践诉求。民族教育问题文化特殊性的提出，旨在强调从社会文化的视角理解民族地区义务教育质量困境的必要性和可能性，有助于弥补惯习的经济思维、政治思维单向度的弊端。

---

① 赫伯特·马尔库塞. 单向度的人——发达工业社会意识形态研究. 刘继译. 上海：上海译文出版社，2008：46.

　　民族地区教育问题的特殊主要有三：①民族性，亦即文化性，指少数民族传统文化对现实教育问题的制约性；②地域性，指区域地理环境对民族地域教育发展的影响；③阶段性，亦即历史性，指缘于民族地区社会、政治、经济发展的历史阶段特点对民族教育发展的制约性。由此可见，教育与文化之间的矛盾无疑是民族教育发展中面临的特殊矛盾，继而规约了民族地区教育问题的特殊性。由于人文地理、语言文字、风俗习惯及文化际遇等方面的差异，民族地区的文化形态呈现出其特有的多元性、差异性等特征。民族文化的上述特征无疑会对教育，特别是学校教育提出某些特殊要求。但是，现实中由于受诸种主客观原因的影响，我们的教育实践对以文化差异为核心的民族教育特殊性的认识和重视均有待提高。这致使民族地区教育发展沿袭传统的国家一体化的办学模式，教育目标的设定、具体教育教学内容的选择、教学方式方法的选取、学校管理制度的制定，基本上都沿用了国家一体化的、城市化的模式，很少考虑少数民族地区的文化传统在教育发展中的特殊制约性。民族成员对教育的特殊需求在国家一体化的教育体制内很容易被忽视，这也是当前民族地区义务教育质量困境源生的内在机理和症结所在。忽视民族教育理论与民族教育实践的特殊性，往往导致以"客位立场"代替"主位立场"看待民族教育问题，将民族地区的一切教育问题简单地等同于中东部地区与非民族地区的教育问题，并在此基础上制定或直接照搬其他地区的教育政策、策略等。这一方法论指引下的民族教育改革，由于民族文化主体和民族文化要素的"缺席"，有时难免好心办坏事，使教育供给与教育需求之间出现鸿沟，其结果往往并不能带来民族教育的真正发展，反而造成有限教育资源闲置、浪费的质量困境。

　　基于以上分析，民族文化差异无疑是民族地区义务教育质量提升中面临的特殊矛盾。以文化关照为基点，增强民族地区教育资源配置的实效性、科学性是促进民族地区教育质量提升的核心问题。每个民族都有其赖以生存的独特天地系统、人文系统，民族地区文化的多样性、差异性决定了民族教育发展的特殊规定性。其中，最重要的一个因素就是民族传统文化。现代学校教育在民族地区的普及，必须充分重视当地民族传统文化、地域文化对教育发展的特殊制约性。忽视民族文化的教育，必将是低效的教育、失败的教育。所谓的"办人民满意的教育"也难以真正落实，以学生发展为核心的教育质量的提升也必将受到限制。所以，要实现民族地区义务教育质量的全面提升，不同民族文化和同一民族文化体系内部不同要素之间的差异都是不容忽略的重要方面。确证民族教育问题的文化归属，从教育发展与民生改善的依存关系出发，为厘清民族地区义务教育质量困境之社会文化成因提供了理论基础和方法论保障。

第三节　民族地区义务教育质量评价的价值立场

教育质量是一个世界性话题，提高教育质量是当前世界范围内教育改革和发展的核心目标与共同趋势。质量是教育发展成效的评价指标，不同的理解往往导致不同的教育质量观和教育实践的不同操作取向。"提高教育的相关性""关注教育的个人和社会效益""办人民满意的教育"等具体目标的确立，无疑是当今主要国家和地区教育改革发展的核心价值定位及本土化阐释。教育质量观在教育评价过程中处于方法论的核心地位，教育质量评价指标是一定时期人们价值观念的反映。持有不同的教育质量观和价值立场的人，在看待教育现象、教育过程、教育结果时，往往会有不同的评价标准与评价方式和结论，有时甚至会得出完全不同的评价结论。我国教育的社会主义本质规定性和民族地区社会文化的特殊性，决定了民族地区义务教育质量评价的价值立场和评价指标选取的基本原则。

一、强调义务教育作为国民基础教育的特殊性

既有研究多针对某一特定地区或民族、族群的教育问题或文化事象，在田野工作的基础上以"个案研究""人种志""历史人类学"的范式开展，并以此提出针对该地区、该民族的应对策略。不可否认，这类研究因其关注的视域相对较小，具有较好的针对性；对研究对象的把握也相对深入，有助于减少单纯理论构建的空泛；研究对象具有很强的鲜活性，研究结论具有较高的内在效度。但是，就义务教育问题而言，此类范式往往因过于突出对象的特殊性，而忽视义务教育不可背弃的普及性、强制性及基础性的本质规定，研究结论的合法性、合理性、有效性受到限制。义务教育作为一项基本国策，是对所有公民实施的国民教育，这也是义务教育与现阶段一般意义上的普通教育、职业教育、高等教育、成人教育的不同之处。因此，相关政策的制定与实施，必须符合义务教育"所有适龄儿童、少年都必须接受的"和"保证达到国家规定的基本质量要求"的法律依据和底线标准。忽视义务教育作为国民教育的特殊性和社会文化规约的普遍性，单方面强调教育被动适应单一民族地区民族传统文化的特殊要求，容易背离义务教育作为国民教育的本质规定性与社会需要，有碍于培养民族成员适应现代生活所必需的基本知识、基本技能，悖于义务教育作为基础教育的本质规定，甚至走向"文化单边主义"的误区。

作为基础教育重要组成部分的义务教育，不仅要为学生的进一步学习打基础，也要为个体生活和就业打基础。传统的生活实践是体力和经验依赖型的，今天的

生活实践日益凸显其知识依赖型的特点。马克思主义认为，社会再生产的规模方式，决定了劳动者再生产的数量和质量，也决定着教育的数量和质量。以手工工具的使用为基础，社会再生产无须要求劳动者必须经过专门的教育和训练，在现代社会的大生产过程中，劳动者智力因素的发展已成为劳动力再生产的主要任务，专门的教育和训练成为社会再生产的主要环节。在这一转化过程中，"经验手艺型"的劳动力转化为"科学知识型"的劳动力，教育也被纳入社会再生产的过程。[①]学校教育作为有目的、有计划传授系统知识的实践活动，满足社会文化对知识的需求，提高其在生活和就业中的生存能力和竞争能力，是其应有的重要任务之一。因此，专业性知识成为必须，特别是在各种创造性劳动中更是如此。学校教育的基本职能，就是通过对知识的选择、积累、传递来培养一定社会所需要的合格劳动者和社会成员，使其拥有更加美好、更加体面的生活。学校知识的价值评判标准不是先验外在的，具体社会文化主体的实践需要是其根本依据。因此，"教育为了谁""为什么需要教育""为了什么目的而进行教育"才是问题的核心。义务教育的普及必须重视为学生未来体面生活做准备的教育内容和质量保障。但是，基础教育的基础性又决定了义务教育在民生改善中的作用机理和实现方式不同于一般的职业定向教育。义务教育民生改善功能的有效生成，更多的是通过受教育者综合素质的提升而间接实现的。

国际经验证实，在社会政治、经济、文化比较落后的发展阶段，教育的每一点普及和扩展皆直接导向个人生存条件的改善和社会的进步，具有最大投资效益。强调义务教育的民生改善功能，旨在避免义务教育走向两个极端：①把基础教育作为升入高一级学校的"预备教育"或"升学教育"；②把基础教育等同于职业训练式的"工匠教育"或"就业教育"。教育质量作为对教育成效的优劣评价，虽然在哲学层面我们对"好的教育"较能达成相对一致的看法，诸如"服务于人的全面发展""为完美生活做准备""人是教育的产物"等提法，但具体到实践中，若要回答"什么是好的教育""如何实现优质教育供给"，必须到实践中探寻，走向田野、问计于人民。教育质量标准的确立及达成，不单单是个理论的问题，或者说并非主要是个理论的问题。这一问题的有效回答有赖于对当前城乡、区域义务教育发展现状及人民群众教育诉求的切实关注和深度体察。

二、坚持义务教育普及与质量提升的双重目标

自 1985 年至今的 30 多年，我国义务教育经历了从普及到提高的发展。进入

---

① 王焕勋. 马克思教育思想研究. 重庆：重庆出版社，1988：93-95.

21 世纪，全面提高义务教育质量成为我国义务教育理论与实践领域共同关注的热点问题和前沿问题。至此，全面普及义务教育和提高义务教育质量成为"后普九"时代的双重目标，前者强调义务教育的普及率，做到适龄儿童"人人有学上"；后者强调义务教育的完成质量，实现"上好学"的目标。从民生改善的视角来看，接受义务教育是公民的一项基本权利和社会义务，提高教育质量、"办人民满意的教育"，既是新形势下义务教育发展的时代选择，又是人民群众对优质教育的合理诉求，更是我国社会主义教育的本质体现。

全面普及义务教育和提高义务教育质量成为"后普九"时代的双重目标，前者强调义务教育的普及率，做到适龄儿童"人人有学上"；后者强调义务教育的完成质量，实现"上好学"的目标。没有普及的提高和没有质量的普及，都不是优质的基础教育，都是质量不高的教育，也不是真正在办"人民满意的教育"。"免费""充裕"的教育机会保障，并不能保证人民对教育的满意；入学人数和入学率的孤立增长，并不必然表明人民群众认可当前的教育质量和送子女读书积极性的提升。"免费"的东西未必都是"无偿"的"好东西"，单纯的"机会"公平无法保证"结果"的正义。单方面强调"人人有学上"的规模、数量指标，忽视满足人民群众"上好学"的教育效益和质量指标，是民族地区教育发展中诸多现实问题凸显的症结。论及民族地区的教育质量问题既有研究往往将义务教育公平、义务教育均衡发展与义务教育质量分裂开来，或单方面关注资源配置的非均衡，或单方面关注教育质量的各种差距，实乃顾此失彼的片面教育质量观和教育评价观。这样的研究视角容易导致忽视公平讨论质量和忽视质量讨论公平的片面方法论取向。所探讨的教育公平和教育质量问题因缺乏对"底层声音"的倾听，难免过于抽象、宏达、高远。

虽然也有研究者提出"优质均衡"和义务教育"内涵式发展"的相关议题，但这类研究主要是单方面强调义务教育的质量，忽视、无视在某些民族地区普遍存在的义务教育普及中的辍学、失学等现实问题，对以教育发展与民生改善的依存关系为视角的质量评价缺乏关注。数量与质量、普及与提高，既是理论上一对辩证关系的范畴，又是民族地区义务教育发展中的现实问题。现实中，各种形式的失学、辍学依然是制约民族地区义务教育质量提升的难题；学业成绩低下、留守儿童和乡村"流民群体"等问题，亦是民族地区义务教育普及中"学校繁荣"背后的"时代隐忧"，这无疑是民族地区社会民生问题的重要内容。因此，忽视民族群众的民生诉求，无视人民群众通过对免费教育放弃或逃离所表现出的不满，乐观地认为"普及义务教育，梦想终成现实"[①]，实际上无异于"痴人说梦""盲目乐观"。民生取向的教育

---

① 李凌. 普及义务教育，梦想终成现实. 中国教育报，2012-07-21（01）.

质量观认为：有质量的民族教育发展，不但要关注"人人有学上"的量的问题，同时必须满足学生升学、就业等不同需求的"上好学"的质的规定。

　　教育质量是一个世界性话题，提高教育质量是当前世界范围内教育改革和发展的核心目标与共同趋势。"提高教育的相关性""关注教育的个人和社会效益""办人民满意的教育"等具体目标的确立，无疑是当今主要国家和地区教育改革发展的核心价值定位及本土化阐释。伴随"后普九"时代的到来，我国义务教育发展进入一个新的历史阶段，提高义务教育质量成为教育改革与发展的时代议题，标志着我国义务教育普及由"规模扩张"到"内涵发展"的目标转向与战略转型。党的十八大报告把保障和改善民生放在更加突出的位置，进一步明确了教育发展的方向，确立了"办人民满意的教育"、改善教育民生、深化教育改革、实现"中国梦"的伟大理想。从注重教育发展的规模和教育机会增长向全面教育质量提升的目标转向，是当前和今后我国教育发展的战略选择，保障和提升教育质量成为我国教育改革与发展的核心任务。义务教育内涵式发展理念的提出进一步明确了我国义务教育发展的目标转向，使义务教育政策的价值导向从服务于政治稳定、经济发展的"政治取向""经济取向"，转向服务于人民生活改善的"文化取向""民生取向"，继而使民生教育学成为我国教育理论与实践中的前沿课题。调查发现，在等速增长甚至超速发展模式的引领下，某些民族地区的教育发展出现了脱离地区实际的"大干快上"、"盲目达标"、照搬发达地区的浮躁情绪，致使民族地区教育事业的发展出现了一种"偏左"的不良倾向，造成有限教育资源闲置乃至浪费，制约民族地区义务教育质量整体水平的提升。

　　民族地区的田野调研表明，辍学、隐性辍学、失学现象严重、学业成绩普遍低下，是民族地区义务教育普及中面临的普遍问题。具体到不同民族地区、不同民族，这一现象又体现出不同程度的特殊性。诸如，云南西双版纳傣族自治州传统寺庙教育与现代学校教育冲突引发的学生入学和升学积极性不高、"间歇性辍学"现象极为严重、学生学业成绩普遍较差的现实问题[①]，笔者在四川省凉山彝族自治州调研发现的"买学生""借学生"的现象[②]，笔者在贵州省黔东南苗族

[①] 陈荟. 西双版纳傣族寺庙教育与学校教育共生研究. 西南大学博士学位论文，2009；沈洪成. 课堂与奘房：芒市傣族的教育历程. 北京大学博士学位论文，2012.

[②] 笔者在凉山彝族自治州调研时发现，有些学校各项硬件设施十分完善，算是当地最好的建筑。与之形成鲜明对比的是，个别学校却很少有学生，显得格外的荒凉、冷清。据当地教师介绍，有学校为了应付各种检查调研，甚至到临近学校"借学生""买学生"。辍学、失学的人也被用来凑数，甚至是孕妇、做了父母的也被叫来充数。

侗族自治州调研中发现的"变化的班级"现象①，近代西康藏区的"雇读"②等现象，是这一问题的不同表现。民族地区普遍存在的辍学、失学现象，不仅直接制约着教育教学质量的提升，还引发诸多社会问题，如民族地区普遍存在的"流民群体"现象和民族传统文化、村落文化的式微，以及民族成员"双重边缘化"引发的文化归属和身份认同的精神危机，等等。"教育就是教育"作为哲学命题倒无大碍，一旦触及社会生活中的教育，教育问题从来就不单单是教育问题。教育经费的充盈、办学条件的改善，并不必然带来教育质量的提升。

三、重视教育发展之于民生改善的功能实现

本书以民生改善为视角，区分"作为民生的教育"和"教育的民生功能"之间不同的理论内涵和实践意义，旨在关注"教育事业发展"的水平与"教育民生功能"有效生成之间的内在依存关系及客观实存差异，以此凸显民生取向的教育质量观的理论内涵及实践价值。以上区分有助于我们更全面、更科学地把握、评价当前我国民族地区义务教育质量困境的内涵及社会文化制约机理，避免把教育事业的发展作为全面教育质量的片面指标，忽视社会事业发展与民生改善二者之间的本质区别和实践意义。

民生问题是与人民群众生存和发展直接相关的基本问题，我国社会主义的教育是其重要组成部分。社会主义的教育发展与民生改善具有内在的依存关系，具体内容有二：①教育作为社会事业发展的重要组成部分及在民生改善中的对象性价值；②教育发展促进民生改善的目的性功能及实践生成。前者把教育事业发展作为民生改善的直接对象，是一项同医疗、养老、住房、交通等并举的投入性社会事业；后者把教育发展作为改善民生的首要策略和实现途径，关注教育事业在民生改善贡献中的收益性，统一于"办人民满意的教育"的共同目标和政策表达。同时，引入民生教育学的视角，有助于避免"就教育谈教育""就文化谈文化"的单线思维。比较教育学家迈克尔·萨德勒（Michael Sadler）曾提出："我们不应忘记，学校之外的事情甚至比学校内部的事情更重要，它们制约并说明着校内的事情。"③作为比较教育研究因素分析法的开创者，迈克尔·萨德勒指出，教

---

① "变化的班级"指我们在贵州和四川两地考察时发现的又一普遍现象。当地学校由于学生中途辍学、流失严重，导致班级人数大幅减少，学校被迫将原有班级不同程度合并。例如，调研中的黔东南侗乡某中学，其班级变化情况如下：初一（5）、初二（3）、初三（2）。据调查，期间转学的学生几乎没有，但这一"并班现象"在当地却普遍存在。

② 严奇岩. 近代西康藏族"雇读"现象探析. 民族研究，2006，（6）：80-88.

③ Sadler M E. How far can we learn anything of practical value from the study of foreign systems of education. Comparative Education Review，1964，（11）.

育只不过是社会生活的一个重要方面，是民族国家历史和文化的产物，民族性和世界性是现代教育的两个显著特征。因此，他主张，对一国教育制度的研究不能只把目光停留在校舍建筑上，停留在教师和学生身上，而要走上街头，深入到民间家庭，去发现"制约和说明校内的事情"的那些"校外的事情"。这些"校外的事情"既可能是有形的人口、地理、技术、政治经济制度等，又可能是无形的宗教、哲学等精神力量。①

民生改善视域下的教育质量观，同样主张"走向街头""深入民间"，强调教育在促进民生改善过程中的应有价值及有效生成，把教育发展作为改善民生的重要途径和实现方式，以此满足人民群众"上好学"的教育诉求，做到"学有所用"，并在此基础上探索基于平民立场的、多方参与的教育质量评价方式，构建以文化差异为前提、以民生改善为核心价值取向的教育质量优化机制。因此，区分作为民生的教育事业和教育的民生改善功能，有助于我们全面把握民族地区基础教育发展的质量，从教育事业与其他各项社会事业发展的普遍联系中厘清我国西南民族地区基础教育发展的现实成效和其他制约因素。

世界范围内的教育危机是"教育先行"的"副作用"或"后遗症"，对发展中国家而言更是如此。本书关注的民族地区的教育质量问题则是这一世界性教育危机的典型案例和鲜活存在，具有"活化石"的理论价值和现实意义。教育危机的不平衡状态有多方面的表现，其中包括：课程知识的选择与学生现实需要之间的不适应；教育投入与教育效益之间的不平衡；教育供给与就业需要之间的不适应；教育发展与社会公平之间的不平衡；教育普及与传统文化赓续的不适应等方面。结果便是"随着学校的急剧发展，无目的升学者及非本意就学者增加"，"学校是繁荣了，但教育的前途未卜，多数人感到茫然"②。学校教育和知识的价值经常被质疑、被否定，人人可及的"免费教育"成为不得不应付完成的"强迫教育"，"知识改变命运"则是遥不可及的"奢望"。脱离人的现实需要，脱离人的生活实践讨论"什么知识最有价值"，只能是把问题导向神秘。知识的传递、文化的延续，归根结底应以人的生活的改善为目的。这贯穿学校教育的整个过程，从知识内容的设计、教育方法的选择到教育质量的评价。论及民族地区的教育问题，"传承与保护民族文化"为某些"有识之士"喋喋不休，他们对民族群众的真实生活却很少关注。

知识的价值是相对的，又是全面的，没有绝对"好"的教育，好的教育也是相对的，合适的教育才是最好的。抽象地谈论知识的价值，脱离现实谈论教育的

---

① 屈书杰. 迈克尔·萨德勒比较教育思想的现实意义. 比较教育研究，2009，（8）：7-10.
② 筑波大学教育学研究会. 现代教育学基础. 钟启泉译. 上海：上海教育出版社. 1986：230.

价值,最终只能是与本真的教育相疏离。我们不应在理想的王国谈论知识与教育的价值,必须回到人间,不应从"所说的、所预想的、所想象的东西出发,也不是从口头说的、思考出来的、设想出来的、想象出来的人出发,去理解有血有肉的人"①。人总是一定社会文化的存在,谈论知识的价值必须关注教育对象的社会文化规约性。知识的价值具有客观性,而非抽象的先验存在。知识的价值既取决于知识本身固有的属性,又取决于人和社会的需要。抽象的知识价值是不存在的。这是马克思主义历史地、辩证地评价知识与教育价值的基本观点,为我们正确理解教育这一社会现象奠定了科学的理论和方法论基础。②教育是国计,亦是民生。忽视人民群众的民生境遇与教育诉求,任何有关义务教育质量问题的理论与实践活动,都必将是空泛的、不负责任的,其所承诺的价值也难免流于形式。

四、关注教育评价中"底层群众"的主体性

长期以来,民族地区贫穷落后的根本在于人才缺乏,其症结则是教育发展落后。教育质量和办学效益不高,以及由此造成的人口素质偏低和人才流失,是制约民族地区经济社会全面发展的瓶颈。提高办学效益和教育发展质量,促进民族地区又好又快发展,应是教育理论与实践关注的共同焦点。否则,单方面强调教育投入力度,忽视或无视民族地区教育发展的特殊要求和质量问题,意味着我们对教育的投入是低效、无效,乃至负效的。这样的教育发展是没有质量保障的,也不是在"办人民满意的教育"。

研究民族地区的义务教育质量问题,离不开对民族地区文化事象和民族成员日常生活的深切关注,这也是本书的核心假设。从事有关民族文化和民族教育问题的实践及理论工作,不应仅仅停留在"是什么""为什么"的两个阶段,这是一种"非完善"的思维方式和分析理路。从探讨民族教育质量困境"是什么"的真理问题,到质量优化的"应该如何"的价值问题,从民族文化本体论的阐释,到传统文化传承与学校教育共生的实践落实,都应充分尊重教育问题中"底层群

---

① 马克思,恩格斯. 马克思恩格斯选集(第一卷). 中共中央马克思恩格斯列宁斯大林著作编译局译. 北京:人民出版社. 1995:73.

② 在我国教育研究的理论与实践中,"本土化""依附理论""后殖民主义"等方法论问题,可谓是"困扰"教育研究者的"心病"之一。我认为,对我国教育和教育问题社会主义性质的本质规定认识不足,导致西方理论话语的照搬套用,是其症结之一。社会主义的教育与资本主义、阶级社会的教育具有质的区别。以民族教育研究中的文化问题为例,西方学界文化研究范式关注的"民族歧视""种族压迫""肤色歧视"及"国家与地方""社会与个人""民族与政治"之间的对立事实,并不完全适用我国民族教育问题的实际。研究我国的教育问题,绝对不能忘记我国教育的社会主义的特殊规定和基本国情。

众"的现实境遇和价值诉求。民族地区义务教育质量的提升,应在充分关注教育评价中"底层群众"主体性的前提下,使学校教育的普及与民族文化的传承真正服务于民族群众民生改善、过体面生活的现实需要和价值诉求,这也是文化的本质属性和我国教育问题社会主义属性的本质规定。

教育质量是一定主体对教育成效的评价与认可程度,不同时期、不同阶层的主体往往对教育质量持有不同的评价和取舍标准。因此,在界定义务教育的质量优劣时,应充分考虑教育质量的基础性、长效性和针对性、时效性,以及不同主体的教育需求,兼顾不同主体的教育质量观。民生取向的教育质量观旨在强调教育的政治效益、经济效益的同时,更应关注教育的个人效益和家庭效益、长远利益和现实利益,使之成为人民群众创造美好生活、实现体面生活的重要途径。具体到民族地区的义务教育发展,在对教育质量进行评价、监督、引导的过程中,应充分考虑不同民族、不同区域教育主体的教育需要,确立科学、合理的基础教育质量观,做到既坚持统一标准,又兼顾民族差异和区域差异,实现因地制宜、因时制宜,使人民群众真正享有教育发展的成果。

在民族教育政策制定与执行中,决策主体及附属的执行主体,多以一种先验的实体主义价值观架构"好教育"的图景,以"供给"的"好教育"替代"需求"的"好教育",疏于对民生主体的文化归属及其境遇的关照。教育质量和教育价值具有内在通约性,二者可以构成"互释"关系。这里关涉两个前提:①预设受益主体的价值诉求及获取教育的动机;②教育供给者的价值预设及提供教育的动机。既有研究多忽视第一个方面的问题,以一种实体主义的价值观、功能论代替受教育者评价、选择教育价值和教育功能,以"教育的理想"替代"理想的教育":①现代学校教育作为一种制度化的"嵌入文化",与民族成员的生活经验存在诸种不和谐乃至冲突,学校教育的价值对他们而言有时是陌生的、值得怀疑的。②教育内容作为一种"异质文化",民族成员有时即使拼命学习,也终难逃脱"失败者"的境遇,往往自暴自弃、心灰意冷,甚至以一种"反学校文化"的方式游移于学校与村落之间。③置身现代化的潮流中,民族成员及持有的传统文化同样被排挤在主流文化的边缘,无论在校园内,还是在日常生活中,传统文化导引下的生活方式日渐格格不入。面对本土传统文化的现实际遇,民族成员或出于无奈,或以一种"无意识"地盲从,逃离或放弃固有生活方式,以期尽快融入现代潮流,成为被认可的一员。加之以"民族社会精英"而非"民族文化精英"倡导的民族文化传承,民族群众有时又被置于民族文化被传承的尴尬境地,接受被设计的"有价值"的教育和"有意义"的生活,民生主体的文化归属多被遗忘。

总之,义务教育作为国民基础教育,"既是每一个儿童生存发展的基础,也是国家认同、国家实力及民族融合团结的基础","其目的是培养植根民族文化土壤、面向现代化、面向未来的中华人民共和国公民"[①]。因此，义务教育质量观的确立及质量评价，应在我国社会主义教育统一要求的指导下，兼顾各地、各民族文化多样性、文化差异性的特殊需要。

第四节　民族地区义务教育质量考察指标的选取

教育发展质量作为衡量特定阶段、地区、层次教育供给满足不同主体教育需要的程度或水平，对优化教育资源配置、提升办学效益具有重要的监督、评价和导向功能。确立相应的质量标准、指标体系及测评方式，是教育质量评价功能有效发挥的前提与保障，也是相关理论与实践工作有效开展的首要任务。科学有效的评价指标的选择首先应明确教育质量评价的价值立场和基本原则，并以此为基础选择具有问题针对性和可操作性的测评方式和评价指标。

一、既有义务教育质量评价指标存在的不足

本书致力于探讨民族地区义务教育发展与民生改善之间的依存关系，以此剖析民族地区义务教育发展中面临的质量困境，继而探讨民族地区义务教育质量优化路径。上述研究问题和预期目标的设定，决定了本书关于教育质量评价指标的选择，既要尽可能涵盖作为国民基础教育评价的"基准指标""底线指标"，又要满足评价指标在促进民族地区教育质量优化中的针对性和导向性功能。考察既有相关评级指标的运用，主要存在如下问题。

1）对教育质量内涵的界定和操作性定义的选择过于随意，评价的内容和方式相对模糊。既有相关评级指标的运用以各类大规模标准化评价方式及指标选择为代表，关注各级各类学校的入学率、升学率、辍学率，以及标准化学科测验、学生品德发展、学生身心健康等全面性评价指标。此类全面性评价指标，虽然涵盖范围相对周全，但也增加了指标确立与数据获取的不确定性和复杂性，使得被评估者花费较多的时间和精力对既有教育质量的状况进行的归类，具有较强的"人为性""应答性"；更主要的是淡化了对民族地区与非民族地区义务教育质量的比较性分析。另外，有些研究以专家打分的形式确立指标并据此对相应指标主观"赋值"，再通过单向指标的收集值乘以权重来整合教育发展质量的总分，致使该类测度方法的主观性较强，其客观性、有效性难以保障。此类评价方式过于依赖标准化的定量指标，对有关教育评价的定性指标关注不够，因此，在评价的具体

---

① 郑新蓉. 试论语言与文化适宜的基础教育. 民族教育研究，2010，（3）：42-45.

指标及方式的选取上，很难达成一致的共识，也难以准确、全面地反映出教育质量的真实状况。此类"全纳性质"的教育评价指标虽然相对丰满，但在实际的运用中难免流于形式，评价结果的信度和效度往往难以保障。

2）过于关注国家的统一指标，对民族地区义务教育发展的特殊性和存在的典型问题关注不足。针对民族地区教育发展的价值定位及质量评价，存在两种观念误区：①片面强调教育的文化传承功能，忽视对传统文化中精华与糟粕的区分，固守"传统即精华"的片面认识论、方法论取向，表现为"文化中心主义"；②过分强调基础教育的功利性，把普通教育等同职业教育、离农教育、升学教育，忽视民族地区社会文化对教育发展的特殊规约性，表现为"文化取消主义"。随着经济社会的发展转型，教育主体的多样性日益凸显，不同主体的教育需要有时存在很大差异。作为不同主体的国家与地方、社会与个人、个人与个人之间的交互影响也越来越明显，关系越来越复杂。"在主体多样化的背景下，民族教育需要整合不同的利益和价值诉求，将国家认同、地方文化认同和自我认同相互结合起来，为学生提供多样化的选择，借此提升学校教育对学生的吸引力；为地方文化的保存提供空间，借助学校教育传承地方文化；通过学校教育有效塑造国家认同，培养合格的公民，培养学生进入外部世界的素质。"[①]然而，既有研究谈及民族地区的辍学、失学、学业不良等问题时，要么指责"教育经费投入不足"，要么以"民族成员的教育观念落后"概而论之，要么鹦鹉学舌地以"文化冲突"宏而论之，实属一种片面乃至错误的观点和不负责任的做法。民族地区的义务教育质量评价，应兼顾国家统一要求和民族地方特色，以"办人民满意的教育"为指导原则，在二者之间保持必要的张力。民族地区义务教育普及的质量不容乐观，很大程度缘于教育供给与教育的需求之间的矛盾，使教育发展与民族成员希望改善当前生活窘境的需要出现了诸多不适应乃至对立。民族地区的教育质量评价也应重视各民族成员的民生诉求与教育需要，从各民族的文化历史传统和经济社会发展的现实出发，将促进民族平等和民生改善作为核心价值取向。

3）对作为社会事业的教育发展指标关注较多，对教育之于民生改善的实际情况关注不足。长期以来，增加经费投入、改善办学条件，是人们处理"教育民生"问题和评价教育质量的一般思路和实践策略，对教育之于民生改善的功能实现缺乏应有的关注，这是既有教育质量评价存在的普遍不足。教育民生问题不单单是教育投入的问题，更关系教育的产出及效益问题。这也是本书区分"作为社会事

---

① 钱民辉，沈洪成. 从意识三态观重新审视现代性与民族教育之关系. 广西民族大学学报（哲学社会科学版），2012，（4）：2-6.

业的教育发展"与"教育的民生功能及实践生成"的意义所在。特别是对一些偏远、贫穷的民族地区而言，长期以来形成的"输血型""救济型"外源式发展机制，并不能从根本上改善当地经济社会发展的面貌，其对教育的需求无疑是有限的。这恰恰是民族地区教育发展落后和地区发展滞后"恶性循环"的内在机理。民族成员作为民生改善的主体，无论是传承民族传统文化的正确态度的确立与主动性的养成，还是对现代科学、技术的掌握与运用，抑或是对文化市场运作的信息获取与有效利用，根本上都取决于主体自身综合素质的提升，基础教育在其中发挥着不可替代的作用。同时，民族地区独特的天地系统和人文景观决定了民族教育发展不能照搬东部地区或非民族地区的教育发展模式，"文化关照"应是其教育质量评价不容回避的重要事象。

4）盲目追求片面的"国际化"，对我国社会主义教育的特殊性关注不足。我国社会主义的教育，是人民的教育，是面向普通大众的教育，不同于古希腊时代、封建社会的"贵族教育""有闲阶级的教育"。教育改革作为一项"总体性社会事件"，最终能否成功并不取决于少数精英的理念和行为，而是取决于"绝大多数人"的观念认同和行动成效。然而，绝大多数人恰恰是主要根据"利益权衡"结果来选择是否以及在多大程度上参与或支持教育改革的，这些人则构成了足以推动与加速或延缓与阻止教育改革的社会文化基础。[1]义务教育质量标准的确立，既要关注国家的统一要求和世界历史趋势（时代性），又要"倾听底层声音"（差异性），把"人民满意"作为衡量教育质量的核心价值取向与质性标准，这也是民生取向的"好教育"的本质内涵和评判依据。对民族地区的义务教育质量进行评价，不应忽视民族群众对教育的看法，更应关注教育民生功能的有效生成。当然，我们强调关注民族地区教育问题的特殊性，但绝不意味着我们可以孤立地探讨民族地区的教育质量问题，这也是本书的基本假设和方法论主张。

二、民族地区义务教育质量评价指标选取的原则

研究问题的针对性和研究对象自身的特点，决定了研究方式方法的选择。本书致力于探讨民族地区教育质量提升与民生改善之间的规约关系及存在的现实问题，决定了本书有关义务教育质量评价的价值定位和指标选择应遵循的基本原则。本书对民族地区义务教育质量评价指标的选择，既要涵盖作为国民基础教育的义务教育质量的基准指标，又要满足考察民族地区义务教育质量困境及探寻可能的应对策略的针对性和有效性。基于以上分析，本书在区分"作为社会事业的教育

---

① 吴康宁. 中国教育改革为什么会这么难. 华东师范大学学报（教育科学版），2010，（4）：10-19，36.

发展"和"教育民生功能的有效生成"的基础上，着重考察教育之于民生改善的质量状况及存在的突出问题，这决定了对义务教育质量评价指标的选择应遵循以下原则。

1. 针对性

民族地区义务教育质量考察指标的选择，首先应满足凸显民族地区义务教育质量问题的针对性原则，力求更加清晰、全面地呈现民族地区义务教育质量提升面临的显著问题。目前有关义务教育质量的测度指标，多着眼于教育质量的国计或国家标准，又以对国家或地区义务教育质量的常模监测或常规监测为主要目标，使此类指标对问题的解决和实践的优化关注较少。本书对民族地区义务教育质量问题的考察，旨在通过田野考察全面把握当前民族地区义务教育质量提升面临的现实问题，继而通过对教育质量困境的社会文化归因分析，探寻民族地区义务教育质量优化的基本思路和实践策略。因此，本书对义务教育质量评价指标的选择，应符合发现问题和解决问题的针对性原则，选择具有可操作性的考察指标。此外，本书从教育发展与民生改善的依存关系出发，着重分析民族社会文化因素对义务教育质量优化的制约机理及现实表征。因此，在具体指标的选取上，本书应充分重视民族地区义务教育质量提升的特殊性和突出问题，特别是民族传统文化在教育质量优化中的特殊角色和特殊要求，所选定的评价指标具有较好的问题针对性。

2. 可及性

教育质量的内涵本身相对宏观、模糊，且涉及要素较为繁杂，探讨民族地区的教育质量优化问题，同样要求教育质量评价指标的选择应满足评价资料实际获取的可及性原则。所谓可及性，是指在理论设计及对民族地区义务教育质量的实践考察和相关资料的收集中，应满足运用所设定的考察指标能够相对便捷、可行性较高地获取客观资料。指标选取的可及性要求所确立的教育质量评价指标具有较高的可操作性，使数据的收集与整理易于实现。虽然我们可以从理论上确定众多抽象、精致的测度教育质量的相关指标，但是有一些只是理论层面的"应然"设计，在现实中往往较难或无法获取、衡量。例如，既有评价指标将"学生的创造性""学生的认知和技能发展""学生的艺术水平""学生的个性发展"等作为测评教育质量的指标，虽然在理论上丰富了教育质量的内涵和评价范畴，拓宽了实践中教育质量监测的范围和对象，但是，此类指标相对模糊、抽象，且具有较强的主观性和不确定性，往往难以客观地操作化。因此，在考察民族地区义务教育质量现实状况及面临的主要问题时，此类指标既难以划定边界，更缺乏客观有效的可操作性测度依据和权衡标准。诸如此类的指标不能满足可及性原则，是本书不把此类对象作为考察民族地区义务教育质量指标的客观缘由。

3. 可比性

本书关于义务教育质量考察指标的确立，旨在全面、有效地呈现民族地区内部、不同民族之间，以及民族地区与非民族地区之间义务教育质量问题的典型性、普遍性和差异性特征。因此，义务教育质量评价指标的确立应尽量使实际获取的考察资料具有较好的可比性，以确保总体测度指标的指涉对象、资料收集的口径和范围等，尽可能突出数据收集和分析的可比性，以此呈现制约民族地区义务教育质量提升的特殊矛盾和共同难题。

4. 导向性

教育质量的评价应服务于教育实践的质量提升。教育质量考察指标的确立应在客观评定民族地区义务教育发展质量现状的前提下，通过理论构建、制度设计等途径最终服务于民族地区的义务教育均衡发展和教育质量的提升，研究的结论应对民族地区义务教育质量的实践优化具有一定的理论导向功效，使研究的成果成为国家和地方教育发展过程中各种规划、计划、方案制订与实施的学理参考和理论导向。民族地区义务教育质量评价指标的选择，应兼顾民族地区义务教育质量问题的特殊性和普遍性，民族地区义务教育发展质量的实践优化，是本书的出发点和归属。这决定了本书对教育质量评价指标的选择，首先要满足丰富相关理论和优化教育实践的导向性原则。

三、"人类学范式"的教育质量观及评价指标

从义务教育的起源来看，强迫性是其首要特征，强调的是教育的供给方式与制度设计；作为基础教育的义务教育，主要关注教育的目标设定与内容选择。就基础教育的目标而言，比较有代表性的观点认为，基础教育"是向每个人提供的并为一切人所共有的最低限度的知识、观点、社会准则和经验。它的目的是使每个人能够发挥自己的潜力、创造性和批判精神，以实现自己的抱负和幸福，并成为一个有益的公民和生产者，对所属的社会发展贡献力量"[①]。具体到现实的教育制度，义务教育作为国民教育的主要组成部分，为升学和就业（生活）提供基础知识和基本技能准备的双重目标，应是义务教育质量评价的基准指标。

（一）义务教育质量评价的现实难题

"为受教育者的升学和发展打基础"作为基础教育质量标准的质性表述，在实践中往往难以测度，难以找到具有操作性的具体指标测度某个学生是否具备了生

---

① 查尔斯·赫梅尔. 今日的教育为了明日的世界. 王静，等译. 北京：中国对外翻译出版社，1983：130.

存和发展所需的基本知识、技能、行为规范和价值观。即使我们能够设计出一个相对规范的评价指标，但这一指标的内外效度往往难以保证。因此，我们可以借助一些相对客观的评价指标，对一个地区义务教育目标的总体达成程度和完成的质量进行测评。义务教育阶段的学业成绩、入学率、完成率和升学率等定量指标，以及学校教育所传授的知识与学生毕业后工作生活的相关性等定性指标，能够较好地反映特定阶段、某一地区义务教育目标的完成情况及教育质量的优劣水平。一般而言，"一个地区的入学率高，则这一地区的起点公平解决的较好；一个地区的毕业率高，则这一地区该阶段教育的总体实现程度较好；一个地区的升学率高，则这一地区该阶段的教育总体完成质量较好"[①]。

此外，教育应该促进学生去过一种"幸福康乐的生活"作为衡量教育质量的质性标准，应该不会有人对此产生怀疑。当然非要说出这一生活的确切标准是什么，的确是一件很难的事情，无疑会面临"见仁见智"的莫衷一是与"南橘北枳"的文化差异。当前民族地区普遍存在的留守儿童、"流民群体"、空巢老人的生活，绝非一种"幸福康乐的生活"。因此，学校、社会、家庭在抚育未成年人的过程中，要有"让孩子的人生更有意义"的观念意识和价值定位，否则，这样的教育是不成功的，相应的质量亦难以保障。据此，评价民族地区义务的教育质量优劣，建立在田野工作基础上的诸种质性指标、典型案例、访谈纪要、底层声音，同样是兼具可操作性和有效性的不可忽视的重要测度指标和评价依据。因此，民族地区义务教育质量评定指标的确立，应坚持定性指标与定量指标、统一要求与因地制宜、民族性与时代性、长远效益和现实效益相结合的基本原则，这也是有效落实民生取向的义务教育质量观的基本原则和方法论保障。

（二）义务教育质量评价的双重指标

教育质量应包含两个方面的范畴指标：①对象性范畴，即测度作为投入性的社会事业的教育自身发展水平，主要以教育事业发展的水平作为测度指标。教育事业发展水平，一般指办学条件、办学规模、学龄儿童入学率、各级教育普及率等内容；同时应包括教育中担当"教育者"的各主体的发展水平，如教师合格率、师生比、教育管理队伍的水平等方面。教育事业的发展水平，是衡量教育发展质量的外在指标，或称为"事业指标""经济指标""投入指标"等。②目的性范畴主要关注教育投入的结果，即测度教育投入基础上的目标实现程度，主要以衡量教育获益的教育效率、教育效能作为测度指标。作为目的的教育发展质量，其核心是教育事业发展对实现预期的培养人的质量和规格的达成情况，以及教育满

---

① 陈昌盛，蔡跃洲. 中国政府公共服务体制变迁与地区综合评估. 北京：中国社会科学出版社，2007：57.

足特定社会文化需要的程度。人的全面发展水平与质量往往具有内隐性、延迟性，因此，很难在短时间内对特定教育投入的效能给出精确衡量，这也是关于教育质量内涵的理解及实践测度操作存有分歧、困难的客观原因。

（三）相关评价指标的取舍及其依据

我们一般采用各种外显的间接性指标、综合教育发展的"事业性指标"和"目的性指标"作为测度、权衡教育质量的操作性指标。教育事业发展中的教育资源配置情况，具体包括教育经费投入、办学条件、师资队伍；教育发展的目的性指标主要包括各级教育入学率、巩固率、升学率，以及学生的各项学业成绩、教育满意度及教育的相关性等方面，是对教育投入之产出结果的评价。现实中，各级教育普及率，适龄儿童入学率、辍学率或巩固率等数量指标，是国家各年度发布的《全国教育事业发展统计公报》和《中国教育统计年鉴》及其他相关统计年鉴和发展公报用以评定国家、地区义务教育质量的主要指标；在国际范围内，"对全民教育发展的评估也是以此类数量指标为基准的。这一事实，既表明了通过数量指标考量义务教育或全民教育质量的惯例，又表明确立并运用上述数量指标评定教育质量的必要性、合理性、可行性"[①]。诚然，定量指标有其"先天不足"，但至少就目前而言，参照各种数量指标考评教育质量依旧是最便捷、最客观、最具操作性的方式方法，也是衡量宏观教育质量优劣的基准指标。

至于诸如"全面发展""素质教育""良好个性""心理素质"等定量指标，因其抽象性、模糊性、不确定性，更多地限于理论构建或哲学层面的探讨，若要真正放弃定量指标对教育质量进行准确客观的评定，就目前的理论和技术而言实非易事。因此，各学段"适龄儿童入学情况""升学情况""学生辍学情况"等数量指标及真实情况，无疑是普及验收的核心指标，也是评判义务教育质量不容回避的"底线指标"。当然，"用数量指标考量义务教育发展的合理性是与数量本身的确切性、真实性相联系的"[①]。这里涉及两个方面的前提：①定量指标的确切性、真实性；②定量指标的效度有赖于其他对象同类指标的比较。具体到本书，义务教育阶段适龄人群的升入学情况、辍学情况（主要通过各项统计资料、田野工作、访谈等方式获得）、学生学业成绩（主要考查学生学科考试成绩与教师对学生的综合定性评价）、教育之于生活的相关性（主要考察教育与群众的日常生活及文化传承、群众对学校教育质量的看法等内容），是本书考察民族地区义务教育质量的主要指标和获取方式。

[①] 张乐天. 促进教育公平关键在提高农村义务教育质量——对实施新修订的《义务教育法》的几点思考. 江西教育科研，2007，（1）：82-84.

　　义务教育是一项国民教育，"教育公平"和"教育均衡发展"是民生取向的教育质量评价的重要维度。"均衡发展"作为衡量地区间义务教育发展质量的重要参照指标，就教育发展的整个过程包括三方面的内容：①教育投入的均衡，包括人、财、物等方面的资源配置均衡。②教育过程均衡，包括学生在受教育过程中的入学机会和受教育权利等方面的均衡。③教育产出的均衡，即每一个学生所接受的教育结果的均衡。教育过程中的机会均等是教育均衡发展的基础性前提和教育质量提升的重要表现。因此，各级各类学校学龄人口的入学率是衡量教育均衡发展的重要指标，也是衡量特定地区教育质量的基础性指标。这对测评区域间教育质量的差异情况尤为重要。

　　1）缺乏充足入学机会或公平的教育机会，其教育质量无疑都是低水平的。因为它不是"服务于最广大人民的教育"，不是在"办人民满意的教育"。高水平的入学率并不意味着整体教育质量的提升，只是保障人人享有"有学上"的入学机会。在适龄儿童充分享有均等的入学机会的前提下，学生能否顺利完成各学段规定的修业年限及学业任务，无疑是衡量教育质量的保障性指标。因此，各级学校学生失学率、辍学率等义务教育普及验收的达标情况，理应成为衡量教育发展质量和均衡发展水平的评定指标之一。

　　2）当接受完一定年限的学习后，学生能否顺利升入高一级学校继续学习，也是衡量各级教育质量的重要指标。各级学校升学情况，既是对特定阶段学校总体教育质量、学生发展水平的终结性评价，又是保障学生公平地享有升入高一级学校继续学习的前提，是衡量教育发展质量不容回避的客观对象。据此，各级学校的升学率也是本书所选择的作为衡量民族地区义务教育质量的重要指标。

　　3）教育质量的优劣是不同主体对教育供给情况、教育发展水平满意与否的主观评定和感性表达，也是全面教育质量指标的重要维度。为此，本书还选取了"群众对教育质量的看法"和"学生对学校生活的适应情况"（主要通过田野工作、深入访谈等方式获取）作为衡量当前民族地区义务教育质量的参评指标。

　　（四）"人类学范式"评价指标的选择

　　本书对民族地区义务教育质量的考察，是一种"人类学范式"的教育质量评价，通过对"教育发展与民生改善依存关系"的田野考察，使不同教育主体真正成为教育质量低劣的评价者；尤其注重倾听底层的声音，力求真实、全面地反映民族地区义务教育质量水平的实际状况。本书对民族地区义务教育质量田野考察指标的选取及指标数据的获取方式如表2-1所示。

表 2-1 民族地区义务教育质量评价的考察指标及实现方式

一级指标	二级指标	三级指标	考察指标的获取方式
"办人民满意的教育"之社会主义教育目标的实现情况	作为国民基础教育的义务教育质量实现情况	各级教育入学率	公开发布和实地调研获取的各项统计数据、通过田野工作获取相关质性资料
		各级教育升学率	
		各级教育辍学率	
		学生的学业成绩	各类考试成绩、教师和学生访谈
		学生良好品行的养成情况	实地观察、教师访谈
	教育之于民生改善价值定位的实现情况	学校教育之于生活的相关性	田野工作、入村调研、深度访谈
		群众对教育质量的看法	
		学校教育对传统文化传承的影响	
		学生对学校生活的适应情况	学生访谈、实地观察

　　教育质量的内涵具有客观的模糊性和复杂性，无疑会使本书对义务教育质量评价指标的选择面临各种主客观的困难。基于民生取向的义务教育质量观的价值定位，本书对民族地区义务教育质量的考察可归为一种"人类学取向的模式"（anthropological model）或"质性模式"（qualitative model）评价范式。这样取向的评价模式，主要是"借用人类学的研究方法，强调各种质性方法的运用，如观察法、访谈法、问卷法等。其中尤其看重观察法的作用，强调观察的背景化和情境化，即某一观察结果是在其特定背景下得出的，当其推广或应用于其他关联情境或类似情境中时，要考虑到背景特异性的影响"[①]。"人类学取向"的模式，对教育质量的监测并不仅限于各种量化指标的运用，而是更多地引入人类学的质性方法，特别是对"主位立场"的重视。这样的质量监测和评价模式，有助于我们更全面、更真实地把握民族地区义务教育质量的全貌。所获得的评价信息对教育实践的优化也更具有指导价值。但现实的问题是，地方政府和教育主管部门，有时因各种担忧，不会轻易把当地义务教育的所有真实情况向调研人员公开，当地教育官员和学校领导也直言，"迎接各级检查的上报数据存有一定水分"。"人

---

① 辛涛，李雪燕. 教育评价理论与实践的新进展. 清华大学教育研究，2005，（6）：38-43.

类学取向"的模式，可以有效发挥田野工作"在场"的优势，通过各种方式方法的灵活运用，能够更全面地、客观地收集资料。因此，"人类学取向"的教育质量评价范式不仅可以对各种定量范式的局限性进行必要补充，也是对补充和克服既有量化研究范式诸种不足和弊端的有益尝试。

第三章

民族地区义务教育质量优化面临的现实问题

> 一般说来，如果我们能够正确地理解别人是怎样生活的，那么我们就会更好地把握到他们的问题。然而，如果只是根据报告去判定人们的生活方式，并据此制定政策，那么这些政策几乎不会成功。因此，在一个以黑人为主的社区工作的白人社会工作者，如果不能培养出对经常造成白人和黑人隔离的社会经验差异的敏感性，就不能获得社区成员对他的信任。[①]
>
> ——安东尼·吉登斯

进入"后普九"时代，民族地区义务教育发展逐渐摆脱"经济贫困"，普通家庭"因贫辍学"的问题业已基本解决。但是，民族地区的教育发展并非"高枕无忧"，其质量问题依旧突出，成为民族地区践行"办人民满意的教育"的"质量困境"。本章把"教育资源配置"和"教育发展质量"分别作为"教育投入"和"教育产出"的测度指标，通过全面深入田野的资料收集，倾听底层有关义务教育质量优劣的评价和教育诉求；综合运用定量分析和人类学范式的"深度描写"（thick description），对民族地区的义务教育质量困境进行全面考察，为厘清民族地区义务教育质量的提升提供事实资料和学理依据。

第一节　田野点选择的方法论及基本情况

探讨民族地区的义务教育质量问题，离不开对当前民族地区义务教育发展状况的田野考察。田野点选择的有效性则是保证相关研究价值性和科学性的前提。本书田野点选择的核心价值定位是提升研究案例的典型性，以此凸显本书所关注的主要矛盾及矛盾的主要方面。

一、田野点选择的方法论设计

理论上讲，比较同一地区不同民族教育发展的差异，理想的研究案例应是特

[①] 安东尼·吉登斯. 社会学（第四版）. 赵旭东，齐心，王兵，等译. 北京：北京大学出版社，2003：6.

定地理范围内民族文化特征相对鲜明、保持相对完整，且相互独立、同化程度较小的两个或多个民族的教育发展状况。但是，在考察对象的选择过程中，我们遇到了一个困难：在某一特定地理范围区域内，如某一个民族自治地区内，比较两个民族教育发展状况，通常不足以清楚地看到两个民族各自的传统文化对教育的影响。区域内民族的构成往往不均衡，结果经常是主体民族的文化亦即该地区的主流民族文化，继而成为地域文化的主要内容，少数群体的民族传统文化多被遮蔽、同化。考虑到这一事实，本书选择两个地理位置相距较远，天地系统和社会经济发展状况相近的民族地区进行比较，并作为相对理想的"同一地区不同民族之间比较"的典型案例。经过实地考察，笔者最终选定了贵州省黔东南苗族侗族自治州和四川省凉山彝族自治州作为比较对象。之所以做这样的选择，主要有以下几方面的考虑。

1）教育的整体发展水平与区域经济社会发展具有一定的依存性。选择此两者作为田野点研究的对象，能够较好地控制各种无关变量，使研究结论具有良好的内在效度和外在效度。区域经济社会发展水平和地区教育投入情况是提升教育质量的物质基础，相对均衡的社会物质基础和教育资源配置是实现教育质量均衡的前提。据《2012 年凉山彝族自治州国民经济和社会发展统计公报》，2012 年末，凉山彝族自治州彝族人口为 252.13 万人，占总人口的 50.71%，人口出生率为14.93‰，自然增长率为 10.18‰；农民人均纯收入 6419 元，比 2011 年净增长 15.9%；农民消费支出 4145 元，比 2011 年增长 13.9%。据《黔东南苗族侗族自治州 2012 年国民经济和社会发展统计公报》，2012 年末，黔东南苗族侗族自治州人口出生率为 12.7‰，自然增长率为 5.75‰；农民人均纯收入 4625 元，比 2011 年实际增长 14.2%；农民人均消费支出 3036 元，比 2011 年增长 17.0%（表 3-1）。以上数据表明，两地经济社会发展的现实水平较好地满足了理想典型案例的条件。以教育发展与民生改善的依存关系为视角，剖析传统文化差异对义务教育发展质量的制衡机制及现实表征，选择上述田野点既有利于对典型问题的集中考察，又有利于比较研究的灵活运用。

表 3-1　2012 年黔东南苗族侗族自治州和凉山彝族自治州经济社会发展几个指标的比较

地区	农民人均纯收入/元	农民消费支出/元	人口自然增长率/‰	小学适龄儿童入学率/%
凉山彝族自治州	6419	4145	10.18	98.14
黔东南苗族侗族自治州	4625	3036	5.75	98.40

2）社会文化差异制约民族地区全面教育质量的提升，是本书的基本假设和重点关注的内容。在个案选择的过程中，允许社会经济发展水平及其他"非文化因素"存在一定差异，特别是"办学条件较好，教育发展质量较差"是最理

想的案例对象的状态。凉山彝族自治州和黔东南苗族侗族自治州均为少数民族聚集地，且都保持着鲜明的民族和地域文化特征。凉山彝族自治州的彝族社会发展较为缓慢，受汉族社会和汉族文化的影响也较小，是彝族传统文化保存最好的文化区域，也是学界建构和识别彝族的原型。研究重点考察的昭觉县是我国最大的彝族聚居县，历史上曾是凉山彝族自治州首府所在地，具有"不到昭觉不算到凉山"的文化地位；美姑县是凉山的腹心地区，是凉山彝族自治州"普九"最后达标的县，更是彝族毕摩文化的发源地，集居了凉山大部分家支群体，是凉山彝族文化的中心。黔东南苗族侗族自治州黎平县作为全国侗族人口最多的一个县，是侗族文化的主要发祥地之一，享有"侗乡之都"的美誉；重点考察的肇兴侗寨，距今已有850多年的历史，是全国最大的侗族村寨和侗族传统文化保存较好的少数民族村落之一，素有"侗乡第一寨"的美誉。田野点鲜明的民族传统文化特征，为研究问题提供了典型且具有比较意义的分析单位和研究对象。

3）社会文化转型期，各少数民族地区的社会文化背景既具有共同特征，又表现出地域和民族间的差异性，决定了"自上而下"的义务教育政策在不同民族地区、不同民族群体间"大致相同又兼具特色"的运作实践。凉山彝区作为彝族文化的腹地，其社会文化在独特性、本土性、延续性等方面保持得相对完整，是现代化程度相对较小的地区和民族；与之相对，肇兴侗寨因民族旅游业的介入，加之相对特殊的区域地理位置，其与外界的接触也相对较早，虽享有"侗乡第一寨"的文化称誉，却也是一个现代化程度相对明显的地区和族群；特别是当地民族文化旅游的兴起，更代表了我国许多少数民族地区的现实图景。选取上述田野点，便于我们更全面、更真实地呈现、剖析民族地区不同族群、不同地域社会文化与义务教育质量之间的规约关系。

4）从研究结论的解释力来看，若从较大地域范围内选择研究个案，或许使研究的结论更具客观性和真实性，提高结论的外在效度。然而，我国义务教育以县为主的管理体制，使得对县域内义务教育问题的整体考察和县际教育问题的比较分析，更加符合研究义务教育问题"分析单位"[①]的要求。既有研究虽也关注以

---

① 所谓"分析单位"（units of analysis），也就是"研究什么"或"研究谁"。分析单位即是"观察单位"，即研究中用来考察事物特征、解释其中差异的实际对象或个案，是研究设计中用来收集资料的目标单元。在社会科学研究中，分析单位具有不同的存在样式，如个体、群体、组织、制度、空间、文化，以及各种社会事实等，均可能作为研究的分析单位。分析单位是一项研究中所研究的对象，实际研究所选取的调查对象则是研究者收集资料时所直接接触的对象，是研究分析单位的一个"案例"或"缩略图"；而研究内容则是分析单位的属性或特征，是研究所欲厘清的各种变量及内在关联。因此，认为"分析单位又称研究对象"，则是一种不准确的表述。明确分析单位和研究对象的区别与联系，有助于我们科学地厘清分析单位，继而选择合理的研究对象。特别是对于比较研究的运用，分析单位更是至关重要，是无法回避的首要问题。参见：艾尔·巴比. 社会研究方法（第十一版）. 邱泽奇译. 北京：华夏出版社，2011：96.

县或以民族类别为单位的文化差异,以此说明现代学校教育对民族传统文化的消解,以及忽视文化差异导致的教育教育资源闲置、浪费等问题。然而,由于缺乏县际的有效比较,特别是对本书提出的"教育发展与民生改善的依存关系"这一共享的时代话题缺乏应有的关注。因此,本书坚持微观研究、中观研究和宏观研究相结合的原则,选择两州三县作为主要田野点,既关注区域内同一民族教育质量的差异情况,又对区域内不同民族教育质量的差异进行比较,以更好地把握问题的结构特征和要素差异,提高研究的内在效度和外在效度。

二、田野点经济社会发展的概况

民族地区的义务质量困境具有全国一般农村地区、贫困地区的普遍问题和时代特征,也表现为自身的特殊矛盾和差异特征。以社会文化转型和"后普九"时代为共同背景,选择民族文化特色相对鲜明、学校教育质量问题相对集中的典型案例,既便于研究工作的开展,又可使研究问题更具典型性。

1. 黔东南苗族侗族自治州黎平县的基本情况

黎平建置历史久远。元至治二年(1322 年)设上黎平长官司,黎平从此得名;明永乐十一年(1413 年)设黎平府;民国二年(1913 年),废黎平府,设黎平县,隶属镇远道。黎平县是贵州省黔东南苗族侗族自治州下辖县,位于黔东南苗族侗族自治州南部,距州府凯里约 240 千米,地处黔、湘、桂三省(区)交界处。总面积 4441 平方千米,是全州面积最大的县。平均海拔 695 米,年平均降水量 1321.9 毫米,无霜期 277 天,属中亚热带季风湿润气候区,适宜发展稻作农耕。黎平县是黔东南苗族侗族自治州面积最大、人口最多的县,其中侗族约占全县总人口 71%,苗族、汉族两族各占 15%,瑶族、水族、壮族及其他民族均不到 1 万人。黎平是中国侗族人口最多的一个县,也是侗族文化的主要发祥地,素有"侗乡之都""侗族大歌之乡""鼓楼之乡"等称誉。近年来,依托得天独厚的民族传统文化资源,民族传统旅游业成为黎平侗乡新的经济增长点。

据《2012 年黎平县国民经济和社会发展统计公报》,2012 年,全县农民年人均纯收入 4484 元,增加 635 元,扣除物价因素,实际增长 16.5%;农民生活质量进一步提高,人均生活消费支出为 3006 元,比 2011 年增长 30.96%,其中,食品支出增长 5.13%,居住支出增长 95.39%,医疗保健支出下降 0.59%,交通和通信支出增长 33.17%,文化教育娱乐支出增长 34.51%。农村居民家庭居住条件进一步改善,人均住房面积为 29.48,同比增长 0.51%。全县各旅游景点共接待游客 428.02 万人次,同比增长 233.37%,其中国内游客 424.23 万人次,同比增长 236.18%;海外游客 3.77 万人次,同比增长 73.77%;实现旅游综合收入 28.55 亿元，同比增长 289.59%。

2. 凉山彝族自治州昭觉、美姑两县的基本情况

清宣统二年（1910 年）设立昭觉县。1952 年 10 月凉山彝族自治区（州级，后改为凉山彝族自治州）建立时，昭觉县为其首府驻地。1978 年 10 月，随西昌地区建置撤销，凉山彝族自治州首府迁西昌市。昭觉位于凉山彝族自治州中部偏东，地处大凉山腹心地带，距州府西昌 100 千米。县境东西长 95.28 千米，南北宽 66.15 千米，面积 2698.2 平方千米，是凉山彝族自治州东部的交通枢纽和重要物资集散地。2012 年末，昭觉县总人口 26.84 万人，彝族占总人口的 97.3%，另有藏族、羌族等民族分布。昭觉县地处低纬度高海拔的中山和山原，气候具有高原气候特点：冬季干寒而漫长，夏季暖和湿润，属川西高原雅砻江温带气候区，年平均气温 10.9℃左右。境内最低海拔 520 米，最高海拔 3878 米，相对高差 3358 米，立体地貌导致了立体气候，素有"山高一丈，大不一样""一山分四季，十里不同天"之说。昭觉县年均降雨量 1021 毫米，春季 192.2 毫米，占 18.8%；夏季 540.3 毫米，占 52.9%；秋季 257.9 毫米，占 25.3%，冬季 30.2 毫米，占 3.0%，干湿季分明。据昭觉县第十二届人民代表大会第二次会议政府工作报告，2012 年预计昭觉全县地区生产总值达到 20.2 亿元，增长 9.6%；城镇居民人均可支配收入达到 17 002 元，增长 14.3%；农民人均纯收入达到 4279 元，增长 14.1%。[1]

民国时期，美姑县境内无行政建置，1952 年 4 月经政务院批准设美姑县。美姑县位于四川省西南部，凉山彝族自治州东北部，距州府驻地西昌市 170 千米。县域面积 2731.6 平方千米，耕地面积 24.3 万亩[2]，农村人均占有耕地 1.69 亩。全县辖 8 个区，有 34 276 户，151 024 人，其中彝族 146 649 人，占总人口的 97.1%；汉族 4346 人，占 2.88%，人口密度每平方千米 55.29 人。境内山峦起伏，河流纵横，地势由北向南倾斜，平均海拔 2082 米，东北部最高海拔 4042 米，东南部最低海拔 640 米。自然灾害频繁，主要有冰雹、暴风雨、泥石流、干旱、寒潮霜冻、低温等。2012 年，美姑县实现工业总产值 10.09 亿元，增长 8.4%。规模以上工业增加值增速达 13.5%，三次产业比重调整为 38：31：31；城镇居民人均可支配收入 17 262 元，增长 14.1%；农民人均纯收入 3981 元，增长 15.2%；全社会固定资产投资 12.06 亿元，增长 32.3%。[3]

---

[1] 整理自：昭觉县人民政府 2013 年政府工作报告。

[2] 1 亩约为 666.7 平方米。

[3] 整理自：美姑县人民政府 2013 年政府工作报告。

三、田野点社会文化背景的特征比较

民族地区的教育问题之所以成为一个相对独立的研究领域，在于其社会文化的特殊性，其既具有研究教育基本理论问题"活化石"的方法论特征和科学价值[①]，又具有研究当前我国学校教育发展中诸多现实问题的代表性和单一问题典型性的对象价值。具体而言，田野点代表的我国民族地区的教育发展具有如下共同的时代背景。

1）相对于汉族地区而言，田野个案调查点均是少数民族聚居区，且都处于我国西南山地农耕文化区，具有相对特殊的民族文化和地域文化特征。市场经济的强势介入和交通通信设施的便利，加速了民族文化对外交流和沟通的速度和水平，使民族地区原本封闭的文化结构及民族成员承袭的传统观念和行为方式受到不同程度的冲击，继而引发传统文化和文化主体行为方式和观念的结构性变迁。随着现代化在全球范围内的纵深推进，民族文化和民族成员的"双重边缘化"际遇和未来命运，是民族地区面临的时代议题，也是一切民族教育问题凸显的深层社会文化背景。民族地区义务教育质量问题的理论阐释和实践应对必须以这一社会文化背景为依据。

2）环境恶劣、经济滞后、生计艰难、民生窘困是民族地区的普遍历史难题。截至2014年，重点调研的黔东南侗乡黎平县和凉山彝区的昭觉、美姑三县，均属国家级贫困县。伴随改革开放的深化和综合国力的增强，国家不断加大对民族地区的帮扶力度，实现了民族地区经济社会的跨越式发展和人民群众物质文化生活的根本改善，民族地区经济社会发展和人民生活改善进入新的历史时期。在基本解决温饱和贫困问题的基础上，实现少数民族、民族地区经济繁荣和民生改善，成为新时期全面建成小康社会的战略任务。具体到义务教育的发展，在基本解决了"有学上"的历史难题后，满足人民群众"上好学"的迫切愿望成为"后普九"时代民族教育发展的新背景和新任务。

3）传统生计方式正经历着不同程度的转型，已由原来相对封闭保守的自给自足的原始生计方式，转向以外出务工、传统农工业和特色经济共存的多元生计方式。外部市场的介入和人口流动的加速，改变了民族地区农村家庭的传统经济增长方式，由"捆绑在土地上"的单一传统生计方式转变为"半工半耕"的复合型生计方式。外出务工为民族地区农村家庭增收、生活改善提供了可及的便捷途径，但也存在诸多现实问题。一方面，由于农业基础依旧较薄弱，民族群众增收的渠道单一，增收依旧困难，外出务工依然是当前绝大多数民族群众的主要收入来源，群

---

① 林耀华. 民族学通论. 北京：中央民族大学出版社，2012：273.

众"脱贫致富"的民生需要依然迫切。另一方面，伴随经济发展、社会流动和国家政权的渗透，现代性已全方位进入民族村寨，引发民族地区社会文化的结构性变迁，改变着文化主体的生活逻辑和价值认同，这是诸多社会问题突出的时代症结。

基于田野地区共存的社会文化背景，民族地区的教育问题兼具代表性和典型性。研究民族地区义务教育普及中的质量问题，既有助于民族地区义务教育质量问题之应对，亦对以现代教育和村落文化为议题的乡村教育和乡村发展问题的思考具有启示意义和参考价值。

第二节　民族地区义务教育质量优化面临的具体问题

坚持义务教育的普及、巩固与质量提升并举，落实以质量优化为核心的教育优先发展战略，是当前我国民族教育改革与发展的核心目标。纵观民族地区"普九"工作的推进过程，无论是办学条件的改善，还是城乡、区域、校际教育资源配置差距的缩小，都取得了长足进步。但是，在看到成绩的同时，我们应看到"普九"过程中凸显的各种现实问题。这些问题成为制约我国义务教育质量全面提升的瓶颈。

一、义务教育的普及成效不容乐观

全面普及义务教育和提高义务教育质量是"普九"工作的双重目标，前者强调义务教育的覆盖率，做到适龄儿童"人人有学上"；后者强调义务教育的完成质量，实现"上好学"的目标。据教育部门户网站发布的《2011年全国教育事业发展统计公报》，到2011年，全国所有省级行政区、所有县级行政单位全部通过普及九年义务教育的国家验收。"两基"人口覆盖率达到100%，青壮年文盲率下降到1.08%；小学学龄儿童净入学率达到99.79%，小学升初中率为98.3%；初中阶段毛入学率达到100.1%（当实际入学人数大于适龄学生人数时，毛入学率就会大于100%），初中毕业生升学率为88.62%，义务教育实现了全面普及。但是，据我们的实地调查，在一些民族地区所谓的"达标"无论在数量上还是质量上都存在失实的问题。

（一）各种形式的辍学问题依旧突出

调查发现，各种形式的辍学和隐性辍学现象大量存在，是民族地区普遍存在的现实问题。以调查的黔东南侗乡某中学为例，该校在册学生约 900 人，实际在校人数为 666 人。据该校教师介绍，每年辍学人数不等，平均每年都有 100 多名学生辍学。仅 2012 年 9—12 月，就有 43 名学生先后辍学。同时，据该校初三陆姓同学反映，初一时他们班有 46 名学生，到初二下学期仅剩 14 人，好多同学去广东等地打工。同样，凉山彝族自治州的调查也发现，当地某些学校为了完成上级下达的"控辍保学"任务，在接受教育评估和督导检查时，有时不得不花钱到周边村寨"买学生"，到临近高中、幼儿园"借学生"凑数。据当地中心校一张姓副校长介绍，这种"借学生""买学生"凑数的现象在当地相当普遍，甚至孕妇也被临时叫去充数。另外，在某些偏远山区村寨，村小撤并后，有的孩子上学要走 5～6 千米山路，若逢上雨雪、冰雹等恶劣天气，家长由于担心孩子的安全有时只能被迫不让孩子去上学；或推迟孩子的入学年龄，致使有些孩子甚至到 10 多岁才上一年级。此外，调研的凉山彝区某些村寨，由于计划生育工作不到位，超生现象普遍存在，一般彝族家庭有 3～6 个孩子，有的有 10 余个。这无疑给有限的教育资源增加了沉重的负担，在当地出现了"排队入学"、"超龄学生"、失学等现象。

民族地区普遍存在严重的辍学、失学等问题，以调查中的某县属中学为例，平均每天有 100～200 名学生缺课（包括请假的学生）。据该校校长介绍，学校面临的最大困难就是学生不爱学习，经常逃课、缺课。学校平均每天都有 70～80 名学生以各种理由和借口请假，逃课学生更是高达 100 人。特别是周五，缺课学生人数更多，有时甚至为 100～200 人。该校长介绍，他们学校算是同类学校中"控辍保学"做得最好的，每逢学期开学都要组织教师到学生家里做工作，但仍不能完全控制学生的流失。校长直言，虽然上报的各项指标均已超额达标，但实际的情况却存在太多的虚假成分。表 3-2 是据 2013 年 4 月份对该中学一周学生到校情况的观察和统计所得数据。

表 3-2　ZX 中学一周学生到校情况统计表[①]

时间	应到学生数/人	实到学生数/人	请假学生数/人	逃课学生数/人	缺课学生总数/人	缺课比例/%
星期一	1287	1099	76	112	188	14.6
星期二	1287	1105	84	98	182	14.1
星期三	1287	1100	88	99	187	14.5
星期四	1287	1104	82	101	183	14.2
星期五	1287	1086	31	170	201	15.6
合计			361	580	941	

① 整理自：该校提供的内部资料。

学校教师反映，学生经常随便找个根本不是理由的理由请假，甚至是"不辞而别"。教师有时也没办法，强行把他们留在学校只能扰乱课堂秩序。为此，学校教师有时多是"睁只眼，闭只眼"，批准了多少有些"滑稽"的请假条（图3-1）。实际上，许多学生所谓的"请假理由"并不真实，学生和教师也都心知肚明。据教师介绍，每班每天都有好几个学生请假，有时甚至班里只剩下少数几个学生，大部分学生都以各种冠冕堂皇的理由请假离校，还有学生在离校后请"霸王假"。面对这类学生，学校教师有时真的力不从心、不知所措，曾这样说："我们真是绞尽了脑汁，真的不知如何是好。他们就是不愿意待在学校。"由此，虽然教师日常工作很累、很辛苦，学生的学习成绩和教学质量总是提不上去，许多教师感到既无助又无奈。有些教师因对学生、教学失去信心，工作的积极性受到影响，形成了"学生不愿学，教师不愿教；学生没兴趣，教师无干劲"的恶性循环。调研中，教师无奈中带着几许幽默地抱怨道："看看，这些学生别的本事没有，个个都是请假、写请假条的高手。没得办法！"

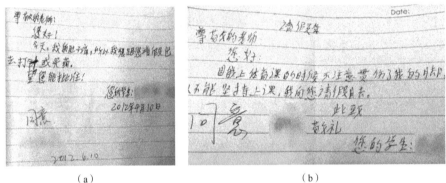

（a） （b）

图 3-1 "滑稽"的请假条

图 3-1 是我们在某县属中学调研中班主任提供的两张"滑稽的双人假条"。请假条（a）的具体内容为：

尊敬的老师：

　　您好！

　　今天，我的肚子痛，所以我想跟您请假出去打针或买药。

　　望您能批准！

您的学生：×××，×××

2012 年 4 月 10 日

图 3-1 的请假条（b）内容为：

尊敬的老师：

　　您好！

　　因我上体育课的时候不注意贯伤（扭伤）了我的脚，不能坚持上课，我向您请假回去。

　　此致

敬礼

您的学生：××

凉山彝区交通闭塞，自然环境相对恶劣，历来为彝族的聚居区，本土文化长期隔绝于外界文化，阻碍了当地社会生产的发展。1941 年 7 月，时任国立西南联合大学化学系教授的曾昭抡带队前往凉山彝区考察，作为此次考察成果的《大凉山夷区考察记》写道："凉山倮夷，文化殊低，其所住区域，一切道路，皆系天然走成。高低曲折，悉听自然，向无修桥筑路一类事。"当地彝族人民的生活，"乃为一种原始的艰苦与简单生活"，甚至可以讲，"过着一种近似上古时代的原始生活，乃是更近于事实"[①]。历史上，凉山彝族自治州美姑县教育发展中曾出现过学校无学生可招的"断桥"现象。据 1979—1982 年的统计，"美姑县读完小学六年级的学生（的占比），最高年份为 21%，最低年份为 5.6%，平均流失率在 90% 以上。小学生严重的流失问题，致使初中生源枯竭，甚至有些完中几年内无法再招生，只得被迫停办"，被称为教育发展史上出现的"断桥"现象。[②]

（二）社会问题交互叠加制约"普九"成效

教育作为社会大系统的一个子系统，任何问题的显现都不是社会单方面作用的结果，而是社会政治、经济、文化等诸多方面交互叠加的结果；同样，这一综合作用不单单表现为教育的某一或某些孤立方面，而是以不同形式、不同程度地表现在教育的各个方面。某些少数民族重男轻女的传统思想与当地独特的生产、生计方式相互叠加，往往使少数民族女童更容易辍学、失学，成为当地教育质量低下、教育积累薄弱的社会原因。调查发现，凉山彝区"重男轻女""多子多福"的传统观念，是制约当地义务教育有效普及的重要因素。农村地区大部分家庭有 4～6 个孩子，其中一家甚至有 11 个孩子，9 女 2 男，最大的 26 岁，最小的 4 岁。"多子多福"的传统与相对落后的生产力，是当地辍学、失学问题突出的重要原因。

---

① 参见：曾昭抡. 大凉山夷区考察记. 段美乔整理. 北京：中国青年出版社，2012：78，98.

② 祝开贵. 美姑县小学教育"闯新路". 民族教育研究，1995，（1）：93.

离开昭觉县民族小学，我们驱车进入城北乡瓦尔村友合觉村。在这里，同样可以发现当地彝族人家"孩子多"的现象。刚刚进入村寨，首先映入我们眼帘的便是一大群孩子。我们询问了一个年龄较大的孩子，从他的口中我们得知，村里好多孩子都不上学了，这与我们在教育局得到的仅有 3%的辍学率有出入。在村寨走访调研中，我们遇到该村曾经的村支部书记。在与他的交谈中，我们得知，该村共有一百多户，依然保持着"靠天吃饭"的传统生计方式。同凉山其他农村一样，土豆是该村主要的农作物。虽然有的年份收成还算不错（亩产 2500 斤①左右），但由于交通不便，很难运出，种植土豆也仅是"自给自足"。多收的土豆也只能任其发芽、烂掉（图 3-2）。当地每斤 2～3 角的土豆价格，使靠种地为生的村民几乎没有经济收入。近年来，村里年轻人几乎都到外面打工了，村里 100 余个劳动力仅有不到 10 人待在村寨。他本人也是因为承包了社会主义新农村建设的工程，才暂时留在村寨，以往也一直在外打工。村寨最多每户有 7 个小孩，一般家庭少者也有 3 个。在村里人的观念中，"人多力量大""多子多福"，所以才会有当地彝区"孩子多"的现象十分普遍。现在生活越来越好，基本的穿衣吃饭已不成问题；外出打工又相对容易挣钱。所以，家里孩子多了也就有生气，显得热闹。由于当地高额的结婚聘礼（一般在 7 万～10 万元）和丧葬开销（如前所述，这一花费更高），外出打工挣钱的需要变得更加迫切，送子女读书则显得"无足轻重"，可有可无。他也知道送孩子读书有好处，但"找钱"的迫切需要和教育的实际"效果"，又让他们认为"读书无用"。实际上，对许多家庭而言，是否送子女读书是一件很矛盾的事情。当升学无望时，读书的"有用性"对他们则是遥不可及的，辍学打工的可及性又使接受"过多"的教育显得"多余""过剩"。

图 3-2　农户家堆放的发芽土豆

---

① 1 斤等于 0.5 千克。

与之相比，调查中的贵州黎平肇兴侗寨一般没有重男轻女的生育观念，侗族农户一般1～2个小孩，这无疑减轻了家庭抚养子女、送子女入学的负担。文献记载，黎平县1973年全县公办小学84所，民办小学增至800多所（含400多个教学点），全县适龄儿童入学率已高达75%。[①]从2013年肇兴镇学龄儿童入学情况来看（表3-3），当地小学阶段几乎不存在辍学、失学现象，初中和高中阶段学生的入学率则依旧偏低，是两地面临的共同问题。

表3-3　2013年肇兴镇学龄儿童入学情况[②]

学生类别	总人数/人	入学人数/人	入学率/%
小学适龄儿童	1677	1665	99.46
13～15岁初中适龄儿童	1201	1002	83.43
16～18岁高中适龄儿童	927	312	33.66

民族地区的贫困与教育落后往往是一对"难兄难弟"，互为因果并恶性循环。在处于经济困境的民族群众看来，免费的学校教育解决不了家庭谋生脱贫、致富奔小康的现实问题，"免费上学"并非"明智之举"，甚至把"免费教育"视为一种为了避免政府处罚不得已而为之的事情。民族村寨"脱贫致富"的现实需要，使他们对免费供给的学校教育有时并不热心，把读书上学视为"不划算"的事情。凉山彝族自治州昭觉县的教师反映，特别是在每年的彝族年（即彝历年，每年11月15日左右）后，便会出现学生辍学到外地打工的情况。据比尔乡中心校的某语文教师介绍，几乎每年彝族年过后，每个班都会有一些学生不来上学了。学校教师虽然也和多次家长联系，劝他们送孩子来读书，但许多家长都以"娃娃不愿意去学校，我们实在也是没办法""娃娃转到其他学校去读书了"之类的话语来搪塞。其实，学校也知道，这些学生多数并不是真正转学，而是出去打工了。对待这种问题，学校有时只能"睁只眼，闭只眼"，也是没办法。因此，有人说，"童工"的另一个名字叫"贫穷"。

2014年3月25日，中央电视台"新闻1+1"栏目以"大凉山：别让教育着凉"为题，对四川省凉山彝族自治州农村义务教育学生辍学打工问题进行了报道。据报道，在凉山彝族自治州美姑县四季吉村，全村一共603人，6～18岁的学龄儿童为122个。6～7岁的37人，仅有11人在读书，26个处于失学状态；8～9岁的33人，20人在读，13人未读书；10～12岁的24人，16人在读，8人未读

① 贵州省黎平县地方志编纂委员会. 黎平县志. 贵阳：贵州人民出版社，2009：791.
② 整理自：当地教育辅导站人员提供的内部资料。

书；13～18 岁的辍学现象最为严重，28 人中仅 7 人在读书。在这 120 多名学龄儿童中，有一大半（55.7%）处于辍学、失学状态（表3-4）。采访中，学校教师吉子阿牛告诉记者，当地很多跟父母外出打工的儿童并不能在当地入学，年龄稍大跟父母打工是他们共同的选择。因为文化水平不足，甚至汉语都不流利，他们出去只能做一般劳动力，挣得很少，所以有的人后来又想回凉山念书。但因缺课太多、基础太差，他们很难跟上进度，有的到十三四岁又回来读三年级，甚至 20 多岁才上六年级。据我们在凉山彝区的实地调研，此类辍学现象在当地彝族村寨相当普遍，并呈现如下特点：①入学率太低；②辍学率高；③年龄越大辍学现象越严重。

表 3-4　美姑县四季吉村学龄儿童情况[①]

年龄段	实际人数/人	在读人数/人	失学人数/人	失学率/%
6～7 岁	37	11	26	70.3
8～9 岁	33	20	13	39.4
10～12 岁	24	16	8	50.0
13～18 岁	28	7	21	75.0
合计	122	54	68	55.7

凉山彝区的毒品和艾滋问题，使当地学龄儿童失学、辍学现象更为突出和特殊。由于父母吸毒、感染艾滋病，凉山彝区出现大批孤儿。这些孤儿大部分家境贫穷，年龄较大的要照顾家中两三个弟弟妹妹，到读书年龄还未入学，有的 14～15 才读一年级，他们更容易辍学。据四川省卫生厅公布的数据，截至 2013 年 6 月底，四川省累计报告艾滋病感染者和病人 51 723 例，位居全国第三；其中，仅占四川省人口总数 5.64% 的凉山彝族自治州累计报告感染者和病人竟多达 25 608 例，占全省的 50%，艾滋病病毒感染率列四川省第一位。调研的昭觉县是凉山彝族自治州艾滋病的重灾区。

凉山彝区毒品、艾滋病的出现有其深刻的社会历史文化诱因。凉山彝族自治州位于四川省川西高原，西邻西藏，三面和云南接壤，素有"毒品通道"之称的成昆铁路横穿大凉山，使其成为东南亚老挝、泰国、缅甸毒品"金三角"进入内地的关键通道。伴随改革开放的推进，凉山彝族自治州原本封闭的环境被打破，许多年轻人纷纷走出凉山。由于社会文化和生活习惯的诸多差异，加之受教育水平普遍较低，外出的彝族群众因缺乏良好的生存技能，很难找到合适的工作，更容易从事诸如贩毒之类的违法行为。

---

① 整理自：央视"新闻1+1"栏目 2014 年 3 月 25 日播出的题为"大凉山，别让孩子的教育着凉"的调研报道。

毒品和艾滋病的传播造成凉山彝区大批孤儿的出现，给义务教育的普及增加了困难。孤儿大部分由年迈的祖父母抚养，生活境况普遍较差，孤儿更容易失学辍学，过早地承担起繁重的体力劳动。调研的竹核乡、普诗乡是昭觉县受毒品和艾滋病影响最严重的乡镇之一，预防艾滋病的宣传标语随处可见（图3-3）。改革开放以来，竹核乡曾经是凉山地区毒品和艾滋病泛滥的重灾区。据某村主任介绍，自20世纪90年代，村里的艾滋病患者都是20~30岁的年轻人，至今已有100多人因吸毒和患艾滋病死亡，当地人逐渐认识到毒品带来的灾害，并积极抵制毒品。

（a）　　　　　　　　　　　　　　　　　（b）

图3-3　彝区村寨随处可见的预防艾滋病的宣传标语

巴普村村主任（他也是当地彝族人的"头人"）伍尔拉木介绍，由于村寨在县城附近且靠近环城公路，加之国家各项优惠政策的扶持，村里人的生活还比较富裕，有的已经搬到县城去住。村主任家不但房屋建筑、装修都很气派，而且还有轿车。在生活富裕的同时，现在村里最棘手的就是毒品问题和艾滋病的防治。国家每年给村民进行2~3次免费查血，由于抽血比较多，所以有些村民不愿意去体检。村干部有时要费很大力气去劝说那些不愿体检的村民。现在村里有20多个人感染了艾滋病，这些人都不对外公开，只有本人和村干部知道。国家为这些人提供免费的治疗，并发放一些生活补贴。县城专门建有孤儿学校，由国家承担孤儿的抚养费用。村里人很痛恨毒品，只要发现有吸毒的，就把他们送到戒毒所，发现贩毒的就报警，并配合警察逮捕这些人。此外，作为村干部和彝族头人，他还经常参与义务教育阶段辍学学生的劝返工作。劝返工作的费用，以及这些学生回家的费用全部由政府负责，他们只要拿车票去报销就可以了。村主任说："我们村里人很团结，我是头人，他们都听我的，对于家族里一些政府或他们自己处理不了的事情都会让我去处理。"村里艾滋病患者都20~30岁，老辈人没有感染的。

比较发现，凉山彝区适龄儿童失学、辍学现象比侗乡更为突出，且具特殊性。如果说语言文字障碍导致的"听不懂""学不会""不愿学"是两地义务教育普及面临的共同难题，那么"吸毒""超生""重男轻女"导致的"孩子多""孤儿多""排队入学"现象，则是彝区义务教育普及中的特殊矛盾。我们在彝族调研中遇到的"不识数的校长"的"怪异"现象，同样可以作为彝区辍学问题的佐证。

"不识数"的校长①

在当地教育局某主任的带领下，我们又到了一所更让我们感到疑惑的初级中学。这所乡镇初中修建得可谓相当现代化，各种教学管理设施的配备也十分先进，宿舍管理人员的办公室还配有监控设备（图3-4）。然而，从进入到离开这所学校，我总感觉这所学校有些不正常。干净宽敞的现代化校园，就是看不到一个学生，也听不到读书、教书上课的声音。我们只见到一间标有8（2）班的教室里有学生在上课，旁边的教室都门窗紧锁。

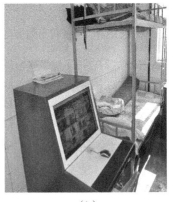

（a）　　　　　　　　　　　　（b）

图3-4　彝区乡镇中学现代化的校园和学生宿舍监控设备

校长作为一校的当家人，理应对学校的基本情况比较详细，对学校的班级及学生数目这些常规性的情况更应熟记于心。可是，在我们的调查过程中，每当我们问及学校班级和班额时，校长要么以"这个没注意过"搪塞之，要么说出的数字前后矛盾、对不上数。校长告诉我们，学校7~9年级分别有6、8、4个班，每班学生大约40人左右。可是，当

---

① 整理自：凉山彝族自治州美姑县调研日志。遵照学术惯例，凡涉及隐私问题的人名、地名、校名等，均进行了相应处理。如无特殊说明，本书所有涉及隐私的内容，均遵照惯例进行相应处理。

我们走进教室时，发现每班大约只有 30 张课桌，还有些课桌没有配套的椅子。在离开学校时，校长又说刚才说错了，9 年级不是 4 个班，是 8 个班。当地中心小学遇到的那位"不得志"的副校长告诉我们，"很多学生都是临时借来的，只是为了应付检查。有时还要到周边村寨'买学生'、到其他学校'借学生'凑数。这里的'普九'就是这样蒙混达标的"。

近年来，小学教育的作用普遍受到家长的认可。对民族群众而言，无论在村寨生活，还是与外部交往，读书识字、会讲汉话都非常重要。无论是打农药、算账、做生意，还是外出乘车、进城谋生，都需要这些知识。然而，教育的功用和需求往往又仅限于此。初中阶段学习科目增多，学生必须投入大量精力才能获得较好的成绩。诸如，物理、化学、生物、英语、历史等科目，对他们的用处不大，仅限于升学考试。对他们而言，考入高中的毕竟是极少数。以黎平县 2011 年初中三年巩固率为例，全县三年前报表入学人数为 9834 人，初中三年后报表人数仅剩 7569 人，学生流失率高达 23%；而报名参加中考的人数仅为 6641 人，初中三年巩固率仅为 67.53%。[①]调查的凉山彝族自治州美姑县 2009 年才完成"普九"考核，是凉山地区最后实现"普九"达标的县。据访谈的美姑县教育局某副局长反映，在 2013 年之前的 12 年中，当地高中没有学生上本科线，直到 2013 年才有 2 个学生考上本科。

侗族群众虽然对子女的教育比较重视，由于当地生产力发展水平相对落后，人民群众改善基本民生的需要依然紧急。2012 年黎平县农民全年人均纯收入 4484 元，同期全国全年农村居民人均纯收入 6977 元，高于黎平县 2493 元，这一差值约为当地农民全年人均纯收入的 56%。落后的生产力导致的经济水平相对落后，使脱贫致富与接受免费教育在当地出现了矛盾。对于许多农村家庭而言，打工是脱贫致富的迫切需要和现实捷径，学业不良、升学无望则是上学读书的普遍遭遇，加之"学而优则贫"的影响，"读书升学改变命运"的路子似乎越来越窄。对于一般家庭而言，子女念高中、上大学会面临沉重的"教育债务"，辍学打工或在家务农则可获得现实的经济收入，既没有"教育债务"，又有希望尽快脱贫致富。"既然升学无望，不如尽早外出打工"，成为当地多数学生、家长教育选择的现实逻辑。

访谈群众普遍认为，出去打工也是没办法，在家又没什么活路，挣不到钱。现在处处都要花钱，盖房子、娶媳妇、生孩子、学生上学、老人生病，样样都要钱。我们也想陪在孩子身边，也知道这样对孩子的成

---

① 整理自：黎平县教育局提供的内部资料。

长不利，但也没有办法。是的，没有文化外出打工也不行，至少要会讲普通话、认识字；我们这里条件不行，真正能考上大学的毕竟是少数。我们平常不在家，只能通过打电话和孩子联系，让他好好念书。可是有时在我们不知道的情况下孩子就辍学了，直到老师打电话问我们孩子的去处时我们才知道他不在学校。没办法。再说了，现在即使考上大学，也很难找到好工作，家长们对孩子的教育也就慢慢不太重视。上学与不上学并没有太大的区别，因为出去打工并不需要太多的知识，能吃苦、有力气就行。[①]

在黔东南侗乡的调查发现，当地基础教育水平普遍较低，能顺利升入高中的只是其中的少数，能考入大学的则少之又少。以肇兴中学 2011 届毕业生去向为例，初一报表人数为 284 人，初三报名参加中考的人数为 214 人，实际参加考试的仅有 138 人，三年巩固率仅为 48.59%；最后考取高中的只有 66 人，高中升学率仅为 23%。据该校杨姓校长介绍，"对许多学生而言，学习基础差，父母又都在外面打工，对学习既无兴趣，又不肯努力。他们自己也知道，反正是考不上高中，很多学生坚持到初二也就放弃了"。"学习成绩差，即使努力也考不上高中，不如尽早出去打工"，是当地学生放弃升学、辍学打工的真实想法。由于义务教育巩固率相对较低，在《贵州省中长期教育改革和发展规划纲要（2010—2020 年）》中，还专门把 2015 年实现九年义务教育 85%、2020 年实现九年义务教育 95%的巩固率作为贵州中长期教育改革和发展的目标之一。就全国来看，《国民经济和社会发展第十二个五年规划纲要（草案）》提出，作为约束性指标之一，到 2015 年，我国九年义务教育巩固率应达到 93%。"十一五"末期，这一指标数据已达到 89.7%。显然，贵州省义务教育巩固率较之同期全国和中部地区还存在一定差距。由于教育质量一直偏低，为提高当地高考上线人数，地方政府和教育主管部门可谓费尽心思，甚至做出"搬家办学"的无奈举措。

美姑县高中"搬家办学"[②]

2013 年美姑全县只有 2 人上本科线，州府西昌市仅一中一所学校就有 791 人上本科线。面对"差距与困难"，当地政府把美姑县高中搬到西

---

① 整理自：2013 年 1 月 15 日肇兴调研日志。

② 参见：萨古曲惹，马海伊生，米赢，等. 美姑：开启异地办学实践探索. 凉山日报，2013-09-24（A06）. 在义务教育质量依旧堪忧的情况下，地方政府为提高当地教育质量和办学效益，花大力气举办各种形式的"后义务教育"（如"9+3"教育）的现象具有一定的普遍性。我们需要思考，在义务教育发展尚有也应该大有所为时，此类面向少数优秀者的免费"后义务教育"的思路和策略是否妥当？其合法性与合理性是否有待商榷？

昌，并确立了"学校将通过三年的奋力拼搏，力争高考本科上线率达到10%以上，给美姑24万人民交上一份满意答卷"的宏伟目标。2013年9月2日，美姑中学西昌校区正式开课。县委、县政府出面，减免全县前120名初三毕业生的学费、杂费、住宿费等费用，并为每人提供每月300元的生活补贴，率先实现高中教育全免费。

不难发现，近年来民族地区各项社会事业有了很大改善，各项经济生活指标也显著提升；加之全面免费义务教育和各项惠民性倾斜政策的大力推行，送子女接受义务教育的经济负担对大部分家庭来说不算沉重，"有学上"的问题已基本解决。但是，人民群众"上好学"的愿望尚未得到很好实现。

二、学生学业质量普遍不良

学生课程学业成绩是衡量基础教育发展质量不容回避的重要指标，缺少良好基础学业成绩的保障，义务教育质量便无从谈起。民族文化与现代学校教育之间的文化差异引发的学业成绩不良，是民族地区教育发展中面临的共同难题。较之城市学校，如果说教育质量普遍偏低是所有农村地区、贫困地区学生面临的共同困境，那么，民族文化差异导致的学业不良、教育质量低下，则是少数民族地区面临的特殊难题。

（一）整体学业质量水平不高

据调查，某些民族地区为完成"控辍保学"任务，存在"只要人头，不顾质量"的"大跃进"现象。调查中许多教师抱怨学生基础太差，正常的教学工作很难进行。由于有些学生小学毕业会考平均成绩仅7~8分，一位执教近30年的中学高级教师甚至呼吁恢复升留级制度。据该校教师反映，他2014年执教的初中三年级有70%的学生不会汉语拼音，有的学生甚至初中毕业还背不出乘法口诀。[①]面对这些学生，他们往往不知所措。以彝区某九年一贯制学校《2012初中学业水平测试质量分析报告》为例，在某次考试中，语文平均分17.95，及格率2.42%；数

---

① 调查中教师普遍反映，有些学生虽然名义上已初中毕业，而实际文化水平尚未达到起码的标准，有的甚至还停留在小学生的水平。为了完成"控辍保学"和"普九"任务，学生无论成绩再差，照样年年升级，直至初中毕业。一位执教26年的中学教师感言："从来不问成绩如何，只顾'入学率'和'人头数'。我们现在感到很难，教师都在摇头，不知道如何是好。'留守儿童'太多，爷爷奶奶没什么文化，不能监督、辅导学生，又不准留级，都是'一窝端'。没办法！"该教师还说："教师们现在最不满意的就是'心里失衡'和'知识贬值'，学生不尊重教师，家长不重视教育，以前教师在寨子里的'荣耀感'没有了。工资待遇是变好了，可是教师的尊严没有了。这让许多老教师感到心里很不平衡。"

学平均分 10.41，及格率 0.48%；英语平均分 27.09，及格率 0.97%。同时，该校一份《2011—2012 学年度八年级第二学期期末考试质量分析报告》显示，本次测试卷面总分 640 分，学生最高分仅为 375 分。其中，语文平均分 57.37，及格率 28.26%；数学平均分 19.86，及格率 0%；英语平均分 35.85，及格率 0%。

另据凉山彝族自治州昭觉、美姑两县的调研，彝族学生汉语水平普遍较低，学校教育内容又与他们熟知的本土传统文化之间存在较大差异，导致学生学习成绩普遍较差，继而挫伤教师的积极性。据《2011 年凉山州民族寄宿制小学期末成绩汇总表》，语文成绩平均分仅为 42.1 分，及格率仅为 24%；数学平均分为 44.1 分，及格率为 24.2%。由于彝语是他们的母语，彝文成绩则相对较好，平均分为 55 分，及格率 55%。据当地教师介绍，学校基本都是彝族学生，又全部来自农村。入学之前他们很少与外界接触，通过看电视等方式接触过一些"汉话"①，能够听懂、会说一点，学习汉语课程自然比较吃力，考试也难得高分。某中心校王姓副校长介绍，为完成上面下达的"控辍保学"任务，只要学生在学校就行，学不学习不重要。特别是取消了升留级制度，学生无论成绩好坏全部升入初中，使初中阶段的教学工作很难正常进行。

再以调研的侗寨某中心校《2011—2012 学年第二学期教学质量检测成绩》登记的五年级一、二班英语成绩为例，本次考试中两个班 105 名学生 0 人及格。其中，一班 54 人，平均分仅为 39.78；二班 51 人，平均分较高些，也仅为 42.98。同样，该校《2012—2013 第一学期期末统考成绩》登记的六年级二班 51 名同学英语成绩人均 23.53 分，其中最高分 46，最低 4 分，0 及格。当地教辅站 L 老师介绍："即使这样，目前也仅有中心校开设英语课。就连中心校都是这种情况，下面村小和教学点的教学质量也就可想而知了"。表 3-5 是当地唯一一所中学 2010—2011 学年度第二学期期末检测成绩的统计，也可佐证上述问题。

表 3-5　侗乡中学 2010—2011 学年度第二学期期末检测成绩统计表②

学科	人均分/分	及格率/%	优良率/%	学科	人均分/分	及格率/%	优良率/%
语文	76.2	76.5	5.9	政治	84.4	100.0	94.1
数学	63.2	41.2	11.8	历史	77.2	98.0	49.0
英语	51.0	21.6	2.0	物理	58.8	51.0	11.8

① 在我国西南少数民族地区，"汉话"一般是普通话，确切说是带有不同程度地域或民族方言特色的"地方普通话"。

② 整理自：肇兴中学办公室提供的内部资料。

（二）民族间学生学业质量差距显著

民族地区的学业质量困境，不仅表现为整体水平偏低，还表现为不同民族之间学生学业成绩的规律性差异。这一差异具体表现在两个方面：①不同民族学生间学业成绩整体水平的差距；②不同民族学生不同学科学业成绩的差异，表现为不同民族具有不同的优势学科。据凉山彝族自治州昭觉县工农兵小学杨老师介绍，彝族孩子虽然因语言方面的障碍语文成绩普遍偏低，但彝族学生的数学思维特别灵活，因此彝族学生的数学成绩优于语文及其他科目。

既有研究表明，在云南省西双版纳傣族自治州人口中，汉族、傣族、哈尼族所占比重分别为30.03%、27.89%、19.01%，但2008—2010年，傣族学生占全州高中在校生的人数比例分别仅为16%、15.2%、15.3%，远低于汉族和哈尼族学生。[①]课题组对西双版纳勐海县第三中学128班和131班2010年中考成绩的分析，同样表明民族间学生学业水平存在显著差距。其中，平均分最高的为汉族学生，最低的为布朗族学生（图3-5）。

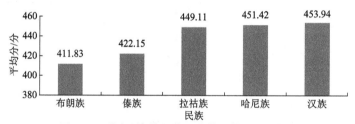

图3-5　不同民族学生学业成绩比较（平均分）

与勐海县第三中学的情况一样，勐海县勐混镇中学，同样存在不同民族学生学业成绩差距显著的问题。对勐混镇中学中考语文、数学、英语三科成绩平均分的分析显示，拉祜族学生三门课程的平均成绩要比当地傣族、哈尼族学生低很多，特别是与哈尼族学生的差距更为显著，二者相差49.18分，比拉祜族学生的平均分还要高10.12分（图3-6）。

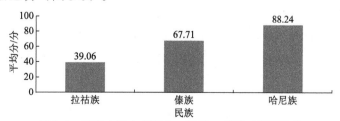

图3-6　勐混中学中考语文、数学、英语三科平均分

---

① 高鹏. 民族地区期盼高中教育免费. 中国民族报，2013-01-08（03）.

研究者对四川省某少数民族聚居县不同类别乡镇及全县义务教育阶段学生学业成绩的比较研究，同样佐证了上述观点。民族地区义务教育阶段学生学业整体水平不高，县域内不同民族集居区各学校之间学生学业成绩差距明显。具体而言，纯彝族乡镇学生学业成绩与全县平均水平、杂居乡镇和汉族乡镇之间都存在较大差距，特别是与纯汉族乡镇之间的差距最为明显（表 3-6）。同样，据昭觉县教育局对全县 42 个乡镇 227 个学校的调研，"不懂汉语，成绩跟不上，容易产生厌学情绪"，是当地彝族学生辍学、学业失败的主要原因。以教学质量较好的四开乡中心校为例，一年级各科平均分仅为 8~24 分。以这样的成绩继续读书，到高年级就更听不懂课了，自然容易厌学。该教育局负责人还介绍，"现在还好一些，以前考几分甚至零分的很多"[1]。

表 3-6　A 县不同类别学校 2011 年底期末考试六年级两科成绩比较[2]

类别	语文			数学		
	平均分/分	及格率/%	优秀率/%	平均分/分	及格率/%	优秀率/%
全县	64.6	66.0	20.4	43.8	31.9	20.6
纯彝族乡镇	47.0	33.0	2.1	27.7	10.2	3.5
杂居乡镇	61.7	64.4	8.0	31.6	13.1	6.4
汉族乡镇	71.2	81.6	19.1	50.0	38.4	21.4

（三）村小教学点学业质量更为堪忧

以黎平县肇兴镇某村小二年级 2013—2014 学年度期末统考语文、数学成绩为例，32 名同学中，语文仅 8 人及格，数学 15 人及格，及格率分别为 25% 和 47%；两科平均分分别为 41.78 分和 58.63 分。四年级 21 名学生期末统考语文和数学平均分分别为 45.36 分和 40.19 分，及格人数分别为 7 人和 8 人，及格率分别为 33% 和 38%。该村小语文和数学成绩的及格率，同样可以佐证上述问题（图 3-7）。

此外，某些教学点学生的学业成绩更是堪忧。以堂华小学 2013—2014 学年度第二学期的期末统考成绩为例，五名学生的语文成绩分别为 38 分、30 分、8.5 分、

---

① 张崇宁. 昭觉投入百万元助彝区孩子打好汉语基础. 四川日报, 2014-12-18（A04）.

② 陈出, 高远才. 民族地区义务教育阶段教学质量调研报告——以乐山市马边彝族自治县、峨边自治县和金口河区为例. 载四川省教育科学研究所. 四川教育改革和发展研究成果集（第一卷）. 成都:四川教育出版社,2014:258-260.

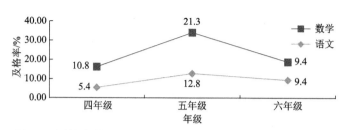

图 3-7　城格小学 2013—2014 学年度第一学期期末统考及格率

24 分、17 分，平均分 23.5 分，0 人及格；数学成绩分别为 64 分、80 分、30 分、59 分、32 分，平均分 53 分。同样，《肇兴乡 2012—2013 学年度第一学期期末小学素质检测成绩总评表》登记的成绩显示，平团教学点语文人均 24.86 分，数学人均 33.07 分，位列全镇 14 所小学及教学点的末位；排名第一的中心校，语文和数学人均分为 62.16 分和 52.84 分。虽然两者成绩均不尽如人意，但二者的差距更值得我们关注。在本次测验中，全镇 1686 名学生参加考试，语文和数学平均分分别仅为 53.04 分和 41.15 分；两科成绩的及格率分别为 45.51% 和 24.77%。[①]对当地教师的访谈，也证实了这一问题。

> 学校老师经常利用周末、假期到辍学学生家劝返，几乎没有因贫而辍学的，所有的理由都是听不懂、学不会、读不进去。这也难怪，下面山区娃娃从小不会讲汉话，又大都是留守儿童，教学点条件又差；取消了升留级制度，不论成绩好坏都要"一窝端"，根本不管成绩。有的学生到了初中还不会汉语拼音和乘法口诀，英语更是从来没有接触过。考试成绩得个位数、十几分的大有人在，交白卷的也不在少数。想想也是，什么也不会，上课如同"听天书"。老师在上面讲得很起劲，他们就是听不懂、没反应，逼他们坐在教室里确实是种煎熬，而且还扰乱课堂秩序。以前学生比较听话，家长也配合，成绩不好就不能升级或升初中，违反纪律就会受到老师和家长的批评。现在没有老师敢批评学生，要是你批评他们，他们就说你体罚学生、侮辱他的人格等；更何况现在的家长也厉害，你要是批评他的孩子，他们甚至会到学校找你说理。这些学生，学习成绩不好，和老师顶撞倒是有一套，甚至把捉弄老师作为一种乐趣。我们现在感到很难，老师都在摇头，不知道如何是好。留守儿童太多，爷爷奶奶没什么文化，不能监督、辅导学生，又不准留级。没办法！老师现在最不满意的是心里失衡，知识贬值，学生不尊重老师，家长不重

---

① 整理自：肇兴侗寨教辅站工作人员提供的内部资料。

> 视教育。以前做老师感到很自豪，在寨子里受人尊重。我真的为这样的教育普及感到担忧！不知道这里教育的出路在哪里。

不难发现，学业成绩不良、学科成绩偏低，无疑是民族地区义务教育阶段普遍面临的质量难题。对昭觉县教育局某副局长的访谈纪要也佐证了上述结论。

> 迎接"普九"验收以来，我们这里的学校有了翻天覆地的变化。由于国家和各级政府对我们民族地区教育发展的大力投入，从校舍建设到各种教学仪器的配备，整体而言已基本满足教育发展的需求，学校建设焕然一新。但在整个大凉山彝区，教育质量的提升是我们当前教育发展中面临的最紧迫问题。现在，有些适龄学生跟随父母进了城，一些有条件的家长还把孩子送到教学质量好的地方上学，致使一些中小学校生源太差、教学质量不高。教育质量差，就会导致升学率低；升学率低，学校的社会口碑也就不好；学校口碑不佳，家长要么把孩子送到外地上学，要么看不到读书的希望直接让孩子辍学。这种恶性循环对我们民族地区的教育发展无疑是致命的。

教育是民族地区经济社会发展和民生改善的基石，没有高质量的教育，就没有民族地区经济社会的又好又快发展，民族地区的民生改善和国家的长治久安也会受到诸多限制。义务教育是国民基础教育，提高教育质量无疑是民族地区教育发展中的当务之急，也是民族地区民生改善的现实之需。

三、教育普及与民生改善的现实矛盾

民族地区的义务教育质量问题，不单单是满足民族儿童读书升学需要的教育或教育学问题，教育之于民族群众民生改善的功用性，应是衡量教育质量优劣的重要指标。对广大民族地区而言，通过教育改善民生，继而为教育的发展积累必要的经济、知识、观念、人口等社会文化资本，无疑具有必要性和紧迫性。说教育是一种"投资"，虽难免被指"浅薄"，但不无道理。当教育的投入收效甚微、入不敷出时，所谓的"有质量的教育""人民满意的教育"便无从谈起。

（一）"学而优则贫"与"读书无用论"的蔓延

"应试教育"[①]一直是学术界和社会话语中备受诟病的话题。然而，这一受人

[①] 当然，"应试教育"这一提法是否妥当，有待商榷。笔者认为，以"应试教育"简单概括我国当前的基础教育，既简单轻率，亦不负责任。同样，以此为前提，以一种"革命"的方式推行基础教育改革，更有悖于科学研究的精神和实事求是的态度。

诟病的"应试教育"正是农村学生逃脱父辈农民工命运的最佳途径。对于农村家庭，子女读书升学的目的就是要逃离农村，跻身城里人的行列，这是最真实、最质朴的逻辑。读书受教育能否帮助他们实现上述目的，是他们权衡读书有用与否的标准。把学校教育作为反思的对象，关注民族地区"因学致贫"和"教育放弃""教育逃离"的底层境遇和现实需要，方能使"办人民满意的教育"落到实处。

当"免费读书"不再是一件"有利可图"的事情，甚至成为一种"教育徭役"时，"有质量的教育"也就无从谈起，"读书无用论"开始在民族地区蔓延。[①]调查中，每当与村民谈及教育、读书、上学等话题，"读出去""走出去""到城市生活""吃公家饭"是他们提及最多的核心话题。用当地老百姓的话说，读书上大学意味着"穿皮孩（鞋）""抱笔杆子"，读不出来就只能继续"穿草孩（鞋）""修地球"，这是农村家庭最质朴的教育目的论。对广大农家子弟而言，在接受免费义务教育之后，能够升入高中、继而考入大学，尤其是挤进名校的希望十分渺茫。生活经验告诉他们，那些重新回到村寨或外出打工的"读书人"，反倒不如读书少的会干活、会挣钱。教育的价值、读书的意义对他们是渺茫的、陌生的，尽早离开学校挣钱养家成为更"明智"的选择。

"知识改变命运"的失灵使农家子弟对学校教育的价值产生怀疑，"读书无用论"在民族地区悄然兴起。农村父母之所以甘愿借债也要把子女送入学校，是因为他们坚信"教育可以改变命运"，也是他们认为的能够改变命运的唯一可能。调研中，沿途及村寨到处可见"今天的辍学生就是明天的贫困户""文盲去打工，不好找工作""知识改变命运，学习成就明天""学好普通话，走遍全中国；学好外国语，走遍全世界"之类的宣传标语。然而，对绝大多数山区少数民族学生而言，这样的标语虽鼓舞人心、催人奋进，但无疑又是陌生和可望而不可及的。现实中，上学读书的结果多是"升学无望，就业无门""种地不如老子，养猪不如嫂子"，于是群众不再相信教育的力量，对教育的信念慢慢发生了改变，开始有意无意地选择放弃、逃离免费的学校教育。

民族地区的教育质量问题作为一项系统工程关涉多方面的要素，厘清各要素间的矛盾关系、明确民族教育的应有价值取向，是有效推进教育改革、提升教育质量的前提。如果不能从根本上明确乡村教育发展的价值定位与培养目标，不能

---

① 正如凉山一位教育局副局长所言："读书无用论"的观念在当地非常普遍。当看到身边的大学生毕业后找不到工作，还是要回到农村和没上学的人一样种田或出去打工，群众送子女读书的积极性大受影响。受打工潮、就业难等因素影响，成绩不好的学生更易产生厌学、辍学的想法，最终在父母无奈的"默许"或积极的"鼓动"下辍学外出打工。这几乎成了当地彝区学生辍学的根本原因。

处理好农村学生义务教育后"升学"与"就业"、"离农"与"向农"之间的切实需要和现实矛盾，终究不能触及问题的症结。伴随现代化进程在民族地区的推进，少数民族成员往往被置于一种"双重边缘化"的境地，他们既不能很好地融入主流文化，又逐渐疏远传统文化，成为现代化进程中的弱势群体。对民族地区而言，教育质量不应简单地限于教会学生逃离或扎根乡土，民生改善也不应狭隘理解为"物质富足""盖房修路"，传统文化的赓续应是其重要方面。民族地区义务教育质量的提升应以"办人民满意的教育"为旨归，民族传统文化的保护与传承，也应以民生主体的生存状态与教育需要为出发点和归宿。

今天，"大学生"在村寨不再是一个令人敬仰、羡慕的称谓，上学读书的荣耀、优越感日渐淡去。一方面，学校所教授的知识在深山老林几乎无用武之地；另一方面，那些在大城市里生活过的大学生，已经不习惯甚至厌恶山里的生活，他们逐渐成了村寨游手好闲、无所事事的"游民"。诚如作家韩少功的观察，"如果你在这里看见面色苍白、人瘦毛长、目光呆滞、怪僻不群的青年，如果你看到他们衣冠楚楚从不出现在田边地头，你就大致可以猜出他们的身份：大多是中专、大专、本科毕业的乡村知识分子。他们耗费了家人大量钱财，包括金榜题名时热热闹闹的大摆宴席，但毕业后没有找到工作，正承担着巨大的社会舆论压力和自我心理压力，过着受刑一般的日子"[1]。在传统观念中，"学而优则仕""学而优则贵""学而优则富"是农家子弟读书上学最现实的动力。如今，"学而优则弱""学而优则贱""学而优则贫"，成为不断被复制的悲壮事实和不断被强化的观念，农家子弟刚刚看到的读书希望日渐渺茫，他们对上学、读书的有用性开始怀疑。学校教育虽然免费了，但人们送子女读书的积极性并未随之提高，读书上学的机会虽然有了保障，但学校教育的质量并未随之提升。我们在肇兴镇上一家打印室复制的"户口变更申请书"，便是这一事实的一个例证。

户口变更申请书[2]

肇兴乡派出所：

　　本人是肇兴乡肇兴村二组村民吴××，女，侗族，1986 年 2 月 16 日出生。2007 年 7 月毕业于贵州民族学院，毕业后户口迁回肇兴原籍，但是户口性质是非农业户口，因为家在农村，家里祖祖辈辈都是农民，户口全部是农业户口；本人毕业后一无工作，二无法回原籍地务农，现

---

① 钱理群，刘铁芳. 乡土中国与乡村教育. 福州：福建教育出版社，2008：5.

② 整理自：肇兴镇沿街打印店老板提供的资料。

在申请变更回农业户口原籍，望派出所及相关部门给予办理。

　　谢谢！

申请人：吴××

2012 年 6 月 20 日

与曾在乡镇任多年中小学校长的某县职业中学 H 校长的访谈纪要，同样反映了义务教育普及中面临的"流民群体"问题。

　　在与 H 校长的交谈过程中，我们能够感觉到他对该中职学校学生的厌恶。他说："我是从下面中小学干起来的，我最了解这些学生的情况。可以说，县职中就是的一个'垃圾收集厂'，全县的'学生混子'、'社会渣滓'，都聚集到这里来了。不能给他们提书，他们看到书就烦，什么也不会，什么也不懂，什么也不想学。只要不给他们提书，别让他们上课，什么事情都好办，提到书他们就头疼。"交谈过程中，H 校长一再强调，办职业学校，"就要办出特色，不能像普通教育那样，一味地抓知识教学"，把"念书、考试、升学"作为唯一的目标，结果只能是把这些"混子""渣子"逼疯……同义务教育的普及一样，学生被"拉"进学校，如何才能真正留得住，继而让他们学有所成，而非一味追求"数字的繁荣""虚假的达标"，无疑是当地教育面临的现实难题。

学校教育作为一种"异文化"，当少数民族学生征服该"异文化"所需付出的努力与他们认为自己能从中获得的回报相比，显得不划算时，在学校学习一些陌生、高深的知识，便成为摆在他们面前的真实痛苦，辍学、失学、逃学也就难以避免。毋庸置疑，他们并非天生就厌恶学校、憎恶知识，而是读书的经历带给他们的不是自信而是自卑，不是希望而是失望，乃至绝望。一旦人们对教育失去信心，新的教育危机也就出现了，人们对教育的价值便会产生怀疑乃至否定。今天，义务教育的免费供给并未给他们带来更多教育的希望，"学而优则贫"的现实尴尬却使人们怀疑教育的价值，新的"读书无用论"开始在民族村寨蔓延。

（二）免费教育与教育过剩的矛盾

虽然教育投入力度不断加大，整体办学条件有了很大改善，但忽视"底层的声音"，又导致教育脱离当地人们的民生改善的现实需要。谈及民族地区广泛存在的教育质量问题，在把原因归于"家长观念落后"的同时，我们却很少从民族成员的现实教育需要及境遇思考问题。学校教育的确对改善他们的生活大有裨益，但对多数学生来说，学校教育的用处又仅限于"会说普通话、能识字，才能外出打工"。这使目前精心设计的"高深"的课程知识显得"多余"或"过剩"。英语、化学、生物、物理等科目，只对那些通过考试升学的少数人才更有价值。义务教育的免费性并未成为激励群众送子女读书的有效动力。当很多家长看到知识不能改变命运，或知识改变命运的作用越来越弱时，免费的教育不再是充满诱惑的"香饽饽"。作为一项特殊的家庭投资，教育的投资具有明显的积累效应和示范效应。"不读书等着穷，读书马上穷"，强化了家长放弃供子女读书的价值逻辑与行为选择。

低保申请书①

黎平县肇兴乡肇兴村委：

我叫陆××，男，1953年8月29日出生，侗族；妻子，陆××，女，1957年4月5日出生，侗族，现均住黎平县肇兴村二组。因我们夫妻二人年老多病，两个儿子还在大学读书，家庭负担过重，（经济）异常困难，年收入还不能维持基本生活，生活十分拮据。现在生活举步维艰。

为此，特请求政府给我们解决实际困难，特申请领取低保，给予我们最低生活保障。望批准！

此致

敬礼

申请人：陆××
2011年3月2日

这份申请书及我们在肇兴侗乡的调查发现，对当地一般农户而言，子女要念高中、考大学，家庭一定会背上沉重的教育债务；子女不去上学出去打工或在家务农，家庭则可以获得现实的经济收入，既没有"教育债务"，又有希望尽快脱贫致富。相对低下的生产力发展水平使义务教育阶段的学生成为"潜在劳动力"，外出打工或在家务农，成为学龄儿童可及的挣钱渠道。这样一来，免费供给的九年义务教育，对他们而言有些多余乃至浪费，"就有可能产生教育部门与产业部门争夺劳动力的现象"②。实际上，在我国广大农村地区，无论是传统农业占主要地位的生计方式下，还是新时期"半工半耕"的生计方式下，初中生的辍学现象一直比较严重。因此，"控辍保学"（图3-8）成为民族地区义务教育普及中的共同难题。

---

① 整理自：肇兴镇沿街打印店老板提供的资料。

② 叶澜. 教育概论. 北京：人民教育出版社，2005：122.

（a）　　　　　　　　　　　（b）

图 3-8　黎平县、昭觉县"控辍保学"的宣传标语

民族地区一般自然环境相对恶劣，限制了现代农业的发展，是制约当地义务教育发展水平的生产力因素。对肇兴侗乡而言，虽说自然环境不算恶劣，但由于人均可耕种土地较少，一般人均不到一亩田地，又多是分散的山间梯田（俗称"望天田"），发展现代农业的潜力极其有限。因此，外出打工成为当地农户最主要的经济来源。我们调研走访的村寨，几乎所有的青壮年劳动力都已外出打工，只是在农忙时节、逢年过节或红白喜事的时候才返回家乡短暂逗留。由于父母外出务工，学龄儿童只能交由爷爷奶奶、外公外婆照管。年幼的学龄儿童由于缺乏父母的照管，更容易养成各种不良习惯，这是民族地区义务教育阶段辍学、学业成绩低下的直接原因。一方面，当地生产力发展水平相对落后，甚至在某些地方还延续着刀耕火种的原始农业及生计方式，对科学知识的需求极其有限，学龄儿童也是"潜在的劳动力"；另一方面，外出打工又为当地农民脱贫致富提供了相对便捷的途径。当学龄儿童（主要是初中生）轻松、便捷加入农民工行列成为可能时，学龄儿童便顺利地成为家庭重要现实劳动力。于是，出现了工厂和学校争夺"工人"和"学生"的现实矛盾。

由于民族地区普遍保留着浓厚的婚嫁传统习俗，又加之各种攀比现象的盛行，一般农户娶一个儿媳妇少则需要花掉 4 万~5 万元，多则 10 万~20 万元。外出打工虽然收入相对乐观，一般一年可以收入 2 万~3 万元，甚至更多，但与全国平均水平相比，当地农民的经济收入仍处于较低水平。2012 年黎平县全县全年农民人均纯收入 4484 元，同期全国全年农村居民人均纯收入则为 6977 元，高于黎平县 2493 元，这一差值约为当地农民全年人均纯收入的 56%。落后的生产力导致的经济水平相对落后，使脱贫致富与接受免费教育在当地出现了矛盾。对于许多农户和学生而言，一面是打工成为脱贫致富的迫切需要且可及的捷径，另一面是学业不良、升学无望的挫败遭遇，以及"学而优则贫"的误导。对那些升学无望的学生而言，他们既感受不到学习的乐趣，又看不到学校传授知识的用处。无论是在家种地还是外出打工，在学校所学的知识对他们没有什么实际的用处，特别是为考试、升学而设计的物理、化学、英语、历史等科目，对他们今后的生活而言是一种"过剩"的、"多余"的、"高深"的知识。那些升学无望的学生认为，与其受苦受累的劳而无获，不如尽早逃离学校外出打工。面对"多余"、"过剩"的学校知识，对绝大多数学生而言，外出打工无疑是更"明智"的选择。

由于学生升学、就学的积极性不高，辍学生劝返复学工作成为民族地区学校的一项特殊性常规工作。调研的民族地区某镇中学，自 2012 年的 7 月到 2013 年 10 月，先后组织 9 次入村劝返工作，具体情况如下（表 3-7）。

表 3-7　ZX 中学 2012—2013 年度下乡劝返统计表[①]

序号	时间	形式	参加教师及人数	劝返内容	劝返学生人数/人次
1	2012 年 7 月 18 日	集体	全体教师（37 人次）	新生招生宣传及劝返	168
2	2012 年 11 月 28 日	集体	部分教师（13 人次）	流失学生劝返	58
3	2013 年 1 月 23 日	集体	部分教师（19 人次）	下乡劝返、张贴宣传标语	0
4	2013 年 2 月 1 日	集体	镇包村干部、学校行政人员、本地教师（40 人次）	发放敦促复学命令书	99
5	2013 年 2 月 28 日	集体	全体教师（33 人次）	开学初劝返、了解学生未到校报名情况	96
6	2013 年 3 月 1 日至2013 年 3 月 20 日	个人	部分教师（25 人次）	劝返、家访	28
7	2013 年 3 月 2 日至2013 年 4 月 10 日	个人	部分教师（11 人次）	劝返、家访	10
8	2013 年 4 月 13 日至2013 年 4 月 14 日	集体	全体教职工（34 人次）	劝返、家访	95
9	2013 年 10 月 9 日	集体	部分教师（26 人次）	劝返	45
合计			238 人次		599

据该校副校长介绍，学校开展此类劝返工作是没有专项资金的，只能从其他教育经费中挤出少量资金，用于补贴教师们下乡的交通、餐饮等基本费用。一般是根据下村路程的远近，给参加劝返的教师每次补助 20～30 元。学校教师都是利用周末、假期等休息时间，无偿地下乡劝返。所以当地教师都非常辛苦，无法把全部精

---

① 整理自：肇兴中学办公室提供的内部资料。

力用在教学工作中，学生基础本来就差，这样的教育质量可想而知。

值得欣慰的是，许多民族地区小学阶段的"控辍保学"已基本解决。这一转变主要有以下几个原因：①从家长的教育观念来说，父母的亲身经历使他们认识到，无论是外出打工还是在家务农，掌握起码的科学文化知识必不可少。他们认识到，不读书无异于"睁眼瞎"，"外出坐车都不会买票"，"出门打工也要识字，会讲汉话"，"在家种田打农药也要识字"，"生病住院更需要文化"。②从教育资源上来说，伴随国家对民族地区基础教育投入的不断加大，加之各项倾斜性政策的大力实施，无论是办学条件还是师资配置，都为村寨儿童完成小学阶段的学习提供了相对充分、优质的教育资源，"有学上"的问题已基本解决。③从儿童成长的家庭环境来看，普遍存在的留守儿童和空巢老人现象，使家庭和村寨不再是充满欢歌笑语的童年乐园，学校生活成为儿童逃离孤独、享有快乐童年的主要寄托。传统村寨和家庭结构的解体使其固有的功能为学校所代替，"在学校不孤单"是民族地区儿童上学的情感动因。因此，即使许多儿童成绩并不如意，厌恶学习，也愿意继续留在学校，否则他将面临可怕的孤独和思念父母的痛苦。学校被迫成为村寨儿童遗忘孤独、弥补亲情的情感家园。

但是，进入初中阶段，辍学问题凸显出来，"控辍保学"的难度越来越大。原因主要有三：①升学无望的学生更加看清了自己今后的归宿——外出打工或回家务农。既然升学无望，不如提早辍学。②随着年龄的增长，他们的独立意识和叛逆心理逐渐增强，家长和教师的劝说不再是他们留在学校的理由，他们更容易冲破家长和学校的规劝逃学、辍学。③社会各种不良风气的影响和辍学同学的"榜样示范"作用，也是他们辍学的重要原因。调研中，许多老教师都感叹"现在的学生不如以前好教，教师越来越难当了"，关键是"教师也不像以前那样在村寨受人尊敬了"，以前"学高为师，身正为范"的荣耀感逐渐淡去。

> 教师越来越没有干劲了。学生越来越不好教，家长又不重视教育。过去老百姓对教育很重视，都很尊敬教师。教师不但是学校里的老师，还是村寨里的读书人、知识分子，受到人们的尊敬。而如今，上学读书不再是令人羡慕的事情，"人民教师"这个曾经神圣的职业也在人们的眼中不断贬值。村寨里很多人对教育十分不重视，甚至对我们这些乡村教师不屑一顾。所以刚毕业的年轻教师也没有激情留下来，感觉工作没意义，生活没希望，老师的社会地位不高，收入比上不足、比下有余。许多家长把孩子送到学校，就是为了让学校帮忙"看孩子"，方便他们干活挣钱。把老师当成保姆，说老师是拿工资的，就应该24小时照顾学生。这使老师工作很辛苦，无法把全部精力用在教学上，学生基础又差，教

学成绩自然上不去。为了完成"普九"任务，很多学生都是被强制拉进学校的，什么也不会，什么也不学，升学完全没有希望，平时根本就不听课，考试得个位数，甚至交白卷。面对这些学生，老师们真的不知如何是好。

调查所到村寨，为脱贫致富，几乎所有的年轻人都远离家乡，加入农民工的行列，空巢老人、留守儿童、萧条的村落是民族村寨共同的遭遇。传统的生活方式已不复存在，乡村形成了一个以儿童和老人为主体的留守群体。每年临近春节，年轻的农民工陆续返回村寨，他们衣着讲究，穿着打扮时髦。打工回来的这些年轻人，有的留着稀奇古怪的发型，有的穿着打了补丁的潮流服装，有的甚至走路的姿势也同之前不一样了。经历多年的城市打工生活，村寨对他们日益陌生，真正进入城市、过城里人的生活对他们又遥不可及。他们生活在城市的底层，身份却还在乡村。无论是学校里苦读的优等生，还是因学业失败被迫外出的新代农民工，逃离村寨、进入城市是他们共同的心愿。乡村的未来离不开年轻一代，年轻人的逃离造成乡村社会的"空心化"，乡村的发展背后隐藏着深层的危机。这种心理或许源于人的本能需要，笔者在调研的归途中也曾有这样的人生感悟。

或许源于异客他乡孤独感的本能反应，但对现代都市生活的眷恋，或许才是内心最深处的声音。这使我想到，当我们面对民族地区的教育等问题时，又将以何种立场处理传统与现代、继承与发展的关系？继而，谁有资格成为民族成员幸福生活应有样式的裁定者、设计者？书斋里的知识分子、专家学者，又能为他们做些什么？我想这是我们处理一切民族教育问题必须回答的首要问题，这也是知识分子的使命与担当。人类面临的一切问题，归根结底都是价值的问题，追求幸福美好的生活是每个民族、每个个体的天赋权利。民族文化的传承与保护是民族教育的特殊矛盾，价值则是构成文化之基础的统合因素，也可以说是社会或文化的"无形的骨骼"。[①]因此，从事有关文化的研究，归根结底，也就是揭示担负着这种文化的人们的价值企盼与诉求。教育一旦脱离其所属的社会主体的根基，"学校也就成了教育的孤岛"，就会让人感到陌生与冰冷。不考虑上述问题，一切有关民族地区义务教育质量问题的探讨，只能是故弄玄虚。[②]

---

① 筑波大学教育学研究会. 现代教育学基础. 钟启泉译. 上海：上海教育出版社，1986：91.

② 整理自：2013 年 10 月 25 日调研札记。

"教育动机和就业问题决定着学生的流进和输出,制约着他们的成败,因而也就控制着人们进入或离开教育领域。"①调研中,笔者亲眼看见了当地百姓生活的窘迫和村落衰败的景象,它有时超出你我的想象。置身于那种情景,你自然也就感受到教育对他们是多么陌生,也就可以理解他们逃离学校外出去打工的理由,民族群众缘何指责教育无用。

四、乡村"流民群体"的社会隐忧

教育必须关照受教育者两方面的需要,生存和自我实现的需要。教育还必须从两个现实条件出发:①教育发展的社会条件;②教育发展的人性基础。无视这两方面的限制,或者说是极限,任何关于教育的讨论都是站不住脚的。

民族成员脱贫致富的现实需要,迫使年轻父母抛家舍业、远走他乡,使得民族地区的义务教育质量问题更为突出。据《2014 年黎平县留守少年儿童登记表》,当地城格小学全校 170 名学生中,双亲外出打工的有 101 人,占学生总数的 59%以上。另据同乡纪堂小学林校长介绍,该校基本上都是留守儿童,只有极个别家长把孩子带到外地上学。据他们最近一次统计,学校留守儿童比例为 74.5%。留守儿童问题对当地教育质量的影响是多方面的。调查中,无论是普通教师,还是学校领导及地方官员,一致认为留守儿童问题是当地义务教育质量低下的主要原因。

留守儿童问题对当地教育发展的不良影响是系统而全面的,具体表现在以下方面:①受民族语言文化、撤点并校、空巢老人等现实问题的影响,学生学业基础、学习习惯普遍较差。②升留级制度的取消导致缺乏必要的考评奖惩和监督督促机制,许多学生在升入高一年级或高一级学校时很难跟上正常的教学进度,增加了厌学、逃学、辍学的可能性。③身边有同学、父母打工赚钱相对容易,难免又给那些升学无望的学生树立了榜样,激起了他们对都市打工生活的憧憬。面对学校枯燥无望的学业和充满魅力、诱惑的"山外世界"和"都市生活",许多学生最终选择逃离学校,加入打工者的行列。"学业无望"与"外界诱惑"是许多民族地区学生共同的遭遇,也是义务教育阶段厌学、辍学、失学问题突出的深层原因,制约着民族地区义务教育质量的提升。

教育问题从来不单单是教育问题。各种形式的辍学、失学学生多系留守儿童,由于缺乏必要的家庭教育,他们很容易受到各种社会不良风气的影响,成为游荡

---

① 联合国教科文组织,国际教育发展委员会. 学会生存——教育世界的今天和明天. 华东师范大学比较教育研究所译. 北京:教育科学出版社,2008:10.

于村寨和乡镇"流民群体"的主要来源。这些辍学、失学儿童往往沉溺于网吧、歌厅、电玩室等娱乐场所，甚至与一些社会不良青年结伴，做出各种违法、犯罪行为。留守儿童因家庭亲情和教育缺失，学校又疏于对他们的特殊关注，受社会不良风气的影响，他们往往逃学、厌学，羡慕那些整日游手好闲又有钱花的"流氓""混混"群体，甚至以此作为自己的人生目标。混迹于学校和乡村的"学生混混"群体，容易引发诸多社会问题，成为重要的社会不稳定因素。民族村寨大量年轻父母为了生计外出打工，他们的子女却面临沦为社会"流民"的危险，这是残酷和不公平的。"目前乡村'家庭'这个社会底层的生活单元和生命栖息地几近'功能丧失'，面临的问题之严重似乎积重难返，它预示着农民家庭的特别困境。"①逃离学校和游走在学校内外的辍学、失学少年，成为民族地区社会不稳定因素的隐患，这一问题与义务教育质量具有内在关联，应为教育理论与实践关注的紧迫问题。调研中，当地教师大都认为现在的学生不但不好教，而且不好管。以前的学生虽然也有学习成绩不好的，但都很好教。以前的学生比较喜爱运动，喜欢到操场上打篮球、踢足球，现在的学生越来越不喜欢运动了，网吧、KTV、烧烤店、酒吧，倒成了他们旷课、逃课的好去处。义务教育的普及性不应仅仅要求适龄儿童"人人要读书"，而且还要"人人读好书"；"上好学"不仅学业成绩要达标，更要培养儿童良好的行为规范和道德品性。然而，民族村寨普遍存在的以留守儿童为主体的"流民群体"表明，基础教育的"双向目标"很不理想。留守儿童既不是教师眼中的"好学生"，又不是寨子里老人眼中的"好孩子"，而是教师眼中的"差生"，老人眼中的"坏孩子"。无论在传统文化中，还是现代教育中，他们均被视为"叛逆的一代"。

社会控制理论（social control theory）的主要代表人物、美国著名犯罪社会学家 Travis Hirschi 的研究表明，缺乏学习能力的学生和学习成绩差的学生更可能实施犯罪。"缺乏学习能力"和"学习成绩差"并不是青少年天生的问题，多数与学校对其态度有关，让学生感到"不喜欢学校"或"不依恋学校"是其容易犯罪的根本原因。甚至可以说，青少年犯罪是为了发泄由不愉快的学习经历导致的沮丧心态的一种手段。特拉维斯·赫希（Travis Hirschi）在总结青少年犯罪和学校的关系上指出，"缺乏学习能力→学习成绩差→不喜欢学校→进行青少年犯罪"是青少年走向犯罪的规律性模式。②一些农村留守儿童家庭管教较少，学业成绩普遍较差，由此造成学校对他们多是批评、责备，甚至是放任不管，从而使留守儿童感到学业无望、读书无用，继而引发厌学、逃学、辍学等问题，致使部分留

① 沙莲香. 中国民族性（三）：民族性三十年变迁. 北京：中国人民大学出版社，2012：53.
② 特拉维斯·赫希. 少年犯罪原因探讨. 吴宗宪译. 北京：中国国际广播出版社，1997：7.

守儿童脱离学校的管束，与社会闲散人员混在一起。这些留守儿童常去网吧或与社会"流民群体"为伍，以此寻求刺激、消磨时光。在学校，留守儿童多被视为"双差生"，他们受共同的厌学心理影响，容易结成各种团伙，经常三五成群地辍学、逃课、出入电影院、录像室、网吧，容易受社会不良风气影响，甚至被卷入打架斗殴、盗窃抢劫等。研究表明，青少年学生犯罪中在犯罪前有逃学旷课现象的占到 86.7%，夜不归宿的占到 81.2%，打架斗殴的占到 79.8%；有 37.2% 的留守儿童犯罪前长期与祖父母、亲戚、他人生活在一起，监护人职责很难到位。[①]由于留守儿童年龄较小，对于犯罪的严重后果并没有深刻的认识，他们被免予刑事处罚，更容易使他们对犯罪行为不以为意。他们过早接触社会，受到很多社会不良风气影响，重返社会很容易再误入歧途，成为破坏社会稳定的潜在因素。

民族地区的留守儿童问题与义务教育质量问题和农村问题互为表里、相互叠加，使得教育问题的解决更为棘手。好的教育是相对的，好的教育也是理想的教育。教育是工具，是每一个人追求美好生活的工具。所谓理想的教育，无非就是引导、帮助个体在现有的条件下过一种更加美好的、想要的生活。当然，任何个体、受教育者都是一定社会的人，一个人要想真正享有所追求的美好生活，必须以接受其所处的文化环境的限制。说得通俗点，就是每个人的幸福都应以不损害他人的幸福和追求为前提，要实现个人与他人、与社会共同追求美好生活的总体目标。

五、学校教育介入与传统文化的消解

民族地区的义务教育质量问题，不应游移于教会学生逃离或扎根乡土的二元范式，民族成员的民生改善更不应缩略为"经济富足""盖房修路"等物质指标。民族教育问题的特殊性，决定了民族地区义务教育质量提升问题的特殊性。现代学校教育强势介入与民族传统文化的日渐消解，值得我们反思义务教育质量优化的文化使命。

（一）民族文化"双重边缘化"的尴尬

民族成员是民生改善的主体，无论是有关民族传统文化传承的认知、态度、技能，还是对现代科学、技术的掌握运用，根本上都取决于文化主体综合素质的提升，教育在其中发挥着不可替代的作用。民族地区独特的天地系统和人文景观要求教育发展不应照搬东部地区或非民族地区的教育发展模式，文化关照是民族

---

① 石艳芳. 青少年犯罪何以频发：我国青少年犯罪原因新探. 青少年犯罪问题，2014，（1）：41-46.

地区教育改革与发展的基本原则。对民族地区而言，学校教育质量"外向型""精英主义"的价值确立与制度设计，导致民族成员处于"双重边缘化"的尴尬境地。

1）民族传统文化、地域文化的消解与传承危机是民族地区共同面临的"生存危机""发展危机"，作为"想象的共同体"和生活方式的"民族符号"日渐退隐、淡去。置身现代化的进程中，外部市场和异质文化的介入，使民族传统文化日益被遮蔽、被稀释，越来越被扣上愚昧、落后、贫穷的帽子，成为被排挤、被歧视的边缘文化。

2）伴随现代化在民族地区的强势介入，传统文化要素（民族语言、文化心理、社会习俗等）的弱势地位日渐被强化，本土知识成为集体性疏远和集体性遗忘的对象。对广大民族地区而言，主流文化（即广义的"现代化"）作为一种强势文化与少数民族及地区的传统文化的内容、类型存有不和谐乃至冲突，现代文化因素在没有经过与少数民族传统文化充分调适的基础上便强行移入，导致民族成员既不能很好地融入主流文化，又与本土文化日渐疏远、陌生，成为游移于传统与现代、村落与城市的文化游民。

3）现代学校教育的粗放介入与传统村落文化的式微加速了民族成员"双重边缘化"的生存境遇，乡土成为他们极力逃脱的对象，城市又是遥不可及的他乡，表现为教育繁荣背后的文化危机和精神危机。以前，我们常说"礼失求诸野"。如今，民族村落作为传统文化最后的避难所也日益暴露在现代化的大潮中。结果，"越是传统，越是贫穷""越是原始，也越是落后"成为不断被强化的文化观念和生活习惯。在这一过程中，城市取向、精英取向、汉语言取向的学校教育，有意无意成为加速民族成员边缘化处境的"无形之手"。

民生关涉生活的方方面面，以及民族传统文化的保护与赓续，无疑是其重要内容。在民族地区，学校教育作为城市取向、精英取向的嵌入文化，有意无意成了村落文化、民族文化式微的幕后黑手。民族文化既是民族独特性的标志，更是民族成员完满生活的精神寄托与物质载体，又是维系文化有机体的"无形骨架"。现实中，传统文化的式微不仅表现为乡村资源的外流，更重要的是以传统文化为根基的既有伦理观念、价值体系的消解。在传统观念中，乡村理应成为传统文化与价值伦理的避难所，这便是我们常说的"礼失求诸野"。然而，伴随现代化浪潮的席卷，昔日乡村的安宁恬静，如今也难逃消费文化的冲击。正如沈从文先生在《〈长河〉题记》所感慨的那样：

> 去乡已十八年，一入辰河流域，什么都不同了。表面上看来，事事物物自然都有了极大的进步，试针细注意注意，便见出在变化中的一种堕落趋势。最明显的事，即农村社会所保有那点正直朴素的人情

美，几乎快要消失无余，代替而来的却是近二十年实际社会培养成功的一种唯实唯利的庸俗人生观。敬鬼神畏天命的迷信固然已经被常识所摧毁，然而做人时的义利取舍是非辨别也随同泯没了。①

现代化虽不必然造成传统文化的消解，但市场化的无序介入更有可能让村落文化走向式微是不争的事实；专为少数升学者设计的学校教育，无疑又加剧了这一过程。费孝通先生当年关于"在新式的教育中一方面不能供给一般人民所需的文字知识，一方面却夺去了一乡的领袖人物。在这种情形下而想复兴农村是在做梦"②的警醒，对我们思考民族乡村教育问题同样具有启示意义。由于失去传统文化的庇护，村落文化中对年轻一代社会化不可替代的教育内容逐渐消逝。阿尔贝特·施韦泽（Albert Schweitzer）将其称为一种"病态的生活"。进而评说道，"由于谋生活动把越来越多的人聚集在一起，迫使他们离开生养的土地、世代的住宅和自然本身，正在形成中的不自由就更为加剧了。由此产生了严重的心理伤害"③。"文化边缘人"的出现是传统文化失调的外显，缘于异质文化不能关照原有文化模式、文化结构、文化要素而引发的文化对立与冲突。

鼓楼作为侗族的标志性建筑，是侗寨传统文化的灵魂和核心要素，与侗族大歌、花桥并称为侗族文化的"三大宝"。鼓楼是侗族侗寨人们心中的"神树"，侗寨《进寨歌》里说："在我们冷剩定岑昂……有一株九抱大的水杉……是保佑寨子的神树。"④这实际上赋予侗族鼓楼文化一个神圣身份，使鼓楼和侗民族传统的宗教信仰与祖先崇拜构建起一种天然的渊源和传承关系，同时也使鼓楼成为现实生活中的神圣空间和符号表征。清代以前，"在鼓楼下开展的文化教育活动是以口头传授代替文字教学的，内容以'侗书'教学为主，兼授'咒语'、侗歌、侗戏、芦笙、舞蹈和生产知识等。有关种养、耕作、造林、伐木、围猎等整个生产过程中的经验的积累和交流，一般都在鼓楼进行；而村里的篾匠、编织匠、雕刻匠们也常把自己的产品拿到鼓楼前来制作，一边做一边听故事，也会手把手教一些求学者"⑤。鼓楼因此也被视为侗族传统文化的心脏，侗族文化也被称为鼓楼文化。鼓楼不仅是侗族传统建筑中的杰出典范，更主要的在于其还是侗族文化要素和精神命脉得以延

① 沈从文. 沈从文名作欣赏. 北京：中国和平出版社，2010：262.

② 费孝通. 江村经济. 上海：上海人民出版社，2007：238.

③ 阿尔贝特·施韦泽. 文化哲学. 陈泽环译. 上海：上海人民出版社，2008：53.

④ 杨秀绿. 侗族鼓楼美学探幽. 贵州民族研究，1989，（3）：48-57.

⑤ 刘艳艳，黄华燕. 侗族鼓楼艺术和文化功能初探——以三江独峒乡高定村鼓楼为例. 广西社会主义学院学报，2010，（4）：50-54.

续的载体。无论是历史记忆、宗教信仰、文化艺术，还是乡民规约、传统习俗、日常生活等诸多方面，都与鼓楼具有亲密的关联。如今，伴随现代化的嵌入和义务教育的全面普及，以鼓楼为代表的侗族文化、村落文化日渐走向衰微。

调查中，已经很少有人知道鼓楼楼身画图的内容及意义。鼓楼负载的教育功能也渐渐淡出侗族人民的生活，唯有老人去世还在鼓楼下举行仪式，平时鼓楼下已很少有人。近年来，伴随旅游业的发展，在商业利益的驱使下虽然鼓楼下又渐渐热闹起来，但其负载的文化使命并未随之复兴。有些村寨的鼓楼因年久失修，看上去很是败落。据当地村民反映，现在"都忙着打工赚钱，平常很少有人待在寨子里，更没有人会修"，是鼓楼破败的原因。倒是旅游业的发展，使鼓楼下又渐渐变得热闹起来。肇兴为大力发展旅游业，对寨里的仁、义、礼、智、信五个鼓楼和花桥进行了全面修复，使破旧的鼓楼焕然一新。群众还自行组织了歌唱班，晚上在鼓楼下专门给游客表演，每场收费一般 800~1000 元。鼓楼虽修葺一新，商业也刺激了民族歌舞的中兴。但是，民族传统文化、村寨文化衰微的趋势并未衰减。据调查，由于后继无人，许多侗戏、大歌等文化传承出现了"人亡歌息"的现象。侗族传统文化中的歌舞表演，是自觉自愿参加的义务性、自娱自乐的群体活动。受经济利益的影响，许多原来的艺人、歌手担心耽误生产或无法取得报酬，不再像以前那样积极热情地参与口头文化的传承。特别是青年男女，大都外出务工，有的村寨青年人外出的比例有 70%~80%，传统文化的延续出现了后继无人的尴尬境遇。因年轻男性大多外出务工，节日期间有些村寨的歌队因没有合适的男歌手参加，有时只能让妇女男扮女装参加表演，有时因实在凑不齐人而被迫不再举行。

> 随着游客的大量涌入，同时受到现代传媒和经济利益的驱使及外出务工的影响，外来文化（主要是汉文化）以一种强势，对侗族文化的传统性、真实性和完整性带来不同程度的损害，这种冲击不仅在于文化本身，更严重的是使作为传统民俗文化遗产核心载体的当地人的人生观和价值观发生了深刻的变化。如今寨老的威望在下降，有钱有势的人在村民中的威望在逐步提高；出现了部分起房建屋不再是传统的"乡里互助"，而是"花钱用工"；过年不唱戏，不唱歌；一代侗歌宗师——陆大用的后代们现在大部分不愿学唱侗歌了，年轻一代学歌的少之又少，在举办特大型接待活动要从其他乡镇邀请歌唱演员；生活中，穿传统侗族服装的人越来越少……凡此种种，都对文化遗产的保护与传承带来了极为不利的影响。①

---

① 整理自：肇兴镇政府办公室提供的工作文件。

在一些偏远的民族村寨，外出打工虽然开阔了眼界、增加了收入、改善了生活，但也带来一些不良影响。伴随外部市场的介入和打工潮带来的经济利益，民族地区人民的生活水平、生活质量并未得到全面提升。收入虽是增加了，但民族群众的生活质量并未得到相应的提升。各种社会不良风气在一些村寨蔓延，村寨里的青年无业群体越来越多。原本淳朴的民族村寨，各种社会不良风气日渐蔓延，既有伦理体系面临消解。生活虽是富裕了，但人民的生活质量大打折扣，民生改善面临诸多新的困境。这种不良风气无疑会对青少年和学校学生造成不良影响，正如某镇民族中心校何姓校长所言：

> 现在的孩子越来越难教了，更难管理，家长对孩子学习并不重视。现在学生与社会的接触越来越多，电视、手机、网络，都会对学生造成不良影响，他们更容易受各种社会不良风气的影响。学生学习的积极性、自觉性变差了，学校的生源情况也不比以前。以前，学生都是通过考试、升级上来的，也是家长"掏学费"自愿送孩子来读书的。这样他们对孩子的教育很重视，也很配合学校的工作。现在上学不要钱了，还包吃住，又取消了升留级制度，所有孩子不论成绩好坏，即使考零分，也一样升级。否则我们完不成"普九"任务。许多学生是被"强迫"来的，他们根本就不愿意待在学校。让他们来上学，就像是让他们"坐牢"。现在的家长很溺爱孩子，要是学校老师批评他们的孩子，他们甚至来学校找老师的麻烦。不像以前，学生在学校被老师批评了，他们回家是不敢说的，要是说了，还要挨父母的揍，指责学生不听老师的话，有时还要专门带"土特产"来给老师赔礼道歉。现在许多家长把孩子送到学校，就是想让学校帮忙"看孩子"，他们好去打工或做生意"找钱"。有的家长给我们老师说，你们老师是拿国家工资的，就要24小时负责照顾他们的孩子。教师职业成了"高危职业"，教师群体成了"弱势群体"。

（二）民族群众的文化自卑与文化放弃

文化差异性、多元性的本质，乃是文化主体生活方式、方法的多样性、差异性。在每一种文化中，价值观念及其行为选择都有诸种形式或内容的差异，它迫使生活于其间的人以一种被限定的方式去感受、思考、行动，并以此追求着不同形式的价值和幸福。文化虽源于人类生物需要的满足，却也深深地改变了人类的生物特征，并最终使人类社会与动物世界区别开来。文化在满足人的需要的过程中，也创造了新的需要和新的文化，改造了人类的生存环境和人自身。特别是以文化知识形态存在的"客观知识的世界"，积淀为波普尔所区分的与"物理的世界"和"精神的世界"并存的"概念的世界",或称为"逻辑的世界"。这也正是人类社会的文化或文明的伟大之处、高明之处。然而,文化又是稀松平常和司空见惯的,与人们的日常生活如影随形,是人们理性或非理性选择、沿袭的人伦日用或生活方式。它包括一套工具及一套风俗——人体的或心灵的习惯,这些都直接或间接地满足人类的需要。

如果说,学校教育以其强大的主流文化强制挤兑了民族文化的生存空间,剥夺了民族学生承袭本土文化的权利与机会,是一种被动的文化侵占;那么,少数民族学生因对民族文化的自卑而自觉放弃、逃离传统文化,则是一种主动的文化放弃。文化被动侵占与主动放弃,是民族成员"文化边缘人"身份形成的双向机制。处于文化边缘的民族学生,遭遇学业失败具有普遍性,甚至养成各种不良习惯,乃至误入犯罪歧途。对那些"幸运儿"而言,虽借助教育成功跨入主流社会,却也日渐疏远其生身的本土文化,成为乡土社会"熟悉的陌生人"。忽视民族文化的传承与保护,学校教育的"胜利"非但没有让民族成员体会到知识改变命运的教育有用性,反倒成为其逃离、厌弃本土文化的教唆者,少数民族成员的文化自卑与文化逃离的现实处境,使他们陷入贫困文化的怪圈。

以多元文化理论为方法论工具和价值论预设,"构建民族传统文化与现代教育的共生机制"(即"文化共生"理念),是既有研究"医治"民族地区教育"病症"的典型"处方"。但是,当"文化共生"理念被举为民族教育理论与实践的常识或公理时,民族地区教育发展中的诸多现实问题并未得到有效解决。相应的举措往往是治标不治本,甚或事与愿违,其原因有三:①对民族教育特殊性的理解存有误区,集中表现为"文化相对主义";②对教育(特别是制度化教育)的社会制约性认识不足,表现为不同程度的"教育万能论";③混淆了以"民族文化传承与保护"为目的的"教育行为"和以"知识传授"为目的的"学校教育"的本质区别,表现为对学校教育特殊性的认识不足。

文化并非孤立独存的实体,无法也不能脱离文化主体的现实生活独立存在,它总是特定群体价值适应或选择的结果。对文化的正确认识应求诸一代代人文化产生的过程和文化对新生代生活的实际影响,因为"一切文化要素一定都是在活动着,发生作用,而且是有效的"[①]。时过境迁,当前的民族村寨,既不同于鲁迅笔下颓废黯淡的"故乡",又有别于沈从文缅怀的带有乌托邦意味的纯美"边城"。"乡村文明"建设不应视为与"城市文明"相对峙的非此即彼,人民生活福祉的增进是其共同价值诉求。民族地区义务教育质量的提升,不应仅仅把视野局限在学校系统内部,更要放眼于学校教育赖以存在的整个社会文化系统及时代

---

① 马凌诺斯基. 文化论. 费孝通译. 北京: 华夏出版社, 2001: 15, 99.

变迁的场域中。学校教育不过是特定文化主体价值或意义确立、认同、传承的特殊过程，尊重人的社会存在和人在实践中的主体性和文化规约性，以此作为理解"教育价值"和"教育质量"的客观依据，是民族地区义务教育质量提升应遵循的基本原则。

第三节　民族地区义务教育质量提升面临的主要矛盾

进入 21 世纪，我国跨入义务教育发展的"后普九"时代，已全面实现"基本普及九年义务教育和基本扫除青少年文盲"的教育改革"双基"目标，义务教育工作的中心开始从保障数量达标转向注重教育质量和教育公平的内涵式发展目标迈进。与之同时，"后普九"时代，也是我国经济、社会、教育的快速发展与转型期；城乡二元社会结构和社会贫富差距的现状[①]，也为我国义务教育的内涵式发展提出了新的挑战。当前，民族地区人民的生活有了质的改善，吃饱穿暖虽不成问题，但手头缺钱花，人民群众渴望摆脱贫困、致富奔小康的民生诉求日益强烈。教育发展与民生改善的共赢，是民族地区教育发展的时代任务，吃饱、穿暖、有钱花，则是农民生活改善和农村经济繁荣的具体内容[②]，也是普通民众的生活逻辑和教育诉求。同样，教育质量的优劣、高低，不应简约为入学率、升学率、辍学率等数字指标、政绩标准，其本质在于教育应为人民群众的"完美生活做准备"，亦即满足人民群众从"有学上"到"上好学"的时代诉求，也是人民群众

---

① 我国城乡居民收入差距大的特点有四：①城乡居民收入差距大；②地区之间收入差距大；③行业之间收入差距大；④各个社会阶层之间收入差距大。2012 年 9 月 14 日，北京国际城市发展研究院联合中国社会科学文献出版社发布了首部社会管理蓝皮书《中国社会管理创新报告——社会改革与城市创新》，蓝皮书援引的调查数据显示：20 世纪 80 年代初，我国基尼系数为 0.275，2010 年已达到 0.438；当前我国城乡居民收入比达到3.3，而国际上最高值仅为 2 左右。2011 年，中国城镇居民人均可支配收入最高的上海达到 36 230 元，最低的甘肃只有 14 989 元，两者之比为 2.4：1，即由 1978 年的 1.6：1 扩大到目前的 2.4：1。2011 年，中国农村居民家庭人均纯收入最高的上海达到 16 054 元，而甘肃则只有 3909 元，东西部农村居民人均纯收入之比由 1978年的 2.1：1 扩大到 2010 年的 4.1：1。另据北京师范大学收入分配与贫困研究中心的研究，中国收入最高的10%群体和收入最低的 10%群体的收入差距已经从 1998 年的 7.3 倍上升到 2012 年的 23 倍；据联合国 2011 年人类发展报告，这一比例在美国是 15.9 倍，俄罗斯是 12.7 倍，印度是 8.6 倍，韩国是 7.8 倍，最低的日本则是 4.5 倍。参见：连玉明. 中国社会管理创新报告——社会改革与城市创新. 北京：社会科学文献出版社，2013；中华人民共和国国家统计局. 中国统计年鉴（2012）. 北京：中国统计出版社，2013.

② 费孝通. 小城镇四记. 北京：新华出版社，1985：20.

对优质教育的合理诉求。

一、从"有学上"到"上好学"的民生诉求

调查发现，"升学无望、就业无门、致富无术"是"后普九"时代民族地区、农村地区义务教育质量困境的经典概括，也是中国基础教育改革纵深发展的短板。对那些升学无望的学生而言，学校教育所传授的用于考试的知识，对他们的就业（务农或打工）帮助并不大，既不能解决当地农业生产和管理的现代化问题，又不能为他们进城务工提供必要的技能培训。免费教育供给与人们对美好生活的现实追求之间出现了脱节。免费学校教育的获取不但耽误他们从事各种生产劳动、积累财富，而且各种必要的教育投入也加重了家庭经济负担，这也是"后普九"时代新"读书无用论"的症结。就此而论，义务教育普及这一"试图改善人类状况的项目"无疑是失败的，这一巨大的国家投入也是一种"教育浪费"，其成为一种"过度教育"或"相对过剩"的教育。

教育经济学家亨瑞·莱文（Henry Levin）分析了"过度教育"的负面效应，在他看来，"过度教育"的含义是指：①受教育者的经济地位下降；②受教育者未能实现其对事业成就之期望；③雇员拥有比其工作要求高的知识、技能和能力，从而英雄无用武之地。[①]"教育浪费"与"过度教育"背景下的教育问题，不同于既往"教育贫困"导致的"无学上"，而是在办学条件、教育机会等"教育经济"相对富足的情况下的"上好学"的问题。因此，从这个意义上说，这种"相对过剩"的教育，仍然是教育不足的表现，其实质是教育投入水平的增加与预期教育质量提升的不同步、不平衡导致的教育投入回报低效、无效乃至负效。

学校办学条件的优劣，并非影响少数民族地区学生学业成绩的唯一因素；家庭经济贫困也并非民族地区家庭教育放弃的决定性因素。我们在经济条件相对富裕的云南西双版纳傣族自治州的田野考察表明了这一情况。当地自然条件优越、物产丰富，特别是橡胶价格的成倍上涨和民族旅游业的开发，一般傣族农村家庭年均收入在 4 万～5 万元，已到达小康水平。但是，学校教育的发展并不理想，傣族学生辍学、间歇辍学、失学现象相当严重，学生学业成绩依旧堪忧。当地教育发展质量不高的原因并不是经济贫困，而是因为家长和学生均认为上学读书没什么用处，并不能带来经济条件、生活质量的实际改善。家长送子女读书的积极性不高，学生也不愿去学校读书。[②]因此，单从家庭经济状况和学校办学条件的

---

① 转引自：许庆豫. 西方学者论教育对经济发展的双重效应. 教育研究，2000，（5）：69-73.

② 陈荟. 西双版纳寺庙教育与学校教育共生研究. 西南大学博士学位论文，2009.

好坏出发，并不能全面揭示民族地区教育质量困境的症结。民族传统文化及文化观念，无疑是不容忽视的重要原因。

民族地区义务教育发展中的质量困境既是"全面提高教育质量""办人民满意的教育"的教育改革不容回避的现实问题，又是一个相对特殊的研究领域。论及民族地区的义务教育质量问题，既有研究多遵循政治教育学、经济教育学、文化教育学的惯例范式和价值立场，或将民族地区的学校教育视为"村落中的'国家'"，把民族地区义务教育的普及视为以国家权力扩张和延伸为手段的国家构建过程；或将民族地区的教育问题视为一般意义上贫困地区的教育问题，把民族地区义务教育经费投入不足视为诸多现实问题的根源；或将民族地区的教育问题概化为"文化差异""文化中断""文化冲突"等多元文化教育问题，把少数民族学生的传统文化对学校教育文化的不适应视为民族地区学生学业失败、逃学、辍学等现实困境的症结。以上判断要么倡导一种"道德乌托邦"的"真空教育"和"知识即美德"的"贵族式教育"；要么主张加大投入力度，保障教育均衡、优先发展；要么主张传承、保存少数民族传统文化，倡导学校教育与少数民族文化的"共生理念"。不可否认，上述研究范式从不同学科立场、研究视角揭示了现代学校教育介入民族地区过程中凸显的现实问题，相关对策性建议也是当前民族教育改革和发展不容回避的事实。但是，就民族地区义务教育发展的现状而言，教育计划的制订者多把力量主要集中于教育活动的数量方面，集中于克服障碍和纠正不平衡状态。但是我们正在觉察到，"根本的问题——实质的问题——乃是涉及教育与社会之间、教育与学校之间、教育与知识之间的关系；涉及公开宣布的目标和实际达到的目标之间的关系"①。对民族学生及家庭而言，"包括教育的品质、类型和形式及教育的投入成本与所接受教育有关的职业未来前景等等，都成为他们在考虑能否获得预期回报时不可忽视的因素"②。概言之，免费供给的义务教育还不完全适应国家经济社会发展和人民群众接受良好教育的要求，实乃问题的症结所在。

民族地区的教育问题，并非简单的投入与管理问题，也非民族主义者所夸大的"文化差异"问题，问题的关键首先在于教育的价值定位及实现方式，亦即教育的供给与需要问题；其次才是"如何教"的"教育过程最优化"的方法与技术层面问题，即教育的目的和方法两方面的问题。如果说充裕的教育投入是办好教育的物质前提，对民族文化差异关注不足则是方式、方法的偏误。目前，民族地

---

① 联合国教科文组织，国际教育发展委员会. 学会生存——教育世界的今天和明天，华东师范大学比较教育研究所译. 北京：教育科学出版社，2008：83.

② 阎光才. 教育的功能、功用到功效——20 世纪西方公共教育政策价值取向的演进逻辑. 比较教育研究，2002，（3）：7-12.

区义务教育阶段"有学上"的问题已基本解决，"上好学"则成为当地群众最迫切的教育诉求；教育发展的数量、规模问题已基本解决，但以质量提升为主要内容的"办人民满意的教育"则成为当地教育改革发展的主要矛盾，也是当前民族群众民生改善的核心诉求之一。当我们一再强调加大教育投入、科学管理、文化差异等"客位立场"的同时，更要换个角度思考问题，从民族成员民生改善诉求的"主位立场"思考上学读书对民族地区、偏远山区群众来说到底意味着什么？正如费孝通提出的问题："按理说，一个地区经济水平是与文化程度成正比的，实际上现在反过来了。其中的规律性值得研究。可我想提一个倒过来的问题：为什么要识字？不识字又怎样？如果不识字照样生活，收入还比识字的高，那就发生了为什么要识字的问题了。"[1]在世界范围内，UNESCO 等一直十分强调关注那些处境不利群体的特殊教育需要。扩大教育手段，实现教育多样化，特别是设计新的教学模式，切合被服务群体的特殊教育需要，将是基础教育真正实现普及的必由之路。[2]现代学校教育作为一种通过外推式介入的异质文化，要被底层社会、弱势群体所认同、接纳，必须寻得其与本土文化融合的"嫁接点"。仅靠国家法令、政府干预强制推行，终不能使其在村落社会扎根，因为它不是本土文化自然而然的产物。

二、办学条件提升与教育质量滑坡的难题

进入 21 世纪，国家不断加大对以义务教育为主要对象的基础教育发展的投入，先后采取了一系列重大举措以加快义务教育整体发展水平和教育均衡发展水平。这类措施主要包括调整和完善农村义务教育管理体制，全面实行义务教育"在国务院领导下，由地方政府负责，分级管理，以县为主"的教育经费保障新机制；加大政府财政对义务教育经费的支付力度，落实税费改革中保证农村义务教育经费投入的有关政策。特别是对贫困地区、民族地区教育发展倾斜、扶持政策的大力有效实施，使得贫困地区、民族地区义务教育阶段的办学条件得到很大改善，基本摆脱了"贫困教育"对民族地区教育发展的历史性制约，使教育优先发展成为民族地区经济社会发展的战略选择得以落实，为当地教育发展质量的全面提升提供了可能性。

单就教育内部发展来看，教育经费短缺一直是制约民族地区教育发展质量提升的瓶颈，"教育贫困"成为"贫困教育"的最直接原因。然后，伴随近年来国家和各级政府及国内外慈善组织的大力扶持，单就民族地区教育经费的绝对投入量和比较值来看，经济困难在很大程度上已不再是民族地区教育发展的"拦路虎"。

---

① 费孝通. 小城镇四记. 北京：新华出版社，1985：46.

② 吴松，熊思远. WTO 与中国基础教育发展. 北京：北京理工大学出版社，2003：53.

充裕的资金保障是各项社会事业发展的物质基础,民族地区教育发展质量的提升也必然以经济投入的增加为前提。教育整体投入力度的加大和各项倾斜政策的大力实施,极大改善了民族地区的办学条件,切实减轻了家庭教育负担。可以说,民族地区的义务教育发展无论是在教育经费投入、办学条件、办学规模、办学数量方面,还是在师资队伍建设和民族语言文字教材的开发等方面都取得了巨大成就。

从全国范围来看,"中部塌陷"在某种程度上成为当前我国基础教育发展的客观现实。传统意义上,西部地区、民族地区是我国教育发展的薄弱环节,农村教育又是其薄弱中的薄弱。伴随国家和各级政府各项补偿性教育倾斜政策的大力实施,我国教育资源配置中的非均衡现象得到很大改善,这以西部地区、民族地区教育经费投入力度的不断加大为集中表现。就西部地区教育经费的实际使用情况来看,早在2011年小学生均公用经费基准已达到500元、初中已达到700元,并对不足100人的农村小学教学点按100人核拨公用经费;同时,对家庭经济困难寄宿生的"一补"生均标准为每年小学1000元、初中1250元,较好地解决了西部地区农村义务教育的各项需求,切实减轻了人民群众的教育负担,民族地区"教育贫困"和"因贫辍学"的历史困境已基本解决。

教育投入的增加、办学条件的改善,并不必然带来教育质量的提升。伴随民族地区教育投入力度的不断增长和各项软硬件办学条件的大幅改善,相应的教育质量依旧堪忧,甚至出现教育质量下滑的反常现象。教育投入的不断增加与教育质量相对低下的现状,依旧是当前广大民族地区义务教育发展中的突出矛盾,表现为"后普九"时代民族地区教育优先发展进程中的教育质量困境。

民族地区的调查发现,以"控辍保学""三级联动"等为代表的民族地区义务教育质量保障机制的实践执行,存在只重数量、忽视质量的盲目、虚假达标等问题,义务教育普及成效不容乐观。教育资源有效配置关系到人民群众的切身利益,其本身就是民生工程的重要组成部分。在民族地区"撤点并校"的推进中,存在不征求群众意见和建议、不考虑群众实际需求盲目撤并的现象。据调研的某苗族村寨村主任介绍,在饮水、用电、住房、医疗等民生问题得到很大改善的同时,上学问题成为他们当前"最不满意的事情",出现了"上学难"的新问题。据介绍,2007年村完全小学撤并后,学生要走3千米山路到合并后的中心校上学。天气好时尚且要走1个多小时山路,赶上雨雪、冰雹等恶劣天气,孩子们的上学路就更艰难了。因此,逢上雨雪、冰雹等恶劣天气,学生被迫旷课相当普遍。也有家长出于对孩子人身安全的考虑,有时不得不推迟子女入学年龄,甚至被迫让子女放弃接受义务教育的权利,导致某些地区失学、弃学等问题的发生。村干部和其他村民虽也多次到镇、县教育主管部门反映，希望能在村寨保留一个教学点，但得到的都是"这也是国家的规定""条件不具备""像你们这样的村寨很多，撤并后再重建很困难"之类的答复。该村主任说，他们最担心这里会出现"第三代文盲"。父母外出打工，作为隔代监护人的爷爷奶奶既不能辅导孩子学习，逢上雨雪等恶劣天气又不能送孩子上学，致使一些大龄儿童不能按时入学，或因天气等经常旷课；同时，因缺乏必要的早期家庭教育环境①，留守儿童很容易养成各种不良行为习惯，为今后包括辍学在内的诸多社会问题埋下了隐患。调研中，许多老教师抱怨教育质量日渐滑坡，甚至怀有今不如昔的惋惜和无奈。面对众多"双差生"（基础差，习惯差），许多教师感到不知所措，他们既不想放弃每一个学生，又不知从何做起。出于各种原因，有的学校被迫把学生分成"尖子班"和"普通班"，并利用寒暑假给学生集中补课，但总体成效并不理想。

民族地区的义务教育发展应摆脱锦上添花的"过度投入"和盲目达标导致的"教育浪费"，使其真正成为雪中送炭的社会福祉，为民族群众摆脱贫困、追求有品位的生活提供基础保障。就民族地区的民生改善和义务教育发展的依存关系而言，人民对优质教育的诉求越来越高、越来越强烈，已不满足于历史上"有学上"的教育机会诉求，对"上好学"的优质教育结果的需要更加强烈。为受教育者今后升学和就业打基础的义务教育质量提升，无疑成为"后普九"时代广大民族地区、农村地区义务教育发展中的新问题、新矛盾、新任务。然而，从全国中考和高考的升学情况来看，少数民族地区学生被淘汰的比例远远高于汉族学生；既有研究和我们的田野工作也均表明：大多数少数民族学生在义务教育阶段面临课业学习困难、学业水平低下、难以跟上学习进度，导致辍学率、失学率居高不下，许多老教师甚至抱怨今不如昔的质量滑坡和各种失学、辍学问题的反弹。

三、学校教育普及与民生改善之间的冲突

民生改善取向的义务教育质量问题，不单是一个以入学机会公平为主要内容的"有学上"的问题，更是一个以满足人民提升生活质量、追求有品位生活的价值诉求，满足人民群众"上好学"的需要。当前，"人民群众对子女接受良好教育的需求与优质教育资源相对不足的矛盾"，是我国教育领域的主要矛盾。

---

① 对民族地区的广大村寨而言，由于语言、文化、观念等方面的制约，对作为留守儿童直接抚养者的爷爷奶奶而言，学校知识对他们而言是绝对的陌生，他们既无力监督、辅导学生的功课，又缺乏对孙辈进行必要约束的意识与能力，多数留守儿童实际生活在家庭教育的真空中。

这一矛盾的解决过程，就是改善教育民生的过程，也是提高人民对教育满意度的过程。[①]优质的义务教育发展，不仅要满足人民群众"有学上"的机会诉求，更要满足人民群众"上好学"的结果需要；不仅要关注教育的"投入指标"，更要关注教育的"产能指标"。这一矛盾的解决过程是改善教育民生的过程，也是提高人民群众教育满意度的过程；是教育从"国计"到"民生"的转变、从"外延发展"到"内涵发展"的转变；是教育质量观从"工具论"到"民生论"的转变、从"客位立场"到"主位立场"的转变。

谈及民族地区普遍存在的"读书无用论"，当我们把原因归于"家长观念落后"的同时，却很少从民族成员的教育需要及民生的现实境遇思考问题。衡量教育价值的唯一标准应是它对人的全部生活之意义。"一种不关注人的全部生活的学校教育，也就忽视了教育的最终目的，因而不能保证其给予人的是对人的生活有积极意义和正向价值的教育。"[②]民族成员对"免费教育"的主动或被迫放弃，同样表现为"学校繁荣"与"教育衰败"的双重困境。一方面，现代学校教育在民族地区获得巨大的成功；另一方面，相伴而生的村落文化的衰败，又显露出民族村寨未来命运的隐忧。历史经验告诉我们，"一旦学校'忘记了'它的对象，它的对象也就'忘记了'学校，从而出现'学校繁荣、教育衰败'的现象，'无目的的升学者'和'非本意就学者'增加。学校是繁荣了，但是教育的前途未卜，多数人感到茫然"[③]。民族教育理论与实践存在一种先入为主的观念误区，认为民族地区的教育问题皆为民族文化问题，离开特色鲜明的少数民族文化，所谓的民族教育研究就没有价值、没有特殊性。这其实是一种片面乃至错误的观念。民族地区的教育问题，既有民族文化特性，又具有非民族地区的共性。对民族地区而言，教育发展与民生改善的关系问题，不仅要为民族成员提供现代化的教育资源，更要考虑学校教育在民族文化传承与保护中的职责，避免民族成员双重边缘化的尴尬处境。

美国斯坦福大学 Scott Rozelle 教授是一名长期研究中国教育问题的国际专家，其负责的农村教育行动计划（Rural Education Action Plan，REAP）项目计划在我国甘肃农村地区的调研指出，中国西部贫困地区将近30%的初中辍学率，意味着大量劳动者没能掌握起码的文字、数学和计算机等现代化生产方式所要求的必需技能。随着中国产业转型和转移对劳动力素质的要求不断提升，低素质劳动

---

① 朱国仁. 从国计到民生：关于我国教育民生的思考. 清华大学教育研究, 2013, （4）: 35-39.

② 项贤明. 论生活教育与学校教育的逻辑关系. 教育研究, 2013, （8）: 4-9.

③ 筑波大学教育学研究会. 现代教育学基础. 钟启泉译. 上海: 上海教育出版社, 1986: 230.

力群体的扩大将成为中国社会经济发展的巨大隐患。①随着中国产业转型和转移对劳动力素质的要求不断提升，低素质劳动力群体的扩大将成为中国社会经济发展的巨大隐患。Scott Rozelle 将当前中国农村的教育问题同 20 世纪墨西哥的情况进行对比指出，尽管墨西哥在 20 世纪末一度凭劳动密集型加工业创造了经济起飞的奇迹，但当地只有 40%农村人口受过高中教育，大量劳动者在初中阶段辍学。当墨西哥的"现代工厂"向中国转移后，等待这些低素质的劳动者的是居高不下的失业率。对于这些低素质的失业者，除了非法移民到美国，加入黑帮也成为主流选择。最后，他指出："现在开始解决问题还来得及，否则恐怕墨西哥的今天就是中国的明天。"面对教育监督、教育治理，有些学校弄虚作假，所谓的"普及成果"有时流于表面、应付了事。

教育问题从来不单单是学校的问题，更不单单是"钱"的问题。义务教育在民族地区的大力推行，若缺乏对当地社会文化及其变迁的应有关照和有力支持，各种扶持性、倾斜性政策、资金扶持的实际效能无疑会削弱，并造成教育资源利用的低效、闲置乃至浪费。加大民族地区的教育投入虽毋庸置疑，但如何"把钱使在刀刃上"是关键。通过教育资源的优化配置，全面提升教育质量，让民族群众真正享有教育发展的成果，应是"后普九"时代民族教育改革和发展的出发点和归宿。事实上，我们对诸多民族教育问题的认识较能达成共识，对其成因和解决策略的分析也较为一致，但是，如何及能否有效把对策付诸实践则是另一回事。客观的逻辑是，只有明确什么是好的教育，才能真正把教育办好；只有厘清什么是人民满意的教育，人民对教育才会真正满意；有关教育质量提升的策略方能有的放矢。教育实践需要教育理论的指引，理论陌生于实践也是需要警惕的。

---

① 蓝方. 西部贫困学生辍学潮. 西部时报，2012-07-03（03）.

第四章

民族地区义务教育质量优化面临问题的

原因解析

> 我们最后终会认清，对于教育之理解，乃是对于文化及其目的之理解的一个函数。当然，文化的目的是包含着文化所宣称的部分，也包含未加宣称的部分在内。[①]
>
> ——杰罗姆·布鲁纳

作为一个"后发型"多民族一体的发展中国家，从"乡土中国"到"城市中国"，是中国乡土社会、民族村落正在经历的社会变迁与历史阵痛。传统的中国农村是乡土性的，是被"捆绑在土地上的中国"，伴随现代化在广大农村地区、民族地区的纵深介入，我国的乡土社会在这一过程中也发生着相应的变化与转型。伴随这种变化而来的不单是"知识转型与教育改革"[②]，更本质的是"文化转型与教育改革"。社会文化是群体共享的生活方式的总和，宗教信仰、语言文字、生计方式、传统习俗、文化心理等，无疑都会对学校教育的普及产生各种或消极或积极的影响。谈及民族地区的义务教育问题，论者多从经费投入、师资保障、传统文化等方面罗列原因；较少从民族教育问题的特殊性与普遍性、教育法规的制定与执行、教育发展与民生改善依存关系的认识与实践执行误区分析问题成因。本章在综合考虑以上因素的基础上，剖析民族地区义务教育质量提升的社会文化制约性。

[①] 杰罗姆·布鲁南. 布鲁纳教育文化观. 宋文里，黄小鹏译. 北京：首都师范大学出版社，2011：90.

[②] 石中英. 知识转型与教育改革. 北京：教育科学出版社，2001.

第一节 民族传统文化因素对民族地区
义务教育质量的制约

任何社会文化系统都可分为若干方面，我们称之为文化要素。一个文化系统所包含的文化要素中，有些是不能脱离原系统而存在的，有些则可以经过改造、变迁容纳到别的文化系统。"在空间上并存的不同文化系统包含一些共同的文化要素，也各自包含一些不同的文化要素。前者表现了文化的普遍性，后者表现了文化的特殊性。"①社会文化要素是指特定社会文化结构的构成要素，具体包括绝大多数社会成员共享的价值观念、风俗习惯、生活方式、宗教信仰、语言文字、社会心理等，并积淀、构型为一定社会、族群特定的生活方式和行为惯习。社会文化与社会政治、社会经济彼此具有密切的联系，既相对独立，又相互制衡。社会文化既是社会政治、经济的集中反映，亦对其产生或大或小、或积极或消极的反作用，是推动社会政治、经济发展的隐性动力，制约着文化主体的价值观念及行为选择。教育作为一项社会活动，兼具政治、经济和文化的属性，同样遵循上述制约关系。

一、信仰文化与学校教育的冲突

自古以来，宗教信仰一向是最丰富、最坚实的价值观源泉。在马克斯·韦伯那里，新教伦理被视为资本主义的根源。对信教主体而言，宗教信仰既是民族、族群意识形态的最集中体现，又是支配群体、个体行为的最强大动力；主体的所思所想、所作所为，反过来又受宗教信仰引导、支配。具体到教育与宗教信仰的关系，无论是内在的宗教观念，还是外显的宗教活动，都对现代学校教育在民族地区的发展造成诸多积极或消极的影响，并表现为民族地区学校教育与宗教活动彼此或和谐，或冲突的现实境遇。一方面，宗教信仰由人类社会的物质生活条件和生活资料的生产方式所决定；另一方面，宗教信仰也是对人类物质生活条件和物质生产方式的适应。宗教信仰和其他社会文化现象一样，都是人类为适应特定历史阶段的各种生存生活需要而努力协调人与自然、社会关系的产物，其存在都（曾）必然具有一定的合理性和必要性。

民族地区教育均衡发展的有效推进，既要重视以民族宗教信仰为核心的民族传统文化的传承与保护，又要兼顾由此引发的教育发展中的各种附带性问题。尽

---

① 张岱年，程宜山. 中国文化争论. 北京：中国人民大学出版社，2006：4-5.

管同属全民信教民族，藏族学生与傣族学生的基础都相对较差，但在日常的学习生活中有着不同的特点。一般而言，傣族学生相对开朗活泼，藏族学生则相对内敛；傣族学生相对散漫，藏族学生相对勤勉；傣族学生相对灵活，藏族学生相对保守。甘孜藏区的调研中，当地教师介绍到藏族学生（特别是来自牧区的学生）虽然一般基础较差，但他们都比较勤奋、刻苦，也听教师的话。下面是在康定某民族中学调研时当地教师的访谈纪要。

这边藏族学生去寺庙当和尚的一般在 10～12 岁,大部分都是在小学阶段或小学毕业后就去寺庙当和尚了（图 4-1）。去寺庙当和尚主要有以下原因：家里通过给孩子算命，认为孩子读书没什么前途，更适合去当和尚；还有就是藏族群众认为入寺当和尚要比上学荣耀得多、有意义得多。藏族学生学习很刻苦，也听老师的话，但基础普遍太差，学习成绩很不理想。有些学生即便是把课文全背下了，也理解不了其中的意思。如果让他读课文，他会用手指着课本，一个字一个字地念，但不知道什么意思。如果你让他把课文抄 5 遍，他也会抄得非常认真，连一个标点符号也不会落下。但你要是问他课文讲了什么，每个句子讲了什么意思，他就完全不晓得了。牧区过来的学生知识基础更差，他们学习起来非常吃力。记得我教初一"普通班"[①]时，需要登记学生学籍信息，就有藏族学生问我"老师，我是藏族的，藏族的藏字咋个写呀"。这可都是初一的学生了，你说这么差的基础，咋个能教好？藏区娃娃是很勤奋，就是基础太差。或许是学习方法不当，也可能是文化差异导致的理解上有问

[①] 所谓"普通班"是相对"重点班""尖子班"而言的，这些班里的学生一般基础差、成绩差、行为差，俗称"后进生"。虽然各级教育主管部门明令禁止义务教育阶段举办任何形式的"重点班"和"普通班"，但调研发现，民族地区义务教育阶段的"分班"现象普遍存在。甚至某些地区在小学阶段便开始分班。被编入"重点"班的学生，为了能顺利通过"小升初"，到小学五六年级便开始利用假期和晚自习时间"加班""补课"。我们在四川和贵州两省民族地区的调研发现，诸如此类的"重点班"名称有"网课班""实验班""尖子班""火箭班""课改班""特长班""快班""星火班"等。调研的四川某民族中学共分为三种班："网课班"（该班 80%～90%的学生考入外地有名的普通高中）、"重点班"（主要考本县普通高中）、"普通班"（主要上"9+3"职业学校）。学校教师介绍，"学校也认识到这种分班方式存在问题，有违国家法规，但也是没办法而为之。上面有时也是睁只眼，闭只眼。民族地区教育发展差异很大，许多从下面村寨、教学点上来的学生基础很差，毕业考试成绩只有个位数。如果不分班，这部分基础很差的学生根本无法跟上正常的教学进度。此外，有些学生不但不爱学习，而且养成了各种不良习惯，上课不但不听课，还扰乱其他想学习学生的学习，课堂教学秩序很难维持，教师根本无法集中精力讲课。学校为了自己的声誉和应对各种形式的考核评比，只能把基础较好的学生单编班，重点培养。这样有些学生才有希望考入高中，也是对这些学生负责。这也是没办法的办法"。

题吧，总体上说学习效果不理想。虽然很努力，能吃苦，可就是学不会，不出成绩。虽然这些学生成绩不好，但他们一般不会捣乱，很少有打架、吸烟、外出上网等恶习。我想这可能是受藏族佛教文化的影响，与他们的宗教信仰和成长环境应该有关系吧。

图 4-1　佛寺里当和尚的学龄儿童

在调研的凉山彝区，毕摩文化在其传统中发挥着重要的教育功能，是一种仪式中的教育。毕摩教是在彝族奴隶社会中产生的一种宗教体系，是由彝族前阶级社会的原始宗教发展而来的文明社会的神学宗教。[①]但在今天，毕摩文化对学校教育的普及和质量的提升亦有诸多消极影响。历史上，毕摩是彝族社会的"传道、授业、解惑"者，在彝族传统文化中居于"师"和"巫"的位置，对彝族传统文化的继承与发展起到了极为重要的作用。毕摩作为彝族人的祭司，不但为族人主持祭祀，编造典籍，医治疾病，还担任黑彝奴隶主的家庭教师（1956年民主改革前），是彝族奴隶社会中最受尊重的人。毕摩文化重视教育与生产劳动的关系，倡导教学做合一、边讲边练；讲求学以致用、边做边学。现代学校教育出现以后，毕摩文化对学校教育的消极影响同样不容忽视。

"毕摩"为彝语音译，是彝族社会中的宗教祭司，产生于原始社会的母系时期。"毕"是"念""诵"的意思，"摩"是"师""大"的意思，"毕摩"翻译成汉语即"念诵经文的长者"，也是彝人心目中有知识的教师。[②]毕摩是彝族传统社会中主持葬礼、祭祀、占卜等的神职人员，一般不脱离生产劳动。今天，"越来越多的彝族宗教人员不再沉寂在偏远的乡村，等待别人的约请，而是主

---

① 彝族民间信仰与仪式是构成宗教文化的主体。较之佛教、道教、基督教等宗教形式而言，彝族毕摩文化并非严格意义上的宗教，而是彝族传统社会中用以调整人与自然、人与社会关系的民间宗教。彝族宗教文化的核心是万物有灵和祖先崇拜。本着"问题决定方法"的原则，本书把彝族毕摩文化和侗族萨岁文化归入民间宗教的范畴，以此分析宗教信仰对民族地区义务教育发展质量的影响。

② 张泽洪. 中国西南彝族宗教的毕摩与苏尼. 宗教学研究，2012，（4）：223-231.

动从高山来到城镇，在街道上'摆摊设点'，满足城里或城郊的彝族人的宗教需求"[①]（图4-2）。据当地人介绍，这种情形是改革开放十多年之后才出现的。按照传统观念，毕摩的经书是神圣之物，平时要用多层白布包好，精心保管，时时祭祀。如需使用经书时，要给经书倒上酒"请"出来，现如今却可以摆放在光天化日之下，并成为挣钱谋生的手段。显然，如今的毕摩文化受经济观念和价值观念的影响已经有所改变，增添了诸多更加世俗的元素。在彝族传统社会中，人们认为人的生老病死都是由鬼神主宰支配的，因此，人一遇病痛灾祸就不惜花大量钱财请"毕摩"祭神送鬼、消灾免难，这无疑加重了原本就十分贫困的农家经济负担。与之形成鲜明对比的是，彝族家庭送子女读书的积极性却不高。背负沉重的生活负担，本不富裕、贫困的家庭，不愿意也无力再为子女的教育花费最起码的费用。

图4-2　彝区县城摆摊的毕摩

　　调研的美姑县是凉山彝区毕摩最多、最集中的地方区，也是毕摩文化保存最完好、最传统的地方，是有名的"毕摩之乡"。毕摩这一古老文化能在美姑被较好地保存与地理环境有很大关系。美姑地处大凉山腹心，境内山高谷深，天然屏障隔绝了外界，阻断了交流，这些使美姑成为一个文化孤岛。据统计，这里有7个毕摩派别，200余种宗教仪式，有近8000名毕摩活跃在这里。美姑县村村有毕摩，每户彝族家庭每年至少要举行3次中小型作毕仪式，一年四季，法铃声和诵经声不断，该县每年花在毕摩活动中的钱甚至高于全县的财政收入。[②]频繁的作毕仪式是彝族人民生活中不可或缺的一部分。在这些毕摩活动盛行的地区，人们热衷于毕摩活动，学校教育的入学率、巩固率受到严重影响：①在毕摩活动盛行的

① 曲比阿果. 当代凉山城镇彝族毕摩、苏尼现状调查——以美姑、喜德县城为例. 宗教学研究，2015，（2）：179-184.

② 易莉. 毕摩文化对凉山彝族地区社会基础的影响. 中华文化论坛，2012，（5）：90-93.

彝族村寨，很多家庭都热衷于毕摩活动，他们宁愿将大量的钱财用于毕摩仪式，也不愿为子女花费为数不多的教育费用。②受传统毕摩文化的消极影响，许多家长认为子女参与毕摩活动比接受义务教育更有意义。在某些村寨，有些男孩没有接受义务教育或中途辍学就成了毕摩学徒。③对于信奉毕摩的家庭，家长重男轻女的思想根深蒂固。他们将有限的经济收入几乎都投到儿子身上，在儿子的教育投入满足后才会考虑女儿的教育问题，女孩的失学、辍学现象更加严重。彝族毕摩世代家传，传男不传女，如果断代，罪过不亚于汉族的"不孝有三，无后为大"。在美姑县，曾发生过一个典型案例。

> 毕摩底惹达铁先后娶过4个老婆。第一个老婆是解放前的娃娃亲，花30锭银子娶来的，在他31岁时去世了，留下两个女儿；此后两个老婆因没有生儿子，都以离婚告终；现在第4个老婆今年37岁，先生了个女儿，在他64岁那年生下儿子。他说："没有儿子急得要命，如果还不生儿子，我只好再娶。"小儿子现在虽然才4岁，他已开始教他背诵毕摩经书。"我已经把全部知识传授给徒弟，如果我不在了，将来可以让徒弟再传给我儿子。"传承毕摩是他常常挂在口头和心头的大事。①

今天，毕摩在不同彝族村寨中的功能也在发生着不同的变化。一般说来，在离县城近一些的村寨，受周边汉文化影响，村里没有毕摩，要做仪式要到其他村寨去请毕摩。在这些村寨，村民生病时首先想到的是去县城医院，医院没办法时才请毕摩念经驱鬼治病。在一些离县城较远的彝族聚居村寨，多有几个毕摩，村民生病后首先是请毕摩念经治病，毕摩不灵时再去医院。凉山彝区毕摩文化的消极影响反映到教育上，一方面挤占了原本拮据的可能用于子女读书的经济基础，使本已清贫的家庭无力再为子女的教育支付哪怕起码的费用。另一方面，毕摩教宣扬天命，崇祀鬼神，使一些彝族群众缺乏送子女读书的观念和需要。《云南志略》记载，彝族"祭祀时亲戚必至，宰杀牛羊动以千数，少者不下百数"。今天，毕摩活动在某些彝族地区依旧相当盛行，一些生活本不富裕甚至相当贫困的家庭把大量钱财花在毕摩活动上，甚至让学龄儿童辍学去做毕摩学徒或小毕摩。14岁的布列是美姑县的一个小毕摩，当毕摩对布列来说是一出生就注定的事情。由于需要跟随爷爷和爸爸外出作摩，这和上学也就有了冲突，所以他从来没有上过学。因此，在一些地方，有时教师翻山越岭到彝族家庭动员其子女入学，却遭遇放狗咬的尴尬。如此这般，许多彝族家庭无心也无力供应子女读书。

人们对教育认识及行为选择具有内在的一致性、通约性，表现为人们对有意

---

① 邓平模. 大凉山的毕摩故事. 中国国家地理，2007，（8）：132-144.

义、美好生活的追求。调研的黎平侗乡虽也有以"萨岁"为核心的民族传统宗教，但其对学校的消极影响较之彝区十分有限，有时更多的则是积极的促进作用。与彝族宗教信仰文化相比，侗族文化信仰中具有浓厚的传统汉文化色彩。受这一信仰文化的影响，侗族群众较之彝族群众更加重视子女的教育。

调研的侗乡，无论是民间信仰、祭拜仪式，还是各种丧葬挽联（图 4-3）、鼓楼和花桥上的图文，都体现着明显的汉文化，以"祭萨"为代表的祖先崇拜和尊师重教的耕读观念是其具体表现。侗族传统文化中大量的汉文化要素，与侗族地区很早就被纳入汉族管辖的地区有关。特别是"改土归流"，清除了关卡障碍，汉族人民不断迁入并带来了先进的生产工具和技术。这就进一步加强了汉族与贵州各民族人民之间的联系。侗乡延续至今已有 400 多年历史"抬官人"（图 4-4）的民俗[①]，便是这一影响的体现。到了清朝及民国时期，侗族地区便出现了一批既会唱侗族大歌又会写汉字的侗族中的文化人，逐渐开启了"汉字记侗音"的历史，进一步加速了侗族文化与汉文化的融合。直到今天，侗族民族依旧保持着以"汉字记侗音"的方式记录、传承侗族大歌。同样，侗乡的风雨桥和鼓楼上的剧情画，也大都取材于汉文化中的经典故事，如《三国演义》《水浒传》《西游记》《八仙过海》等（图 4-5）。正是侗文化与汉文化的这一渊源，使侗族传统文化中具有浓厚的汉文化要素。受此影响，侗族传统文化有着与汉文化相近的尊师重教传统。较之彝族群众，侗族群众更加重视子女的教育，其送子女读书的积极性也较高。

（a）　　　　　　　　　　　　（b）

图 4-3　语出《诗经》和《孟子》的侗乡挽联

---

① "抬官人"是侗族特有的民俗风情，起源于明朝万历年间，是当时侗族百姓用来检验郡、县下乡官员能否"体察"民情、为民办事的方式。

图 4-4 侗乡"抬官人"的民俗

图 4-5 侗族花桥上以《水浒传》《三国演义》为题材的绘画

侗族的鼓楼具有丰富的符号象征及文化物语。侗族鼓楼的四根主柱,既代表着一年中的春、夏、秋、冬四季,也代表着东、南、西、北四个方位;十二根边柱则代表着十二地支和一年中的十二个月份；八面倒水屋面则象征着八卦中乾（天）、坤（地）、震（长男）、坎（中男）、艮（少男）、巽（长女）、离（中女）、兑（少女）的基本卦象，还是侗族人对天地时空、四时节气等的生活认识和符号抽象。黔东南苗族侗族自治州肇兴侗寨五大房族及鼓楼的名称，同样具有浓厚的汉文化色彩。肇兴侗寨村民全为陆姓村民，他们分居五个自然片区，当地称之为"团"，每个团都建有自己的鼓楼和花桥。这五个团的名称分别为仁团、义团、礼团、智团、信团，各团的鼓楼也以团名命名。同样，鼓楼和风雨桥（图4-6）上的楹联也具有浓厚的汉文化元素。例如，肇兴信团鼓楼上有这样一副楹联"鼓乐声声京城震动雄证当今盛世，楼阁巍巍侗寨欢呼讴歌天下太平"。明清时期，官学在黔东南侗乡的介入与发展，更为汉文化在侗族地区的传播、渗透提供了有力保障。

（a）　　　　　　　　　　　（b）

图4-6　侗族村寨的鼓楼和风雨桥

据史料，旧址位于今黎平县城关小学的黎平府学始建于明永乐十一年（1413年），其课程有礼、乐、射、御、书、数等6科。明清两个朝代，黎平府学、书院共考取进士30人（其中文科进士22人）、举人236名（其中文科举人184人）。[①]自明清时期，私塾便在侗族村寨大量出现，清代及民国时期，私塾遍及

---

① 贵州省黎平县地方志编纂委员会. 黎平县志. 贵阳：贵州人民出版社，2009：776-786.

城乡。清道光年间到清朝末年，政府创办的官学一度在肇兴侗寨繁荣发展，并有一批精通汉文化的侗家子弟通过科举成为清朝的官员。侗族人龙起雷（1560—1630），系黎平建府以来开科第一个进士，于万历十六年（1588年）中举人、万历十七年（1589年）考取进士，出任江西清江知县、燕京（今北京）苑平知县，升任南京大理寺评事、少卿，官四品。①这些考取功名的侗族子弟，被调往京城及其他地方为官，这也为加强肇兴侗寨与全国各地的交流和汉文化的传播提供了更加广阔的天地，也进一步强化了侗族人"学而优则仕"的儒家传统文化观念。只不过那时有机会进入学校读书的人很少，且多是官家子弟或富裕人家的孩子。

宗教与民族作为一种文化现象，同属于历史的范畴，其在一定的社会历史条件下产生，也会伴随社会历史的变迁而变化。宗教信仰作为文化与社会的适应过程，不可避免地出现与其他社会生活的不和谐乃至冲突，继而给社会发展和人民生活带来或积极或消极的影响。概言之，民族宗教与文化信仰与义务教育普及的冲突主要体现为以下方面：①观念的冲突，即信教民族因笃信教义对现代学校教育的价值及有用性持有怀疑或否定的观念，表现为其对免费义务教育的放弃或逃离。②人的冲突（包括时间的冲突），即信教群众学龄儿童同时也是宗教活动的必要参与者，导致学龄儿童因参与宗教活动而放弃、中断学业或间歇性辍学。③内容的冲突，即宗教活动主要涉及"有神论"的内容，这与学校教育传授的科学文化知识存有冲突，两套符号系统的对立容易引发学生在认知、观念、行为等方面的混乱。上述冲突的交互影响，是义务教育在信教民族地区普及中面临的特殊矛盾，成为制约民族地区义务教育质量提升的社会文化因素之一。

二、民族语言文字导致的教育障碍

语言文字作为一种社会存在，同时也是一种文化现象，是特定文化主体世代沿袭下来的具有稳定性的符号体系。民族语言文字作为文化大系统的一个核心要素，必然负载着本民族的某些文化特征，其本身也是民族文化传承的根基和纽带。语言文字的创生与发展烙有深深的民族文化印迹，记录着民族生活的点点滴滴，成为民族延续的血脉。民族语言文字不仅是民族成员的重要交际工具，还是民族文化的重要载体；不仅是维系民族情感、增强民族认同的纽带，也是中华民族多元一体化格局中的文化瑰宝。此外，语言文字作为民族文化传承的重要载体，是保持和传承民族文化、传统科技的重要手段和工具。传承民族语言文字，不仅是

---

① 龙迅. 历史上的黎平府学、书院、科考. http://blog.sina.com.cn/s/blog_5e96090f0100rcqo.html[2011-05-05].

民族成员的基本权利，也是民族文化传承的重要使命。

我国是一个多民族聚居的国家，民族形成的过程中必然产生多民族语言文字共存的现象。中华人民共和国成立前，我国已使用文字的民族有 21 个，文字有 24 种。中华人民共和国成立后，又有壮族、布依族、苗族、侗族、哈尼族、傈僳族、佤族、黎族、纳西族、白族、土族、瑶族等 12 个民族和景颇族中说载瓦语的人使用新创制的以拉丁字母为基础的拼音文字。由于苗族方言差别大，国家还分别给黔东、湘西和川黔滇 3 个方言和滇东北次方言创制了文字或文字方案。至此，我国各民族现行的文字共有 40 种之多。丰富多彩的民族语言文字，在为民族教育的发展提供大量宝贵教育财富的同时，也为民族地区教育的发展提出了特殊要求。一方面，有效处理语言障碍引发的各种教育问题，是民族地区教育发展中面临的最现实问题；另一方面，语言文字作为民族传统文化的瑰宝，传承与保护民族语言文字乃是民族教育发展中的时代使命与历史责任。

由于各民族间语言文字的差别较大，以汉语言文字为载体的现代学校教育在民族地区的推进过程中，不可避免地会出现因语言障碍而引发的各种现实问题。在我国 55 个少数民族中，一个民族说一种语言的比较多，有的民族说两种或两种以上的语言。除回族、满族已转用汉语外，其他 53 个少数民族都有自己的语言；此外，由于我国有些少数民族不只使用一种语言，在我国实际使用的少数民族语言并非 53 种，而是 80 多种。就我国西南民族地区而言，云南、贵州、四川都是多民族、多语种、多文字少数民族聚居的省份。在少数民族聚居区，民族学生进入学校之前大都完全生活在以民族语言或地方民族方言为母语的环境中，其母语语言系统已基本成型，而汉语水平几乎为零。以民族语言为母语的少数民族学生，在接受现代学校教育的过程中，不可避免地会遇到各种语言障碍。同时，现代教育在民族地区的推进，加速了民族语言的衰微，带来民族成员的母语危机，这对少数民族传统文化传承与保护的消极影响无疑是根本性、全方面的。如何处理现代教育与民族语言文字之间的关系，是民族地区教育均衡发展中的又一特殊矛盾。在我们调查的彝区和侗乡，语言障碍是当地义务教育阶段学校教育教学工作中面临的共同难题。

在侗语中，量词可单独修饰名词，也可受数词、形容词、代词、动词、词组的修饰；可以在句子里作主语或宾语，如"这个红的好"翻译为侗语就是"个红这好"。名词的修饰语除数量词组在前外，一般在后。数量词组中数词在量词前。如果名词有几个修饰语，则指示代词在最后，人称代词在形容词后，如"我们的那两座高房子"，翻译成侗语就是"两座房子高我们那"。此外，侗语与汉语在语序上也存有差别，侗语的主语在谓语前，宾语和补语在谓语动词后，补语在宾格后的情况比较常见。如"他把屋子打扫干净了"，译作侗语便是"他扫屋子净"，

"你们伸出手来"译为"你们伸手出来"。同时，处所宾语在两个补语之间，如"他弟弟掉下河去"，用侗语说便是"弟他掉下河去"。侗语的形容词谓语后可带名词补语，有的可再被副词修饰，如"天亮了"就是"亮天了"，"脸红得很"就是"真红脸"。在侗语中"是"或"有"有时可以不用，所以表示范围或否定的副词也就直接出现在名词、代词前。此外，在不同的方言区，有时也存在一定的语法差异，最明显的就是"南侗"和"北侗"之间的方言差异。一方面，语言障碍是民族学生学习中面临的普遍困难。民族聚居区的儿童上学之前完全生活在相对封闭的母语环境中，这个阶段也是个体语言习得的关键期。与其他使用汉语的儿童相比，他们的汉语水平几乎是空白的。他们进入学校，给"教"与"学"都带来极大的困难。在缺乏充足优秀"双语型"教师的情况下，民族学生学习以汉语言文字为载体编写的课程知识时，"听不懂、学不会"是他们面临的共同困难，使得少数民族学生的学习任务更加繁重，而且打击了民族儿童学习的积极性和自信心，既影响了教育质量的提升，又不利于民族儿童的身心健康发展，更谈不上多元民族文化的和谐共生。

彝族拥有悠久的历史，在本民族的发展历史中形成了自己独特的语言文化，与汉语有很大的差异。凉山彝族称彝文为 muosu-bburma，读为"诺苏（彝族）补玛（文字）"，"补玛"有文字之义，还有图案、图像之义，说明彝文起源于象形符号，在初创阶段是象形表意文字。彝文在解放前的凉山彝族社会里一直得到经常的使用，主要表现在：①彝文书写的历史文化和文学作品一直在民间广为流传；②彝文宗教祭祀经典一直在祭司毕摩中间世代传授；③民间书信等一直使用彝文；④地方政府向彝族群众发布的布告、土司衙门的公文等一直使用彝文。

彝文一字多有几个音节，重音大都在最后一个音节，文法倒装，宾语在前，动词在后，动词置名词之后。解放前，"吃饭"称为"饭吃"，"针一根给我"等在凉山彝区常可听到①，皆与藏文及日本文相似，而殊于汉文。图 4-7 的双语宣传标语，彝文的直译是："书读好命运就改善，知识学好未来就幸福"。彝族语较之汉语的语法结构主要有如下特点：①基本词序为"主语—宾语—谓语"。例如，汉语说"我写字"，彝语作"我字写"；汉语说"妈妈叫你"，彝语作"妈妈你叫"；汉语说"我喝酒"，彝语作"我酒喝"。②动宾倒装。例如，汉语说"走路"，彝语作"路走"；汉语说"吃饭"，彝语作"饭吃"；汉语说"读书"，彝语作"书读"。③修饰的动词或形容词置于被修饰的名词后面。例如，汉语说"红艳艳的太阳"，彝语作"太阳红艳艳"；汉语说"蓝蓝的天空"，彝语作"天空蓝蓝的"。④形容词、动词、助词重叠表示疑问。例如，汉语说"好"，彝语

---

① 曾昭抡. 大凉山夷区考察记. 北京：中国青年出版社，2012：148.

图 4-7　彝区随处可见的双语宣传标语

作"挖"，重叠说出"挖挖"，就成了"好不好"的疑问用语；但两词重叠说出时，在音频上有差别，前者音轻，后者音重。如说"挖挖"时，须说作"挖娃"；又如汉语的"来"，彝语说"拉"，如问"来不来"就不能说成"拉拉"，而必须说成"拿拉"。[①]按词的使用范围，彝语词汇可分为方言词和全民词（同源词），两者比较，同源词约占所比较的 2800 多个词的 40%～60%。此外，各彝族地区所使用的同源词，代表的意思也存在着差异。按词的结构方式划分彝语词汇，有单纯词、复生词和派生词三类。从构词角度看，双音复合词在现代彝语词汇中占首要位置，代表彝语词汇发展的趋势。就语法而言，彝语与汉语在语法上有较大的区别。彝语与汉语的语法结构不同，特别是动宾式的合成词与汉语完全相反。如"吃饭"的彝语是"饭吃"。因为彝语语法同汉语语法相反，所以在字词造句或写作文时，往往会因为学生的彝汉直译而闹出了不少笑话。正如昭觉县工农兵小学一位教务主任介绍的：

　　在彝族地区进行汉语教学，会面临许许多多的困难，如语言障碍、办学条件、家长观念等，而且这些困难并不是在短时间内就能解决。汉语对大多数彝族学生们来说相当于一门"外语"，学生们觉得汉语艰涩难懂也是自然的事。尤其是低年级的学生，汉语的学习对他们而言更是难上加难。对刚入学的彝族学生而言，用汉语教学根本就行不通，老师在上面讲，下面学生根本就听不懂，坐在下面要么没有反应，要么忙自己的。所以，老师只能先用彝语翻译一遍，如果不行有时还要用手比画或

---

① 易谋远. 彝族史要. 北京：社会科学文献出版社，2000：22.

者画图。因此，这样的教学效果自然很差，这也是我们民族地区教学质量差，教学成绩上不去的主要原因。相对而言，彝族孩子的数学成绩一般都优于语文成绩，因为数学对汉语的依赖较弱，而且彝族小孩的抽象思维相对要。我现在所教班级，刚接手的时候，全班语文成绩很差，多数学生只考 20～30 分，其中有一个女孩子只考了 3 分。现在她有时能考 50 分，虽然仍然很差，但是这对于我来说已经很满足了。在汉语教学中，由于彝语语法同汉语语法相反，所以在字词造句或写作文时，往往会因为学生的彝汉直译，而闹出了不少笑话。记得一次，我班上两个学生因玩闹而发生了小摩擦，在我问其原因的时候，其中一名学生则直接告诉我"他玩我"，其实他想表达的是"他和我玩"。所以，彝语和汉语语法的相反也加大了教学的难度。在彝族地区，特别是低年级的教师，都要会讲彝语，最好还要了解有关彝族的一些基本传统文化，否则很难和学生交往，上课也就更困难了。如果一开始就用汉语讲课，他们根本就听不懂。

由于彝、汉两种语言存在着很大的差异，彝族学生在汉语学习中经常不可避免地受到彝语的影响，其汉语学习的效率和质量大打折扣。其结果便是，"教师指手画脚，学生如哑人看戏，效益无限低落"[1]。语言和意识一样，只是由于和他人交往的需要才产生。受家庭和周围环境的影响，彝语是彝族学生的母语，是他们的第一语言，除学校课堂外几乎都用彝语交流。我们在彝区的调研发现，即使在美姑县、昭觉县的县城，当地人交流也大都使用彝语。学校里学生、教师在课下大多数时间交流也都用彝语交流，汉话有时只是作为教学语言在课堂上使用。对广大农村地区的彝族学生而言，在进入学校之前几乎没有接触过汉语，彝语是他们日常思维和经验的载体和工具，这对学习以汉语言为载体的学科知识的干扰是不可避免的，而且这一语言"负迁移"的影响是全面而持久的，和汉族学生学习英语会受到汉语干扰的道理是一样的。据当地教师介绍，许多小学低年级的学生，在听写汉字词的时候，往往会把"吃"写成"乞口"；甚至到了四五年级，也依然有些彝族同学把一些字反着写。因为在书写规则上，彝语写法和汉语写法顺序恰恰是相反的。如彝族年的彝语为"枯史"[2]，"枯"即为"年"，义为转、回、回转、回归、循环，"史"即为"新"，连起来意思就是"新年"，直译

---

① 梁瓯第. 川康区保僮之教育. 西南边疆，1942，（15）：16-58.

② 彝族年没有统一确定的时间，一般每年农历十月至十二月各地收完庄稼后，按一定的区域各自择吉举行。时间虽然没有统一，但过年的节日仪礼基本上是相同的。

则是"年新"，与汉语的语序相反。彝语和汉语这一语序相反的差异，是彝族学生在思维、说话和书写过程中面临的语言障碍，彝语语法一直对他们的学习产生干扰。这种干扰在短时间内想要排除是不可能的，因为它的作用是潜移默化的，正如汉族学生学习英语等其他第二语言面临的母语干扰一样。

语言与思维具有内在关联性。马克思主义认为，语言也和意识一样，只是由于需要，由于和他人交往的迫切需要才产生的。语言不仅是人类交流的工具，也是思维的工具，是人类（个体）认识与理解世界的中介。据此，民族地区义务教育阶段学生面临的语言障碍不仅表现在外显的口头语和书面语的使用过程中，而且体现在语言文字对思维的制约作用。维果茨基作为苏联杰出的心理学家和享誉世界的大学者，其创立的"文化—历史发展理论"同样关注语言符号的学习对儿童高级心理机能发生发展所具有的重要影响。该理论区分了个体心理（行为）发展所依赖"物质生产工具"和"精神生产工具"。其中，"精神生产工具"也就是心理工具，指人类社会特有的语言和符号，它使人的心理机能发生质的变化，这一高级心理机能也是人与动物的本质差异。由于语言符号是人类社会文化历史发展的产物，其必然受到社会文化历史发展规律的制约。因此，个体心理尤其是人的高级心理机能的发展，必然受到社会文化历史发展的制约。[1]德国人文主义研究的代表人物 Gottfried Herder 认为，"一个民族怎样思维，就怎样说话，反之亦然，怎样说话，就怎样思维"。因此，语言不只是思维的工具，而且是思维的形式和仓库，它积淀了一代代人的经验和知识。[2]在汉语学习的过程中，民族地区的学生不仅面临具体语言文字的翻译与转换，而且面临思维方式、思维习惯的转换、翻译问题。在维果茨基看来，儿童自出生以来就受到周围特定社会文化环境的影响，其成长过程必然伴随着他所处的社会文化环境中的语言文字符号的学习，在这一过程中其所掌握和运用的"心理工具"（语言文字）使其高级心理机能逐步在低级机能的基础上发展起来。

在语言学习过程中，人们不仅在学习语词，更重要的还在学习与这些语词相连的认知方式和思维方式。社会文化环境对高级机能的发展的影响可谓举足轻重；而建立在此基础上的学习活动，无疑是这一高级心理机能的集中运用，表现为社会文化的依赖性。"语言类型差异理论"也认为，少数民族学生的低学业成就是家庭生活用语与学校教学语言不同，以及师生之间语言沟通的差异所引起的。学生家庭用语与学校教学语言及师生沟通方式的差异源于两方面：①族群语言与文化差异；②社会阶层语言差异。因此，该理论认为，少数民族学生的低学业成就

---

① 参见：吴庆麟. 教育心理学——献给教师的书. 上海：华东师范大学出版社，2010：41-52.

② 参见：于全友. 语言本质理论的哲学重构. 北京：中国社会科学出版社，2011：61.

实际上是教学活动导致的结果，是评价者（教师、测验员、辅导人员）与被评价者（学生）之间的日常互动所共同制造出来的。师生之间良好的互动和沟通是教学活动顺利开展的有力保障，由于语言差异及民族心理的影响，师生之间缺乏基本的沟通和互动，这不仅影响了教师的积极性和工作热情，同时对于学生参与到课堂的教学活动也是严重的阻碍，这必然将引起民族地区学生的学业失败。[①]在民族地区，只有儿童的母语能力达到一定的程度，他们才以母语为支架，学习新的语言文字系统，养成新的思维方式。因此，语言障碍一直是困扰民族地区义务教育普及、教育质量提升的瓶颈。我们在民族地区的调研走访过程中，当地许多教师和学生均反映，语言是当地教育教学过程中面临的主要障碍之一。"听不懂，学不会，不爱学，继而厌学、逃学、辍学"，是许多少数民族学生的真实经历和民族地区义务教育质量困境系统成因。

虽然说语言障碍是侗族和彝族学生面临的共同困难，但较之彝族，侗族学生的语言障碍相对要小。这与前面我们讲的侗族文化与汉文化的早期广泛接触有关。历史上，彝区一直处于与汉区隔离的封闭地带，直到民国时期，外地人也难以进入彝区腹地。长期封闭的天地系统，虽然为完好地保存彝族传统文化提供了有利条件，但也逐渐拉大了彝区与汉区政治、经济、文化上的差异。相反，侗族地区早在宋朝就与汉文化接触，封建王朝创办的各种形式的官学也从那时逐渐介入侗族文化。据史料，黔东南侗乡早在宋熙宁年间就开始创建学堂传授汉文。侗族社会中的首领"酋长"和"土官"，在宋代就已经接触汉文化，并开始学习、使用汉字。特别是自明清以来，随着封建王朝的中央集权在侗族地区的进一步渗透，以汉文化为内容的教育不断发展，并建立了官府学堂，并开科取士。官学在侗族地区的渗透，不仅培养了大批接受、传授汉族文化的侗族知识分子，也使侗族中掌握汉字的文人逐渐增加。到清朝初年，一些侗族文人开始使用汉字记录本民族的传统文化，出现了"汉字记侗音"。今天我们在两地的调研也发现，侗族群众一般都能使用"汉话"与我们交流，而在彝区调研时我们则面临诸多的语言障碍。

据凉山彝区教师介绍，由于彝语的语法规则和汉语有较大的差异，彝族学生的语文学习会受到本民族的语言的干扰，一般成绩偏低。低年级的彝族学生几乎都不会说汉话，教师如果全用汉语授课，他们听不懂教师讲课的内容。特别是上语文课，学生听课非常吃力。因此，当地学校一般都是把会讲民族语言和汉语的"双语型"教师安排在低年级，一般到三年级，学生才能慢慢听懂、会说一些汉语。

---

① 滕星，杨红. 西方低学业成就归因理论的本土化阐释——山区拉祜族教育人类学田野工作. 广西民族学院学报（哲学社会科学版），2004，（3）：2-17.

对一些语言文字特色鲜明的民族学生而言，学习汉语所面对的困难不亚于汉族学生学习英语及其他外语，无疑加重了民族地区学生的学习负担。这既不符合教育公平、教育均衡发展的基本原则，更不利于民族学生的身心健康发展。对少数民族地区而言，语言障碍是义务教育阶段低年级学生学习兴趣不足、学业不良的重要原因，也是民族地区义务教育普及中普遍存在的现实问题和当地义务教育质量提升面临的特殊矛盾。正如我们调研中访谈过的美姑县教育局一位顾姓副局长所言：

> 我们民族地区的教育质量不高、学生成绩不好，首要原因是语言障碍。听不懂老师的话，不明白书上写的什么，即使再努力、再聪明的学生，也会受到影响，很难取得优异的成绩。许多民族地区的学生在入学前，几乎完全没有接触过汉语，学校又缺乏针对性的双语教育；刚入学的前两三年，学生不会讲汉语、听不懂汉语，自然也就学不会、学不好。久而久之，他们也就产生了厌学情绪，结果自暴自弃，甚至最终辍学回家。语言障碍一直是困扰我们民族地区学校教育发展和教育质量提升的难题。少数民族学生不但要学习汉语，还要学习本民族文字，到了初中还要学习英语，"三语"学习不但加重了少数民族学生的学业负担，更主要的是打击了他们学习的积极性，甚至是"雪上加霜"。

另外，学校教育的"嵌入"也使民族语言文字的传承陷入困境。教育的最终目的是实现人的发展。文化也即人化。学校教育不仅要传授现代科学知识，更要担负起传承民族优秀文化的使命。语言不仅是交流的工具，更是民族文化认同的重要方式和载体。民族文化可以说是民族延续的血脉，民族文化的丧失无异于民族的消亡。张岱年先生指出："一个民族，如果丧失了文化的独立性，也就会丧失民族的独立性；丧失了民族的独立性，就沦为别的民族的附庸了。保持民族文化的独立性，是一个至关重要的问题。"[1]现代学校教育介入民族地区，打破了民族文化传承的原生空间，有意无意加速了民族传统文化消解的进程。

语言既是民族的象征、民族的符号，又是民族文化赖以传承的载体和工具。世界上任何国家都把语言奉为立国之本，语言是民族独立的灵魂。民族地区的教育发展，不仅需要以双语教育为主要途径消除民族学生学习生活中的语言障碍，更要通过对民族语言文字的学习传承民族文化、保持民族特色。语言文字既是民族文化认同的重要载体，又是民族文化传承的重要方式。安东尼·吉登斯曾指出，"一个能够通过书写来记录过去事件的社会，也就知晓了他们自己的历史。知晓历

---

① 刘鄂培. 张岱年文集（第六卷）. 北京：清华大学出版社，1995：424.

史便能够形成一种关于社会发展的总体动态或轨迹的感觉，从而积极地寻求进一步的发展"①。学校教育质量的高低不应缩略为入学人数的多寡、学业成绩的优劣，民族传统文化的赓续、民族成员文化归属的现实境遇无疑是其重要方面。这也是民族语言文字对民族教育发展提出的又一特殊要求，成为制约民族教育均衡发展和质量提升的重要文化要素。

三、传统习俗制约学校教育的普及

观念习俗作为社会文化的内容之一，其影响具有稳定性和持久性。民国时期，国民政府曾在凉山彝区创办边民学校，实施边民教育。据历史资料，边民教育虽也取得一些成绩，但总体来说，仍然是困难重重，效果甚微。当时的情况是，"以言教育，则教育部以及各边省教育厅均拟有边疆教育计划，并其实施方法，边地广设学校，招徕夷民子弟，免费入学。十余年来的努力，虽不无成绩可言，但其结果却远不似预期之大"②。"大凉山教育，除仅有几所边民小学外，尚未闻有其他教育机关，即使几处边校，概皆处于无法办理之可怜地位，有学校之名、而无学校之实。"③因此，开办边民学校施教的结果是可想而知的。据统计，1949年中华人民共和国成立之前，彝族受教育的人数很少，且所受程度较低。据西昌军事管制委员会民族事务科 1950 年的统计资料，解放前宁属地区彝族初中以上文化程度的只有 51 人，识彝文和具备一定文化知识的人不到彝族总人口的 1%。④概括而言，当时学校教育难以普及的原因大致有如下三方面：

1）非自愿入校，来去自由。彝族子弟入学，本非自愿，然迫于命令，不能不入学，故经常拖延入学日期，非到学校催促多次万不得已才来，既来后有经常托故请假。耽误时间，耽误课程。

2）朝学暮辍，一曝十寒。彝族习俗，尚情感重义气，所以每遇红白喜事，学生必去帮忙，每遇怨家械斗，必去参观或参战。四方奔走，学业荒疏，教师难管，家长不禁。结果是设在彝族村寨的学校，经常是门可罗雀。

3）学而不习，常学常忘。本来流动施教，是送教上门，但因教师个别施教，故不能一一管束，故黑彝子弟，学完即玩，次日重复，如是循环；而白彝子弟既属奴隶，则有苦工劳役，也学无机会。

① 安东尼·吉登斯. 社会学（第四版）. 赵旭东，齐心，王兵，等译. 北京：北京大学出版社，2003：55.
② 陶云达. 开化边民问题. 西南边疆，1940，（10）：1-17.
③ 李士达. 大凉山边民教育之改进. 边疆服务，1946，（11）：8-9.
④ 韩达. 少数民族教育史·彝族教育史. 昆明：云南教育出版社，1998：586.

此外，家长对政府办的教育也采取一种恶意怀疑的态度，认为汉人办教育，是汉人想利用彝人当差；汉人要吞并彝区；汉人要彝族改汉，汉人要煽动白彝子弟等等；再加之教师在彝区有语言障碍、经费教材等不能落实、生活太苦等，所以当时彝区的教育发展是很缓慢的。[①]

教育作为一项系统工程，关涉社会文化的方方面面。传统习俗作为特定群体惯习的生活方式和价值观念，生育观念、婚丧习俗是其重要方面，无疑会制约民族地区义务教育普及和质量提升。

（一）传统生育观念

在中国传统文化中，"多子多福""人丁兴旺"等生育观和家庭观与"重男轻女"的思想多联系在一起，有的家庭为了"传宗接代"，生育许多子女。[②]彝族社会"重男轻女"的传统生育观念，与学校教育普及的成效具有密切的关联，制约着教育事业发展的速度、规模、结构、形式，以及目标设定、内容选择等方面，这也是教育学中"教育与人口关系"基本理论问题的田野呈现。调查发现，这一现象在今天的凉山彝区依然尤为明显。

在当地彝族村寨，一般家庭都有3~6个孩子。我们在凉山彝族村寨调研时遇到一户共有9女2男11个孩子的家庭（表4-1）。

表4-1 某家庭的子女情况[③]

排行	姓名	年龄	性别	上学情况
1	尔西	26岁	女	
2	石西	24岁	女	
3	曲西	22岁	女	没上过学
4	阿呷	19岁	女	
5	丁丁	16岁	女	
6	丽丽	13岁	女	

---

① 梁瓯第. 川康区保㑩之教育. 西南边疆，1942，（15）：16-58.

② "重男轻女""多子多福"是传统农业社会共同的生育观念和生活法则。20世纪末，曹锦清先生曾两度深入中原乡村社会调研，写出《黄河边的中国》一书。在该书中，曹先生告诉我们，当时乡村有难以计数的"黑孩子"，许多家庭非要生个男孩不可，结果只能隐瞒超生。书中还提到一个案例，李某夫妇为了要个男孩，超生了四胎，被14年的罚款拖得贫困不堪，他们最终还是借钱买了一个两岁的男孩。参见：曹锦清. 黄河边的中国. 上海：上海文艺出版社，2000：110-112.

③ 资料由入户调研某村村组长提供。遵照学术惯例，笔者表格中出现的地名、人名进行了隐私处理。

续表

排行	姓名	年龄	性别	上学情况
7	娘娘	9 岁	女	在上二年级
8	呷呷	7 岁	女	在上一年级
9	阿娘	6 岁	女	
10	可布	5 岁	男	还未上学
11	以布	4 岁	男	

在彝族村寨入户调研的过程中，随处可见成群结队各年龄段相仿的彝族小孩。这些孩子大都光着脚丫、衣衫褴褛，在村寨间游玩。"孩子多"是彝族村寨给我们的又一特殊印象。在彝区，随处可见年纪并不大的女性已经成为 3～4 个年龄相差不大的小孩的妈妈。彝族"多子多福"的生育观念是历史中特殊文化背景下的理性选择，有其存在的历史合理性。今天，依据国家对少数民族地区的照顾政策，一对彝族夫妇最多可以合法地生育 3 个孩子，所以当地的人口增长率远远高于其他地区；加之传统观念的影响，一些彝族家族生育的孩子远远超过 3 个。我们在美姑县某村寨调研的 64 户彝族家庭中，有 3 个及以下孩子的家庭有 21 户，有 4 个孩子的有 21 户，有 5 个孩子的有 16 户，有 6 个孩子的有 3 户，有 7 个孩子的有 3 户。由于超生现象严重，家庭各个孩子间的年龄一般相差不大，年龄较大的孩子自然承担起照顾弟弟妹妹的任务。因此，我们在彝族地区走访调研期间，时常遇到"大孩背小孩"的现象。生活的艰辛让他们比城里的小孩更早地挑起了生活的重担。由于当地超生现象普遍存在，加之当地教育资源配置总量有限，"排队入学""超龄儿童""超大班"①等现象在某些地方普遍存在。不容忽视的问题是，在凉山彝区一些偏远的山区，当地学校常常因为条件有限而无法接受所有适龄儿童，许多适龄儿童只能被迫推迟入学年龄，以致 10 岁才上一年级的"超龄学生"现象出现甚至普遍存在。以调研的某中心校一年二班为例，该班最小学生 7 岁，最大学生 12 岁，在这个 76 人的"特大班"中，适龄学生仅占 50%左右，许多

---

① "排队入学"指由于校舍、师资等教育资源有限，无法满足所有适龄儿童适时入学，只能采取隔年招生的办法排队入学。我们在调查过程中发现，这种"排队入学"的现象在当地农村地区还普遍存在。"特大班"现象在我们的调查过程也普遍存在。一般来说，中小学校 46～55 人为"大班"，56～65 人为"超大班"，66 人及其以上为"特大班"。如果说发达地区的大班现象源于择校，那么民族地区的大班现象更多的还只是因为基础教育设施不足。

学生属于"超龄学生"。如前所述，多子多福观念下的多子女家庭往往与重男轻女思想联系在一起，"女童教育"问题亦相伴而生。由于家里孩子多、年龄相差不大，农活又忙，当地"大孩看小孩""大孩背小孩"的现象相当普遍，年龄稍长的女孩子自然担负起照顾弟弟妹妹的责任，有时也就没有了读书上学的机会。

在凉山彝族的传统婚姻习俗中，女性一直处于被动的弱势地位。凉山彝区历史上一直执行严格的阶级内婚制（class endogamy），黑彝与白彝之间绝无通婚的可能。彝族女性的命运正如哭嫁歌中所唱的：

> 养女由妈妈，嫁女由爸爸，彩礼兄长定……妈妈的女儿哟，忆从前，驹子犊子同圈养，驹子是恒产，犊子成了零花钱。忆从前，绵羊羔、山羊羔同山放，绵羊羔是恒产，山羊羔成了零花钱。忆从前，女与弟兄同生活，同穿一种衣，同吃一样饭，以为兄弟姐妹都一般；哪知在今天，男孩才算本家人，女儿不过是外姓，父母轻女只重男……女儿的血液换作酒饮了，女儿的脂膏换作肉吃了，女儿的骨头换作银用了。家族众父兄，心肠真有这般硬，只想吃女卖身钱，不想给女办门好亲事，卖女银钱吃下肚，女死女活全不管。狠心父兄该知晓：嘴馋吃狗肉，吃了狗肉不解馋；饥饿贷耕牛，贷粮只能饱几餐；人穷卖女儿，得钱攒不成家产……①

同属少数民族群体，侗族群众则很早就认识到节制生育、控制人口过快增长的必要性，侗族村寨不仅有节制生育的观念，而且沿袭节制生育的习俗规约。据现有资料，侗族历史上没有自己民族的文字，有关生育观念的思想可以在神话、古歌中得到反映，如《劝世歌》唱道：

> 祖祖辈辈住山坡，没有坝子也没河。
> 种好田地多植树，少生儿女多快活。
> 一株树上一窝雀，多了一窝就挨饿。
> 告知子孙听我说，不要违反我款约。
> 家养崽多家贫苦，树结果多树翻根。
> 养得女多无银戴，养得崽多无田耕。

---

① 蔡富莲. 凉山彝族传统习惯法中的性别歧视观念. http：//www.yizuren.com/plus/view.php?aid=12878 [2011-01-22].

> 女争金银男争地，兄弟姊妹闹不停。
>
> 盗贼来自贫穷起，多生儿女多祸根。[①]

　　与之相对，彝族群众普遍认为多子多福，妇女婚后能生多少就生多少，直至不能生育为止，不用计划生育，她们都共同有着多生男娃、兴旺家支的强烈愿望和文化观念。因此，当计划生育政策在凉山地区贯彻执行时，当地许多彝族群众难以接受，认为这是一个断子绝孙的政策，千方百计反对和抵制。[②]一般彝族家庭为了壮大家支和家庭势力，使家庭的财产得以继承，也需要生儿子，若无儿子，便是绝嗣；一旦绝嗣，其财产即要归主子（奴隶主），俗称"吃绝业"。唯其如此，凉山彝族的生育观念中，"多生、生男"的愿望特别强烈。彝族民间有这样的谚语："牲畜要绝公的多，人类要绝女的多。""生女一条空口袋，生儿一个重铁锤。""不饲养鸡不贫穷，不生育女不绝嗣。"[③]"没男打仗少一戈，无男聚会少一客""有金子不如有个儿子""是男拉在怀，是女丢在地"，是彝族传统文化中重男轻女生育观念的生动反映。男子众多的家族时常为外宗族所仰慕，该宗族也因男子的众多而地位日渐显赫起来。女人也由其生男孩的多少而决定其在宗族中地位的高低。宗族的后裔若无男孩就意味着该家族或宗族断了香火，是祖宗的奇耻大辱。[④]

　　彝族人在生命的不同阶段，对幸福有着不同的理解，有无儿子及儿子的多寡，具有举足轻重的核心作用。对于中老年人（一般 40 岁后），幸福的首要条件是要有儿子。这也是彝族人一生中对幸福的最高要求，具有无可替代性。如果一个人有四个儿子，但家境一般；另一个人仅有一个儿子，但家境富裕，在彝族传统文化中，有四个儿子的人比有一个儿子的人要幸福得多。虽然有四个儿子的人在繁重的农业生产和社会生活中比只有一个儿子的人要辛苦得多，但他却享有更多的幸福感、荣誉感。相反，如果一个人没有儿子了，会遭受来自传统文化的压力，甚至觉得生命没有意义。在宗教上，没有儿子的人不能进入祖界，或不能进入天界，其灵牌无家可放。在伦理上，没有儿子的人被人看不起，会遭到社会舆论的谴责。在平时的生活上，处处低人一等。在自身的生活上，没有生活激情，思想开始消沉。在彝族社会生活里，因没有儿子而毁灭自身的人不足为奇。为此，彝族农村家庭可以没有女儿，但不能没有儿子，如果没有儿子，男人离婚再娶或不离婚也要娶。这样也就有了我们调研中发现的一个彝族男人娶两个老婆的现象。

---

① 转引自：石开忠. 鋆村侗族计划生育的社会机制及方法. 香港：华夏文化艺术出版社，2001：81.

② 马林英. 凉山彝族生育习俗. 民俗研究，1992，（3）：43-46，19.

③ 蔡富莲. 四川凉山彝族生育魂崇拜观念. 宗教学研究，2004，（4）：102-106.

④ 《东陆学林》编委会. 东陆学林（第六辑）. 昆明：云南大学出版社，1996：38.

以昭觉县四开乡中心校在校男女生比例的统计数据来看，彝族女童较之男童更容易流失。四开乡位于昭觉县西南部，距县城 22 千米，辖 8 个村委会。四开乡目前共有 8 所小学，其中 2 所完全小学，是当地学校设施较完善的一所学校。通过统计，我们可以发现彝族适龄女童入读率普遍低于男童，在各年级所在比例均未超过半数；随着年级的升高，女生流失率也越高（图 4-8）。

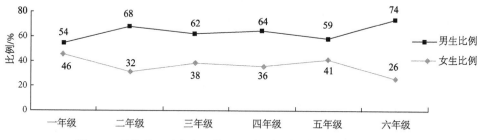

图 4-8　昭觉县四开乡中心校 2013 年秋季各年级男女生比例情况

一方面，在彝族人民的观念中，女孩子终究是要嫁人的，上不上学无所谓，只要能够认识几个字，记点东西、算算账就可以了，在女孩子身上投入很多钱是不划算的。在许多彝族家长看来，女孩子读书没有用，读好书不如嫁好人，完全不注重女孩子的教育问题。因此，在家里有多个孩子同时需要上学的情况下，女孩子大都自觉"懂事"地放弃上学或中途辍学，并在家务农或外出打工以补贴家用。在美姑县调查的过程中，笔者曾在一所县城小学校门口遇到一个卖樱桃的小女孩。经询问，女孩今年 12 岁，没有上过学。问她为什么不上学，她说："父母不让上，家里有弟弟在上学，没有人帮家里干活，所以没有上学。我也想上学，可是父母不让上，没得办法。"在整个交流的过程中，我们可以看出女孩那种渴望读书的眼神，那种对同龄人能在学校读书的羡慕。下面是笔者与这位卖樱桃彝族女孩交谈记录的摘录：

　　笔者：樱桃多少钱一斤？
　　女孩：5 元一斤。
　　笔者：你每天能卖多少钱？
　　女孩：不一样多。有时多，有时少。昨天卖了 100 块钱，今天只卖了 30 块钱。
　　笔者：你家住哪里？
　　女孩：……（她的回答我没有听懂。其实整个对话过程都比较困难，有时只能借助手势交流。）我说的你听不懂，你说的我也听不懂。

笔者：你上学没有？几岁了？

女孩：12 岁。没有上学。

笔者：你什么时候不上学的？

女孩：一直都没上学。

笔者：你家里有几个小孩？你是老几？（她听不懂"老几""排行"之类的话语，我只能借助摆樱桃的方式向她说明我的意思。）

女孩：6 个小孩，我是老大，还有 2 个弟弟和 3 个妹妹。

笔者：哦。我知道了。你为什么不上学？弟弟妹妹上学没？

女孩：我也想上学，但妈妈不让上。只有一个弟弟上学。

笔者：他多大了？上几年级？

女孩：10 岁。上二年级。

笔者：弟弟妹妹呢？

女孩：他们在家放牛。

不难发现，除贫困落后、交通闭塞外，"孩子多"是调研期间凉山彝区留给我们的最大感触。特别是在农村山区，只要有人居住的地方，就会有孩子；只要有孩子的地方，绝对是成群结队、衣衫褴褛、满脸灰尘，大都营养不良、肚子很大，看上去要比一般同龄孩子弱小很多，"大孩背小孩"的现象随处可见。由于民族生育政策的宽松，3 个孩子以上的人家占绝大多数，不少人家都育有 3 个、4 个甚至 5 个孩子。"孩子多"让本来就贫困的家庭始终游离在贫困甚至极端贫困之外。彝族社会多子多福和重男轻女观念习俗的交互作用，使当地义务教育的普及和质量提升面临诸多现实问题。一方面彝族群众不重视，也无法重视子女的教育问题；另一方面，同等情况下，彝族女孩更容易失学、辍学，学校教育虽然免费了，但生活所迫的必要劳动、家务使她们无心、无力向学；大量的超生儿童又使有限的教育资源捉襟见肘。

侗族人民长期以来都尊奉着一夫一妻的婚姻制度，并互相安心相随，互敬互爱，并没有重男轻女的观念。"萨岁"是侗族最敬仰的祖先（"萨"是侗语 sax 的译音，意为至高无上的大祖母、始祖母）。"祭萨"是由母性崇拜、祖先崇拜而衍生出来的祭祀节日，是侗族的传统节日，定于每年农历二月第一个卯日，是当地仅次于春节的隆重节日。在侗乡一些寨，每一个姓氏都有一个萨坛或萨玛祠（图 4-9），年内每月初一和十五是（村规民约）祭萨的日子。在侗族传统文化中，以"祭萨"为代表的对先祖母神的崇拜，并没有彝族重男轻女的思想观念，体现在现实生活中便是对女性的尊重和敬仰。因此，侗族地区并没有因重男轻女观念导致女孩较男孩更严重的辍学、失学现象。

图 4-9　侗乡的萨玛祠

（二）传统婚嫁习俗

在彝族传统社会中，婚嫁注重门当户对，往往以财产为准则，实为一种买卖式的婚姻。对于婚嫁，女家所索聘金甚重，且大体以女家财产作比例。因此彝族娶亲，常常倾其全家积蓄，甚或负债终身。

自 20 世纪 70 年代末以来，买卖婚姻在凉山彝区越演越烈，甚至成为"公开的交易"。凉山彝族姑娘虽无婚姻自由，却身价倍增，从几百元上升至几千元，甚至上万元。在凉山彝区的传统观念和习俗中，为儿子"买妻"是父亲的义务和责任。父亲如果不能为儿子"买妻"，便被视为无能、脸上无光彩。[1]近年来，随着结婚聘礼的不断飙升，"嫁女致富"甚至成为一些彝族家庭改变生

---

① 贾银忠. 制约凉山彝区经济发展的文化因素. 西南民族学院学报（哲学社会科学版），1998，（4）：59-63.

活境况的"捷径"。彝区由于受到历史、地域、气候、教育等一系列因素影响，绝大多数农村家庭经济、生活条件艰苦，娶亲所需的高额聘金对普通家庭来说绝非一件轻松事儿，甚至有些家庭根本无法承担这一"天文数字"，最终无法娶亲。对一些偏远、高寒地区的农村低收入家庭来说，温饱问题勉强维持，更不要说拿出几万、十几万块钱娶亲。绝大多数家庭也只能节衣缩食，外出务工挣钱，向朋友亲戚借筹，甚至到银行贷款，这对于原本拮据的家庭来说无疑是一座压在身上的大山。彝族地区的"聘礼"习俗是彝族私有制社会形态的一种遗俗，男方给女方的礼金是对女方父母辛苦养育女孩的一种经济补偿。礼金数额在订婚时由男女双方商定，主要根据女方家庭背景、容貌、职业和受教育程度等决定礼金数额。今天，"受教育程度越高，身价也就越贵"。因此，随着近年来礼金数额的攀比和不断飙升，有些家长为了能让女孩"嫁个好人家"，也开始"明智"地"投资"女孩子的学习。因为学习好也就意味着将来能找个不错的工作，如公务员、教师或乡村干部，这样在女孩谈婚论嫁时就有了较高的筹码。为了女儿出嫁时获得更高的礼金乐于"投资"女儿的教育，虽说是一件不坏的事情，但的确也是一件令人心痛和无奈的事情。凉山彝族自治州布拖县妇联在当地的一项走访调研结果如下：

> 当前农村女性出嫁时，女方家长收受（对外公开）的身价呈"农村低、机关高"的特点。农村身价一般在 2 万～12 万元，其中 5 万元以下的占 33.3%，5 万元以上 7 万元以下的占 50%，10 万元以上的占 16.7%；机关身价在 4 万～28 万元，其中 5 万元以下的占 16.7%，5 万元以上 10 万元以下的占 16.7%，10 万元以上 15 万元以下的占 33.3%，15 万元以上 20 万元以下的占 16.7%，20 万元以上的比例占 16.7%。调研对象对当前身价的看法如下：认为过高的占 50%，认为偏高的占 16.7%，认为合适的占 16.7%，持保留意见的占 16.7%。
>
> 近年来，凉山彝族地区女性出嫁的"高额身价"现象呈现以下特点。
> 1）要价越来越高。农村由过去的几千元发展到几万元，甚至个别的达 12 万元，机关由过去的上万元发展到十多万元，甚至个别的达 20 余万元，且呈逐年递增趋势；
> 2）要价形式越来越多。由过去的按传统习俗收受身价发展到抚养费、教育费等附加，巧立名目，花样翻新；
> 3）由城镇、社区到农村，由工薪阶层、经商大小老板到农民百姓，身价呈阶梯状向上攀升之势；
> 4）注重血缘、等级，以是否"门当户对""身份般配"论身价，故

意加重男方负担，限制婚姻自由现象时有发生。[①]

我们在昭觉县城北乡的瓦尔村彝族村寨调研时，曾对该村友合觉组一位 40 多岁的村民进行了访谈（图 4-10）。通过与该村民的访谈我们得知（据 2012 年 4 月 27 日调研日志整理）：

> 瓦尔村有一百多户人家，基本延续着靠天吃饭的传统生计方式。一年两季，主要种土豆和玉米。由于地处山区，地势又高，农田经常遭遇旱灾，人们几乎算是"靠天吃饭"。有的年份土豆产量虽也不错，但因交通不便，难以运出，几乎卖不到什么钱。除自家吃外，主要用来喂猪。以当年为例，土豆的价格也就每斤 3～4 角，往年甚至会更低，而且不好销售。因此，村里绝大多数劳动力都到外地打工。今年村里 100 多个劳动力仅有十多个待在村里，他自家因为承包了当地社会主义新农村建设的房屋工程，所以没有去打工。他有 3 个儿子，新建的三间房子花了 10 多万。前年大儿子结婚，光给女方的彩礼就花了 10 万块，加上婚礼一共花了 15 万多。我们起初对如此高额的结婚费用还有些半信半疑，在之后的调研中这一现象一再被证实。

图 4-10　在村寨与彝族党员的访谈

---

① 凉山彝族从奴隶社会一步跨千年进入社会主义社会，至今仍较完整地保留着注重血缘、等级、身份等一整套较为完整的婚姻家庭制度和习俗。在彝族传统社会中，婚姻严格遵循"门当户对"的原则，特别是黑彝，为了保证血统的纯正，只在黑彝之间婚配，不能与白彝婚配。奴隶主只能与奴隶主谈婚论嫁，当家"娃子"只能和"娃子"婚配。虽然土司也是统治阶级，但也绝不与奴隶主阶级通婚，只在土司之间择偶。这一传统文化中的不良习俗，至今仍对人们的思想观念、心理结构具有很大的影响，与之依存的"大男子主义""男尊女卑"等封建残余思想在彝区依然存在，并不同程度制约着现代新型婚姻家庭的建立和民族整体素质的提升，并使"高额身价"等不良习俗在当地越演越烈。布拖县妇联. 关于彝族地区婚嫁身价问题的调查与思考. http://blog.sina.com.cn/s/blog_49e32b7c0100jn0z.html[2010-05-28].

　　另外，彝族地区还普遍存在"早婚早育"的习俗，女孩子一般早早就订婚嫁人。在某些彝族聚居村寨，传统"家支"观念和婚姻习俗至今在人们的日常生活中还发挥着重要作用。在彝族农村聚居区，彝族女性订婚年龄普遍偏低，结婚年龄比法定年龄要小，一般在 20 岁之前就已订下婚事。由于当地彝族流行高额的婚姻聘礼传统，"学得好不如嫁得好"是许多家长的普遍观念。特别是近年以来，彝族农村地区的婚姻聘礼成倍增长，有钱家庭的礼金甚至高达十几万乃至几十万。这也是彝族家长不送女孩读书的重要原因。因为女孩子读书，不如尽早出嫁以给家里带来丰厚的礼金，以此来改善家庭的生活状况，更主要的是他们还能拿这笔钱给儿子"买媳妇"。农村群众的文化水平普遍较低，且居住环境又多为信息闭塞、交通不畅的山区，这些限制了人们与外界交流沟通的机会，致使彝族农民对法律法规和一些国家政策缺乏基本的了解，有的甚至不清楚国家有关"晚婚晚育""一夫一妻制"等法律规定，更不清楚送子女上学是父母应尽的责任和义务，认为能下地干活的孩子就可以外出打工。家庭现金收入来源的紧缺，让他们觉得外出打工是最佳的选择。用他们的话说，"在家里也干活，在外面也干活，这没什么区别"。由于彝族地区交通闭塞、经济落后，彝族山区群众的思想普遍较为闭塞、保守；加之父辈中上学接受教育的人少之又少，所以在许多彝族家长的观念中，放牛、养羊便是生活的出路，并未意识到子女到学校接受教育对改善生活的重要性，更无法理解送子女接受义务教育是家长应尽的义务。在传统社会中，彝族群众一般较容易满足于当前较低的生活水平，对生活的期望相对要低些，通过个人努力改善生活质量的积极性普遍不强。因此，彝族家庭投资子女教育的积极性与侗族、苗族相比，也显得不那么积极、迫切，较容易安于现状，沿袭祖辈相对闭塞、穷苦的生活方式。正如林耀华先生当年在彝区调研的总结："质言之，夷人对于农务并不积极，凉山到处荒野，也不开拓耕植，只要粮食足供一家只需，既已心满意足。"[①]安于生活现状、轻视教育在彝区群众身上表现得相对显著。在他们的认知里，读书不如回家养牛、放羊好，因此，绝大部分家长只是为应付九年义务教育，勉强让孩子在校上完小学、初中，甚至有的家长直接迫使子女辍学务农或外出务工。

　　此外，凉山彝区的娃娃亲习俗，是制约当地义务教育发展质量的又一因素，也是彝族女童入学率偏低的直接原因。彝族传统社会有小孩生下来就为其订婚的文化习俗。如果哪家小孩出世后没有订婚，那就说明这家人地位低、贫穷。小孩定亲被看成是光荣的事情，家长总是想方设法给自己的小孩定亲。学校中，来自农村的彝族中学生相当一些是已婚学生。调研中，我们曾访谈到如下案例：

---

① 林耀华. 凉山夷家. 北京：商务印书馆，1947：43.

　　我和舅舅家儿子从小就定了娃娃亲，但是由于我不喜欢他，所以就辍学跟着父母去打工。其间认识了一个汉族男孩，我们就相恋了。四年前我舅家给我们家五千块钱的定金，现在让我们家赔偿他家十五万，说不给就杀我全家。我是彝族的，这都是我们的习俗。我今年满十八了，舅舅家的儿子满十六了。我跟那个汉族的，也就是我的喜欢的对象，已经有了七个月大的宝宝。

　　高额的结婚礼金，使原本拮据的彝族家庭无心供子女读书，在传统观念和现实生活中，他们又无法认同、享有读书的功用，此时"免费"的学校教育也就缺乏对他们的吸引力：①由于无法认同学校教育的价值，家长送女子读书的积极性不高；②由于缺乏必要的家庭配合，学生即使待在学校也大都缺乏学习的动力和积极性；③无论是在家务农还是外出打工，都使义务教育阶段（特别是初中阶段）的学龄儿童成为家庭有效"劳动力"的一员。结果便是，他们一方面看不到读书的"有用性"；另一方面又需要尽可能增加家庭收入。由此，学龄儿童放弃或逃离免费教育也就不足为奇，学业成绩低下亦不足为奇。这也是民族地区义务教育质量提升面临的普遍问题和其重要原因。

（三）传统丧葬习俗

　　民族地区的调研发现，各种盲目攀比炫富之风在民族村寨日益盛行，无论是娶媳妇、生孩子，还是老人去世，高额的花费对于原本拮据的农村家庭有时不亚于天文数字，这使多数农村家庭的经济生活更是捉襟见肘、入不敷出。以老人去世为典型的丧葬习俗，更是成为普通百姓攀比炫富的集中表现。在侗族传统社会中，人们延续着"计口而耕，度身而织"的自给自足的生活方式。在日常生活中，侗族人奉行勤俭节约的优良传统，当地"吃不穷，穿不穷，不会打算一世穷""麻的韧性强，麻才织成网；人有节俭观，人才变成富"的俗语便是这种生活传统的质朴表达。然而，与之形成鲜明对比的是，有时他们在平时省吃俭用是为了在婚丧嫁娶、节日或集体活动时用节省下来的财富炫耀、攀比。这样做"为的是让全村人看起来风光，怕的是在这样的大事上落于人后"，否则就像"牛无好旋一般，既无威风，又遭人弃"，"谁也不愿在老人去世这件事上留下话柄"。对待老人的丧事人们甘愿省吃俭用、大操大办，对子女的教育却显得用心不足，"钱"在其中并非关键的原因，富裕后的人们对免费教育的逃离，便是鲜活的例证。在日常生活中，侗族群众这种既节俭又炫富的双重消费心理和价值观念，在我们调研的其他少数民族地区同样普遍存在。彝族人的传统观念具有"重死不重生"的特点。在彝族村寨的调研过程中，谈起老人去世，当地人的操办规模、花费数额都令我们震惊；而问起家里孩子的年龄、孩子上几年级，寨子里一些家长却回答不上来。肇兴侗乡调研期间，在我们住宿的宾馆下面就逢上舅舅家给新出生外甥庆生办喜宴的场面，仅前后三天就宰杀了六头猪、一头牛。据说，外甥家的场面比这还要气派。由于攀比之风日益盛行，某些村寨不得不通过村民委员会联名的形式制定"红白喜事公约"，来遏制各种盲目攀比造成的浪费现象。当地陆姓老人（69 岁，侗族）这样说：

> 我们以前也不杀这么多猪，从前有时甚至就宰一条狗，最多也就是一头猪。那时候也没这个条件。只是近几年生活条件好，才这么多。人家都杀，你不杀多没面子。大家也知道，这样的确是一种浪费，但是没办法，都是相互攀比，谁家也不愿让人瞧不起。即使家庭条件再艰难，有时也不得不"打肿脸充胖子"。

彝族人"轻生重死"的丧葬习俗，也是制约彝区义务教育质量提升的社会文化因素之一。彝族人在 40 岁之前对生辰并不重视；40 岁之后在每届生辰，他们必杀牲畜宴饮。亲属朋友携酒糖来贺，女婿、外侄等必献布匹。主人则设盛宴招待，这成为家族中欢乐的一宵。彝族人家"年老死丧，仪节甚繁，且多属于巫术崇拜方面，其影响于社会生活者至巨。曾有恩札支老黑夷逝世，大凉山中数千人相聚哀吊，一时轰动"[1]。在彝族人的观念中，厚葬与超度已故的父母是重孝、贤能的表现，谁家也不愿意落得不孝、无能的污名。因此，许多家庭为了所谓的面子、风光，不论生前孝顺与否、家庭贫困与否，都要大办父母的丧事。受这一不良风气的影响，每个操办丧葬的家庭都面临沉重的经济负担。今天，凉山彝区厚葬、攀比之风日盛，父母丧葬大操大办之风有增无减。老人去世要宰杀几十头、上百头猪牛，花费高达十几万甚至数十万。彝族俗话说"青蛙手足多，彝族亲戚多"，老人去世，远远近近的亲戚朋友都要前去吊唁。在一些乡镇，整年有吃不完的酒席、送不完的礼，出现"越穷越吃越送，越吃越送越穷"[2]。由于攀比之风盛行，丧事沉重的经济负担超过了许多家庭的承受能力，不得不举债办丧事，有的家庭几年甚至数十年才还清父母丧礼债务。

与彝族巨大的丧葬花费相比，侗族丧葬文化中奉行着节俭薄葬的传统。侗族老人去世后，人们会置碎银于死者口中，叫做放"含口银"，有的地方只将碎银放在嘴唇上。放"含口银"的意思是让死者在阴间得以安宁，日后子孙语

---

① 林耀华. 凉山夷家. 昆明：云南人民出版社，2003：43.

② 杨梅. 川西彝族地区普及义务教育个案研究. 西南师范大学硕士学位论文，2003.

言稳重，不会惹是生非；同时寓意逝者下辈子做诚实忠厚的人，可以说好人。但"含口银"，在入棺时要取出来，如不取出来，或放得过多，后代子孙的嘴巴会闭得太紧，不善言辞或者不会说话。丧葬仪式不仅是一种特殊的和死者告别的仪式，更是给生者以教化的特殊方式，"担当着清理和规范社会伦理和秩序的责任"①。事实上，这一"含口银"丧葬文化，恰恰正是侗寨奉行薄葬的反映，同时也是侗族传统文化奉行节俭教化方式的具体表现。此外，守灵期间的饮食禁忌方面，也有这种节俭观念的表现。与彝族的大吃大喝不同，在侗族丧葬习俗中，整个丧期死者子孙一律禁食肉食，有的地方如龙额一带连亲友也不吃荤菜。侗族不视鱼类为荤，大都贮备有腌鱼，死者的子女可食鱼类，但禁食米酒。一种说法是吃了酒肉之后所生育的子女都是馋嘴人。另一种说法是吃了肉后尸体容易发臭腐烂。但是，随着时代的变迁和侗乡人民生活水平的普通提升，当前，侗族的丧葬习俗日渐也出现了大吃大喝的、攀比浪费的不良倾向。

从人性的角度来讲，上述"攀比心理"源自个体、族群对"自我认同"需要的满足，虽是人性中的又一弱点，但也是推动族群社会、人类文明前进的本能驱力。正如露丝·本尼迪克在其《文化模式》一书中指出的，人类的气质似乎在世界上是相当恒定的，"任何文明的文化模式都是利用了一种潜在的人类目的和动机大弧上的一定的断面"；而面对降生其中的社会的模铸力量，个体无疑是柔弱可塑的，他们具有与生俱来的巨大的可塑性。因此，很少有哪种文化是以简单的方式处理他们的重大时刻的，无论是婚姻、死亡还是对超自然力量的敬畏与祈祷。经济习惯可能与提供必要衣食的基本作用相去甚远，以致一切农作技术被引到这样一种方向：积累起数倍于人们必要供应的食物，其目的仅仅是"慷慨显示和自豪的炫耀"，而多出的食物只能"任其腐烂"。②

亚当·斯密在《道德情操论》中也曾指出，人们追求财富并不仅仅是为了获得生活必需品，吸引人们的是"虚荣"而不是"舒适"和"快乐"。自现代学校教育诞生以来，教育从来不只是为满足最低生活需要所必须经历的人生历程，而是为实现某种超越最低生活需要、改变现实不满境遇之"崇高目标"而经过"深思熟虑"选择的"付出"或"投入"，乃至"牺牲"。现实中，迫于生活的压力，通过各种途径"致富""找钱"，成为民族地区一般农村家庭的当务之急，"付出"或"投入"子女的教育则似乎显得既无必须，又不"明智"。一旦家庭和学生对教育失去了信心和"投入"的渴望，通过单方面提供免费的学校教育来提高

① 葛兆光. 古代中国文化讲义. 上海：复旦大学出版社，2007：19.
② 露丝·本尼迪克. 文化模式. 何锡章，黄欢译. 梦觉，鲁奇校. 北京：华夏出版社，1987：183，188.

民族地区的教育质量，若不是"勤苦而难成"的"事与愿违"，也只能是"事倍而功半"的"广种薄收"。

四、民族文化心理诱导的教育放弃

从文化的结构来看，文化观念或文化心理是文化的"内核"，对文化主体行为的影响最为深刻、全面，并积淀为不同程度和内容的民族性、地域性、时代性差异特征。对我国少数民族地区而言，除经济落后、生存空间恶劣、经济发展条件差、人力资源缺乏等之外，民族文化心理的差异也是民族地区与国内发达地区差距较大的主要原因。①这一特点无疑在民族地区义务教育发展中也有体现，成为制约民族地区教育质量提升的文化心理因素。社会文化心理的影响具有稳定性、全面性和典型性，在族群成员的教育选择、学业成就获得中亦有体现，制约着文化主体对学校教育追求、放弃或逃离的行为差异。

文化作为一种生活方式包括两方面的内容：①社会多数成员共同遵循的行为准则，即"群体特有的行为模式"；②支配、调节群体行为的"心理模式"，即"群体特有的文化心理"。就前者而论，文化是指外显的"生活方式"；就后者而论，文化是指对上述生活方式设计、引导的价值观念，二者以实践为中介，积淀为特定的"文化样式"及"文化—心理"结构。因此，社会文化心理对个体、群体的影响是潜移默化的、强大的，且具有稳定性、全面性、持久性的结构特征和民族性、地域性、时代性等典型特征。社会心理作为一种文化结构，既在约束又在推动某些行为，认识这些规制社会的人们浑然不知的文化结构也就构成了"文化社会学"（cultural sociology）②的任务。以凉山彝区群众世代积淀的"文化—心理"为例，其对彝族群众的生活方式及行为习惯，无疑具有全面深刻的影响，也必然反映在彝族群众对现代学校教育及其价值或积极或消极的认同态度和行为选择。

1. 易于满足，缺乏上进心

在彝族传统文化中，获得最低生活和祭祀需要的农副产品满足了，人们却很少有通过进一步积累和辛苦劳动"出人头地"的想法。他们由此养成了"有柴做一灶，有米做一锅；没柴、没米了才再去想办法"的生活观念和行为惯习。今天的彝族中，多数男人依旧有嗜酒的习惯，喝得少的占小部分，不喝酒的更是少之又少。虽然在外人看来，彝族群众的生活无疑是艰辛的，"环境艰苦，

---

① 张进辅. 关于西南民族心理研究的构想. 西南师范大学学报（人文社会科学版），2006，（3）：74-78.

② 杰弗里·亚历山大. 社会生活的意义：一种文化社会学的视角. 周怡等译. 北京：北京大学出版社，2011：1.

卫生差"，但他们对这种生活却有着较高的满意度。如果你去问那些生活在山区的彝族人："你快乐吗？"多数人都会问答："我很快乐。"你若再问："你为何快乐？"他们可能这样对你说："我家子孙满堂，每天都有酒喝，有饭吃，有人说话，怎么不快乐。"在彝族传统文化心理中，以醉为乐、以酒为尚，自然也就以醉为荣。由于满足于饮酒带来的感觉，他们也就容易导致竞争和积累观念意识的缺乏。"你喝酒吗"是彝族人打招呼的日常礼貌用语。调研期间，在彝区昭觉、美姑县城沿街露天场所，"席地豪饮"的彝族群众亦随处可见。彝族社会"好面子，穷大方"的观念，积淀为"杀牲待客、以酒当茶、来客必敬"的"原始共产主义"的文化心理。彝族群众为了"面子"，有时会倾其所有来招待客人，甚至不惜举债待客。有时在集市上遇上亲朋好友，他们便席地而坐，边聊天边喝酒。另外，彝族传统文化中的"平均主义"观念，也是彝族人竞争意识不强的重要原因。在自给自足的传统生计方式下，人们形成了"有田同耕、有饭同食、有难同当、有福同享"的平等观念，积淀为彝族社会一种含有"原始共产主义"的民族生活方式和社会文化心理。同支彝人，经济上可以有某种程度的不分彼此。

　　彝族群众酷爱饮酒，常常疲倦或喝醉了，随时随地倒在街上，便呼呼地睡去。提起酒来，他们最高兴不过。西昌街上，人们常常会看见彝族群众，抱着一坛酒，大杯倒出，狂饮一番。[①]"喝在酒上，穿在银上，用在神上"，"男人不会喝酒，会受人嘲笑"，是彝族生活的真实写照。酒在当地人的生产生活中几乎到了无处不在的地步，"以酒为茶"是彝族社会的传统习俗。调研发现，房前屋后、田间地角、公路边、街道旁，都有他们饮酒的身影，饮酒是他们日常生活的重要方面。在彝族社会中，人们认为无酒不成席、无酒不成欢，婚丧喜庆、建房、交友等都以酒相庆，客人来了没有酒更是"天大的事情"。有些家庭家徒四壁、生活拮据，喝酒却不惜破费。"酒瓶多"可谓彝区又一独特的现象，我们曾把其与此前提到的"孩子多""土豆多"，并称为"彝区三多"（图4-11）。民国时期凉山彝族的杰出人物岭光电在其自述中曾提及彝人酗酒的事情：

　　　　当时吸食鸦片与酗酒，是导致部分彝民卖身为奴、家破人亡，造成社会不安定的一个主要原因。酗酒闹事酿成冤家，在彝区是常事。有的人喝酒后，倒在街上、道边到处滚睡，满身猪屎牛粪不说，还惹是生非，无缘无故地互相斗殴打架，尔后有的因此闹成冤家，

---

① 曾昭抡. 大凉山夷区考察记. 北京：中国青年出版社，2012：38.

（a）　　　　　　　　　　　　　　（b）

图 4-11　彝家屋内成堆的酒瓶和拮据的生活

经常闹架打架，甚至有的拉起队伍互相残杀。[1]

彝族人传统的天命观导致的竞争意识和上进心的缺乏，是他们不重视子女教育的深层文化心理。在彝家的传统观念中，人世的富贵贫贱都是上天早已注定的。诚如彝族谚语，"树木有长短，是人有高低，人中分贵贱"，"命由天注定，各有各的命"，"地上的一切，由天君所管"[2]。这一消极的天命观，更容易使贫困群体以一种听天由命的心态放弃子女通过读书改变命运的可能性。听天由命的文化心理和竞争意识的缺乏，是彝族学生入学、学习积极性不高，缺乏勤奋苦读精神，升学愿望不强烈，学业成绩普遍偏低的重要社会文化原因。这一现象在彝族村寨、闭塞山区表现得尤为明显。就目前的学校制度设计、内容安排，以及文化差异引发的各种特殊障碍而言，成为学校里"佼佼者""优等生"，继而通过读书改变命运，对彝族儿童而言无疑是一件需要付出艰辛和意志力的"苦差"，即便如此也只有少部分人成功。诚然，"快乐教育"作为一种美好的理念、憧憬本无可厚非；然而，"知识需要发奋努力、刻苦认真、严格要求、意志坚强才能获得"[3]，这也是"上学"不同于一般所言的"教育"的重要方面，亦即"知识"与"经验"的区别之处。现实中，教育（上学）无疑依旧是一件投入性的"艰苦劳动"，需要经济、精力的保障与付出。对某些个体与家庭而言，当下享有"免费教育"并非总是美好、惬意的"有益"之举，顶多算是一种"未来的美好"。

① 岭光电. 忆往昔——一个彝族土司的自述. 昆明：云南人民出版社，1988：129.

② 何积全. 略谈彝族古代文艺理论著作《论彝诗体例》. 贵州社会科学，1989，（12）：37-43.

③ 联合国教科文组织总部. 教育——财富蕴藏其中. 联合国教科文组织总部中文科译. 北京：教育科学出版社，1996：15.

古时"头悬梁""锥刺股"的励志典故和乡间"再苦不能苦孩子，再穷不能穷教育"的"普九"标语，均是很好的佐证。竞争意识的缺乏，加之自由散漫性格的养成，使绝大多数彝族儿童对学校里的"苦读生活"不感兴趣，自然也就没有通过教育改变命运的想法。

2. 商品意识淡薄

受传统封闭自足生计方式的影响，凉山彝区历史上并未形成过真正的商品经济。因此，在彝族传统文化中存在着"重义轻利""重农轻商"的文化心理。凉山地区属于"内地边疆"型少数民族人口和聚居地区①，彝族主要分布在自然条件较差、交通不便的高寒山区和半山区。特别是昭觉、布拖、美姑等九县（当地称为"老九县"），海拔高、自然条件恶劣，汉族人口少，汉语并不通行，工商业极不发达，各项社会事业普遍落后。凉山彝区恶劣的自然条件和封闭人文环境，使得彝族民众很少有机会融入主流文化。在传统农业社会中，彝族群众过着"日出而作，日落而息"的自然经济生活。农业生产不重耕、不施肥、不除草，土地实行轮种，温饱问题一旦解决，便不再去开荒拓垦，生产更多的粮食。"以农为本""知足常乐"的传统生计方式，使彝族人民形成了"重农抑商"的社会文化心理和生活习惯。

彝族人在重农的同时，对非农业以外的其他劳动如商业十分忽视，而且认为商业的发展会导致对农业的破坏。他们视商人为"懒汉""无赖""滑头"，认为离开土地谋生的人是不务正业、没有出息的人，对经商致富不屑一顾。他们虽然处在相对恶劣而落后的自然社会环境，却懒于积极主动去改善窘迫、拮据的生活，习惯于"糊糊涂涂地过原始生活，反以为比人家高明"②。究其缘由，凉山地区的彝族长期延续着自给自足的自然经济状态和生计水平，社会物质产品的生产和积累都十分有限，自然也就没有从事商业活动的需要和可能，继而导致商品意识的缺乏。"养牛为耕田，养猪为过年，养羊为御寒，养鸡为换盐巴钱"是当地传统观念和生计方式的生动概括。直到今天，在某些彝族村寨依旧存在以物易物的原始生活方式，物质流通和商品经济发展相对滞后。在当今市场经济条件下，这种观念更是显得格格不入，制约着彝区经济社会发展的整体水平。此外，"共

---

① 我国少数民族人口和聚居区约略分为如下三种类型：①"外围边疆"型。地理位置远离中原，民族和国家认同存有一定矛盾，如新疆、西藏等。②"中原边民"型。包括居于内地的人口较少民族和散居各地的民族，与汉族交往、融入深入，如畲族、回族等。③"内地边疆"型。在地理位置上距发达汉族地区相对较近，多"因俗而治"，与汉族有大量交往，亦也有一定的隔阂，如彝族、侗族、苗族等。参见：付佳杰. 少数民族怨气的经济根源——以四川凉山地区为例. 文化纵横，2014，（3）：38-46.

② 吉第依和. 边民教育的几个主要问题：边民的呼声. 边疆服务，1947，（18）：4-6.

吃共喝"的传统习俗，亦是制约彝区商品意识和商品经济发展的文化因素。从前，彝族人根本无法在村落或乡镇附近开餐馆和经营食品。在彝族传统"熟人社会"中，熟人见面要按习俗体面地招待对方，商品性质的收费被视为不合规矩的"越轨行为"。因此，即使再好的"买卖"到头来只能是亏本、倒闭，商品经济和商品意识自然无法形成。商品意识的缺乏使凉山彝区经济社会发展长期处于内卷化、边缘化的封闭状态，对现代学校教育的需求十分有限。由此，人们既缺乏对学校教育价值的认同，也感触不到学校知识的现实"有用性"，也就缺少努力向学的动力和积极性。这些也是制约当地义务教育发展质量提升的内在原因。

3. 依赖意识严重

受传统奴隶社会的影响，"不劳而获"成为某些彝族群众心目中的理想生活；恶劣的生存环境又使彝族群众养成了"靠天吃饭"的文化心理和生活习惯。彝族群众相对突出的依赖心理表现为如下方面：①靠天吃饭。凉山彝区高山天寒，生存条件相对恶劣，自然灾害频繁，依循传统生计方式，即使终年劳作也仅能勉强维持生计，彝族群众由此逐渐养成了靠天吃饭的生活习性及依赖心理。曾昭抡先生在彝区考察时也曾提到"凉山"这一名称的由来，"大约系因此片山地，海拔颇高，气候寒冷的缘故。汉人之所以迄未深入，一部分故因当地夷人过于凶悍。另一种理由，大约系因其地高寒，不宜耕种"[①]。因此，长期以来，彝族社会生产力低下，农业产量极低，大都停留在自给自足水平。②"等、靠、要"心理严重。凉山彝族自治州喜德县原代理县长曲目五牛叙述了如下典型案例：1996 年春节前夕，时任四川省委书记的谢世杰同志率队到凉山彝族自治州慰问。在慰问美姑县尔且甲谷村的贫困户时，竟有一对 20 多岁的年轻夫妇，数九寒天坐在无柴无火的冷火塘旁。谢世杰同志和男主人曾有过一段引人深思的对话，内容大致如下：

> 问：大冬天的，我看你衣服穿得少，冷不冷啊？
>
> 答：冷。
>
> 问：既然冷，为什么不烧火烤啊？
>
> 答：没有柴。
>
> 问：没有柴，你年纪不大，又有力气，怎么不去砍呀？
>
> 答：砍柴的地方太远！
>
> 问：你这样"苦熬"不行啊！没有出路！
>
> 答：今年比去年好。去年受灾粮食减产，没有吃的，一天吃一顿，

---

① 曾昭抡. 大凉山夷区考察记. 北京：中国青年出版社，2012：64.

没力气干活，就躺在家里睡，还不是熬过来了……①

最后，那人接过装有慰问金的红封打开一看，里面是几张 100 元面值的人民币，顿时热情高涨，不顾屋外凛冽的寒风，马上就要出去买酒来招待慰问人员……这就是典型的经济贫困与文化贫困和精神贫困交织的综合贫困。侗族群众更加勤劳上进，这既是我们在两地进行田野工作时的"在场"体验，又在侗族谚语中有所体现。侗族群众传承的谚语，如"父勤子则勤，母懒女则懒""学懒只需一天，学勤则需三年""人误一时，田误一年""犁得深，耙得烂，一碗泥巴一碗饭""人勤田地宽，人懒道路窄"等，便是侗族群众勤劳恪俭文化心理的表征。

彝族群众依赖心理的形成有其自然原因和历史根源：①凉山位于青藏高原和云贵高原之间的横断山脉，属海拔高、气温低的山区气候，加之自然灾害频繁、生产方式原始落后，彝族群众养成了"靠天吃饭"和"广种薄收"的粗放型生计方式。②凉山地区是从奴隶社会直接进入社会主义社会的，广大彝族群众在长期黑暗的奴隶社会被作为"会说话的工具"，通过反抗改变生活是有限的、不可能。他们由此形成了"忍受"和"苦熬"的心理和惯习。时至今日，这种苦熬、忍受的心理仍未根除，也是今天彝族群众"小富即安""不思进取"依赖心理的根源和表征。

4. 积累和再生产意识不强

凉山彝族自治州所辖的 17 个县市，经济社会发展状况可谓"两重天"。安宁河谷地区，特别是西昌市、德昌县、会理县、宁南县、会东县、冕宁县（简称"五县一市"）等地区，整体发展水平基本与内地中等县相当，甚至有些地方还要优于内地不少地区，而其余 11 个县全部为国家级贫困县。调研的昭觉县、美姑县同属彝区，但交通闭塞、环境恶劣，海拔平均在 2000～3500 米，经济社会发展水平远远低于内地，甚至在西部地区都极为落后。民众主要依靠传统农业维持生计，有些村寨仅能达到温饱甚至温饱都成问题，衣衫褴褛的儿童在当地村寨随处可见。地方领导告诉我们，以前彝族男人都很少干活，一到天黑就是喝酒、睡觉，干活的多是女人。自 20 世纪 90 年代以来，我国政府不断加大对民族地区的帮扶力度，很大程度上缓解了凉山彝区历史上的贫困问题。伴随市场经济和改革开放的不断深入，凉山彝区与当地汉族地区经济社会发展差距却更大。

按照一般的观念，"国民收入的增多就促成较多的储蓄以及更多的投资，更多的投资促使工商业的发展，因而人民的生活水准也就可以大大地提高了"②。

---

① 曲木伍牛. 凉山彝族地区贫困问题研究. http://lsygdz.lsz.gov.cn/gztt/gztt0601. htm[2015-03-12].

② 李亦园. 人类的视野. 上海：上海文艺出版社，1996：28.

这一有利的经济循环在一般社会的经济行为和观念中无疑是合理有效的，但对某些持有不同文化观念的少数民族而言，却不见得是最合理的，也不见得是最有效的。在某些少数民族群体看来，增加的收入最好是用于饮食或祭祀等享乐型、消费型活动，省吃俭用地把金钱累积起来在他们看来是无法理解的。他们将获得的钱物主要用于操办毕摩等祭祀性和婚丧嫁娶等攀比性活动。"厚葬薄养"的传统陋习在彝区农村随处可见，受过一定教育的城镇居民也不例外。不少人在婚丧喜庆中互相攀比，有些人一年辛勤劳动的成果几乎全部用于此类礼俗。据《云南志略》记载：彝族祭祀时亲戚必至，宰杀牛羊动以千数，少者不下百数。近年来，随着农民生活的日益改善，彝族地区在婚丧嫁娶中互相攀比、大吃大喝之风愈演愈烈。在彝区一些乡镇，一年到头有吃不完的"婚丧宴"，"脱贫"却依旧是多数民众的当务之急。在彝区传统社会中，"夷人文化落后，生活简单，只要土地所产，能维持简单生活，则别无所求，不事其他"①。"夷人不知储蓄，向来没有储蓄的习惯。此等粮食，夏季即行吃完。到了秋天，磨豆成浆，连渣滓一同煮食，称为'连渣脑'。一入冬季，则大都不得不食萝卜菜以为生。春天在全年当中，吃的方面，达到艰苦的顶点，仅将苦蒿叶做成巴巴以充饥。所磨粉子，所做巴巴，绝不够留到第二顿吃。"②另外，在彝族文化观念中，认为"成功人士"应是一个"好面子"的人、讲义气的人。有时为了面子，他们会把家里的耕牛杀了来招待客人，甚至把家里仅有的全部积蓄花光。可谓"十日挣钱，一日用完"。由此，与其说彝族人"好面子"，不如说他们缺乏积累意识和再生产意识。置身于这一生活境遇，惯习于上述文化心理，"免费"的学校教育对彝族群众而言自然缺乏吸引力，家庭、学生亦无心、无法专注于回报周期相对漫长、具有风险性的"教育投入"。

侗族的饮食文化，可概括为如下几句话，即吃不离酸，喝不离酒，食不离糯，佳肴不离血红、牛瘪、烧鱼。好客同样是侗族人的天性，茶和酒同样是侗族人家迎宾待客的必需品。"拦路迎宾"时要唱敬酒歌，"吃长桌宴"和办喜宴时要喝"转转酒""交杯酒"等。可谓"无酒不成席，无酒不成礼"。正如侗族劝酒歌中唱的："相逢不饮空归去，洞口桃花也笑人。"但是，侗族人平时一般不喝酒，而是把精心酿造的美酒专门用来招待客人，酒也被侗家人称为"贵客酒"。因此，较之彝族群众，侗族群众的酒文化相对要健康、文雅一些，不会因喝酒而误事，更不会嗜酒如命，他们更懂得对酒的节制。民族文化心理并非一成不变，其对文化主体的影响往往在民族、地区、群体、时代等方面存有差异。通过在侗族、苗族村寨的田野调研，我们发现，苗族群众思想一般比较传统、保守，而侗族人较

① 李士达. 大凉山边民教育之改进. 边疆服务，1946，（11）：8-9.

② 曾昭抡. 大凉山夷区考察记. 北京：中国青年出版社，2012：100，218.

为现代、开放。这一观点也得到地坪中学苗族王姓教师和当地侗族陆姓青年老板的证实。王老师介绍，从他读书和教书的经历来看，苗族人更加重视子女的教育。他自己的读书经历即是很好的例证。从小，父母对他的教育就很用心，希望他通过读书走出大山。虽然家里经济条件不好，但父母仍然省吃俭用，坚持让他念书。当他 2008 年从凯里学院毕业时，王老师家已欠下 4 万余元的"教育债务"。王老师介绍，在他们苗族村寨，这种借债供子女读书的例子比较普遍。在访谈中，高鸟苗寨陆姓高一同学的话也可佐证这一现象，他说：

> 很想好好读书，想多学点东西，出去看看外面的世界。我们这里的家长一般都在外面打工，家里只有爷爷奶奶种田养牛，照顾小孩上学。爸妈很希望我能考上大学，离开山区到城市生活。寨子里很多家庭都搬到外面去住了，有的直接把孩子带到打工的地方上学。还有的在城里租房子，专门照顾孩子读书。

该同学还介绍，肇兴中学和黎平县第一民族中学都有学生复读的现象，父母都希望子女能考上大学，有些家长因孩子读书不好，只能让孩子外出打工。只要孩子学习成绩好，家长一般都会支持他们读书的。我们在黎平县城沿街看到的各高中张贴的《黎平三中高考复读班招生简章》证实了该学生的说法。事实上，较之凉山彝区，黔东南侗乡一直有着尊师重教的优良传统。以肇兴侗寨为例，从清道光末年到光绪末年，这里的文化教育曾有过一段繁荣的发展过程。李昉所撰的《黔记》曾记载："六侗夷人……女则纺织勤劳，男亦多读书识字者。"纪堂寨陆锡琏（贡生）于清光绪二十四年（1898 年）修的《宗族谱》也有相关记载："大清道光二十二年（1842 年）壬寅开科入学以来，一脉子弟渐多读书。"

历史上，侗族社会同样相对闭塞，其与外界的交往也非常有限，稻作农耕的传统生计方式，使侗族群众习惯于平淡、稳定、安详的生活，养成了温顺善良的文化心理和生活态度。在侗族历史文献《九十九公合款》中，关于侗族来源的"肉团变人"的神话中也有这方面的记载："肉变侗人，侗人民善良温顺；骨变苗人，苗人强悍坚硬；肠变汉人，汉人乖巧聪明。"受这一传统民族生活态度的影响，侗族群众一般竞争意识不强，不喜欢争强好胜。他们也重视子女的教育，但并不像传统汉文化所推崇的"万般皆下品，唯有读书高"那样，倾心于"衣锦还乡、光耀门楣"。我们在侗寨走访调研中，当问及子女的教育问题时，"那看娃娃自己的想法，他愿意读书，就让他读书，如果娃娃不愿意读，我们也不强迫他读。如果娃娃喜欢念书，又念得好，家长自然也愿意供他们读书"，是当地群众对待子女教育问题的普遍看法。在传统汉文化中，"头悬梁，锥刺股"则是家长教导子女勤奋苦读、出人头地的典范。

教育文化作为民族社会文化心理的实践表征，是民族成员对教育的根本看法和行为外显，不仅具有一定的民族性，而且因民族间的杂居而具有一定的地域性，表现为地域内民族间的共性和时代变迁特征。调查发现，黔东南苗族侗族自治州的侗族、苗族家庭，比凉山彝族家庭更重视对女子的教育。调查中的侗寨美门村，共 29 户，约 128 人，有 4 个在读大学生，村里最早有人上大学是在 20 世纪 90 年代。村民告诉我们，家长都希望孩子能好好读书、考上大学。当地政府统计部门曾公布这样一组数据：在坝寨乡锦团村 134 户人家中，2000 年以来已陆续有 27 人考上大学，有的家庭有 4 个大学生，成为远近闻名的"大学村"。[①]同样，对肇兴中学梁姓苗族教师的访谈也证明了这一点。据梁老师回忆，他以前上学的时候，如果考试成绩不理想，因怕回家挨打而不敢回家。还有的村寨，在申请公办教师住校、保留教学点得不到满足的情况下，自掏腰包保留教学点、请代课教师。据被访谈的苗族村寨陆姓村主任介绍，在饮水、用电、住房、医疗等民生问题得到很大改善的同时，上学问题成为当前村民"最不满意的事情"。2007 年村里有一所完全小学，共有 8 位教师（其中 3 位是公办教师），学校合并后 5 位民办教师就都被清退了，孩子们要走 3 千米山路到堂华小学上学。该校共 140 多名学生，9 位老师。但逢上雨雪、冰雹等恶劣天气，他们只能不去上学。该村的学前教育，则是村民自己筹钱聘请的教师，校舍是原来被撤并的村小。他们以每月 1500 元的酬金聘请了一位女老师，教师工资靠每家平摊，现在总共有 18 个学生，每家每月要担负 80 多元的教师工资；同时，每家轮流负责这位教师一周 5 天的伙食。陆主任还反映，他最担心村寨会出现"第三代文盲"。在寨子里，男孩子要是没念过书，就连老婆都很难娶到。没有文化，什么都做不成，就连种田、养牛，都要知识。

第二节　社会生计类型对民族地区义务教育质量的制约

在世界范围内，虽然学校教育的具体运作形态不尽相同，但社会赋予学校的一般功能和使命是相似的。因此，如果拥有体面的社会职业和生活需要个人在学校里汲取必要能力，那么，努力让子女在学业竞争中获得最佳"席位"，对家庭而言则是学校教育的关键使命和现实功能，也是学校运作的潜在社会动力。现代学校作为一种特殊的传授知识的专门制度，应与预期的、潜在受教育者的日常生

---

① 吴达富. 我县农村教育消费支出比较研究. http://www.lpxztjb.cn/details.aspx?id=298[2012-07-30].

活方式保持一定的统一性、协调性。否则，传统生计方式就会与学校教育活动之间在时间、空间、内容、价值取向、人员等多方面对立乃至冲突，学校和知识的价值将面临各种质疑，乃至否定。

一、传统落后生计方式制约学校教育的需要

对广大民族地区而言，落后的生计方式也是当地义务教育阶段辍学、失学、弃学等现象凸显的重要客观原因。我国民族地区生产力发展水平相对低下，加之特殊的区域地理地貌，现代农业科技在以山地农耕和畜牧养殖为主要生产方式的民族地区难以推广应用。彝族主要聚居在海拔 2000～3500 米的山间盆地、二半山和高山区， 80%以上的人口分布在山地、山原，不到 20%的人口居住在平坝。调研的昭觉、美姑两县均属高山地区，年平均气温为 11℃，温季较短，冬季和初春多冰雪和北风。土地多是旱地，不能自流灌溉，土壤多为黄棕壤，通透性差，作物只能种一季。以美姑县为例，全县境内群山耸立，山岭连绵，山峰叠起，岩壁陡峭，沟壑纵横，河流切割剧烈，山川并列。海拔悬殊，东北部最高海拔 4042 米，东南部最低海拔仅为 640 米，境内相对高差为 3402 米。全县境内大部分地域海拔在 2000～2500 米，中山地形占总面积的 77.24%以上，高山占 21.32%，阶地、台地和低山（河谷）仅占 1.43%。由于客观条件的限制，当地很多农户仍然延续的是广种薄收、老牛拉犁的传统粗放型农业生产方式（图 4-12）。

图 4-12　民族地区依旧落后的生产方式

据当地农业局领导介绍：

> 我们美姑县域经济基础脆弱，财政收入十分困难。农民贫困面大，贫困程度深。受经济、自然等各种因素的制约，在开展农业生产的过程中，广大农民仍然还是用犁、锄、竹篓等较为简陋的生产工具，劳动强

度大，生产成本高、效率低，阻碍了本地农业向现代农业、规模化生产发展的进程。

落后的生产方式必然占用大量的时间和具备从事简单劳动的潜在劳动者，出现了学校教育与家庭生产争夺人员的矛盾。凉山彝区相对落后的生产方式，需要投入更多的劳动力方能维持正常的农业生产和日常生活，家庭中女孩承担着相当繁重的家务和农事。尤其是一些自然环境相对恶劣的坡谷地带，充裕的劳动力对于维持正常的生产生活尤为重要。受重男轻女和多子多福观念的影响，在家照顾弟弟妹妹、烧火煮饭，在外赶猪进沟、牧牛放羊、下地务农等家务农事自然就落到年龄稍大的女孩身上。女孩作为家庭里重要、不可或缺的"劳动力"，自然无法自由、自愿按时入学。据当地乡村干部介绍：

> 即使他们经常和学校老师到失学、辍学女童家劝学，很多家长也不同意让女童上学。因此，在当地彝族村寨，旷课、辍学、失学现象依旧普遍存在。一是家长们没有什么文化，认为女孩到学校读书是"不划算"的；二是家庭生计生活方式的正常维系离不开学龄女童。因此，即使学校不收学费，有些家长也不同意让女娃娃去学校读书。即便是乡干部去家里请，告诉他们不送娃娃读书是违法的，他们也不让女娃去读书。以前，有的家长还同开展劝学工作的干部、老师发生冲突，有的干部、老师甚至被家长抓伤、打伤。

价值不是先验的存在。家长之所以固守清贫地投入子女的教育，因为他们发现送子女读书是一件"有利可图"的事情；否则，即使免费的教育有时难免被视为一种"劳务"或"差事"。历史上，凉山彝区也曾发生家长教唆其入学子女向学校索取"奖励"的现象。梁瓯第先生曾归纳了当时彝族学生家长对施教办学的态度。据文献，当时彝族家长曾要求学校给其入学子女"发饷"，称"夷人当差有饷，教员教书有饷，我们送儿女来上学亦自有饷"，且在昭觉县此类现象为甚。于是，学生不到校则已，每到学校必要求教师发送针线（当时针线属彝族日用品，需向汉人购买，异常珍贵），针线不足，继之以衣服（来校的学生，政府曾奖以每人一套衣服，后遂成惯例），衣服不足，继之以供食，供食不肯用荞麦食粮，须吃足汉人饭菜，所愿不遂，一哄而上，遂无求学者，此皆学生家长教唆之故，成为习惯，教师甚以为苦。梁先生归纳了当时彝族不愿就学的六条原因：

> ①夷人不愿远出就学，更不愿至汉地就学；②夷人生聚有其传统生活习惯，不感觉教育之必要；③夷人子弟在家可协助生产及劳役，出外需照顾其衣食，且生活失一得力助手；④夷汉之间且有浓厚的仇恨心理；

⑤夷人对于学校的新习惯，如洗盥以时，使用桌椅，便溺有所等，感觉不惯；⑥夷人接受教育之后，学成归去，英雄无用武之地，且被目为特种人物，有亲汉的嫌疑。①

依据教育经济学的理论，个体或家庭的教育需求受两方面因素的制约：①是否愿意获取教育服务；②是否有能力支付教育服务的费用。②具体到凉山彝区，这两方面因素表现为：①人们看不到教育带来的实惠与利益，在家放牛或外出打工反倒能增加家庭收入，彝族父母让孩子去学校读书多是迫于国家"普九"政策的压力；②孩子完成义务教育后继续上学所需的高昂费用让很多家庭无法承受。受两方面因素的制约，民族地区个体或家庭的教育需求普遍不高，缺少教育获取的意愿和能力。

近来，"凉山童工"再次引起社会各界和各大媒体的广泛关注。《凤凰周刊》曾报道过一个典型案例，下面内容据该报道整理：

> 彝族学生吉布小比是凉山彝族自治州越西县铁西镇斯吉村340户里唯一还在读书的高中生。他之所以能在县城继续读书，是以家中14岁和15岁两个妹妹的辍学、失学为代价的。两年前，正在读初二的吉布小比送走了外出打工的第二个妹妹吉布小林。小林被家里一个信得过的工头带去广东一家玩具厂。此前，小比另一个妹妹吉布小明，经由一个亲戚带去成都温江的建筑工地做临时工。14岁的小林读到小学三年级，15岁的小明则一天书也未读过。送这个年龄的孩子出去打工在村里实属正常，几乎家家都有小孩在读过几年小学后就外出打工。③

这在整个凉山彝族山区，算不上什么稀奇事。虽说现在读书不要钱，但就当下生活境况而言，彝族孩子辍学打工不失为一个"明智"的选择。一方面，彝区自然环境极为恶劣。山区海拔较高，气候寒冷，贫瘠干旱的山坡只能种植土豆、玉米、荞麦等高山作物，且一年只能一熟，产量有限。土豆算是当地的特产，好的年份土豆产量虽高，口感也好，但价钱便宜，每斤仅能卖到3~5角，扣去种子、化肥等成本，收成只够维持家人的口粮，有时甚至要"倒贴"。依靠此种生计方式，人们增收无望，民生艰难，仅能维持温饱，绝大多数家庭生活水平仍处于贫困线以下。身处这般生境，他们若不出门打工，只能继续忍受贫困。另一方面，

---

① 梁瓯第. 川康区倮儸之教育. 西南边疆, 1942, （15）：16-58.

② 刘志民. 教育经济学. 北京：北京师范大学出版社, 2007：271.

③ 李克难. 被打工改变的彝族山村和少年. 凤凰周刊, 2014, （5）：50-54.

就目前学校教育的制度设计和内容选择而言，过多地接受学校教育不是"多余"便是"浪费"。现实的生活经验告诉他们，小孩只要读过几年书，认识几个字、会说汉话、能够算数，就可以出去赚钱，读更多的书并无必要，甚至是多余、浪费。此外，那些在外打工的孩子每年在彝族新年回家时，大都染着五颜六色的头发，衣着打扮光鲜时髦，让其他待在村子里蓬头垢面、衣衫褴褛的同伴无比羡慕。辍学童工的"成功榜样"告诉他们，到外面打工赚钱很容易，吃穿又好，使得他们不再有心思上学。身边的例子告诉他们，那些多读了几年书的孩子，最后还是要回到农村，还是要跟着读书少的一起到外面打工。所谓教育和知识的价值，对于他们来说无疑是陌生的和值得怀疑的。制度化的学校教育作为"一种工具"[①]，如果对"经济发展没有用处，国家、社会是不可能热心办教育的，家庭也缺乏投入教育的需要和动力。对于个人来说，教育的意义也无外乎工具"[②]。不难发现，彝区相对落后的生产方式、生活习俗与学校教育制度设计和知识选择实存的诸种"脱节"，历来是彝族人家不愿送子女到学校读书的深层原因。同样，当前彝区依旧相对落后的生产方式与地区、家庭经济贫困互为表里，增加了学龄儿童离开学校的可能性。受地理环境和生产力水平的限制，改善拮据的生活现状依然是当前许多彝族家庭的首要任务，更容易使作为潜在劳动力的学龄儿童成为现实和必要的劳动力来源。正如我们在昭觉县彝族村寨调研中遇到的一位村民所言：

> 娃娃读书能识得几个字就行，多上一年与少上一年没什么差别。家里活路又多，养猪放牛都需人，有时就得让娃娃回家帮忙干活，等不忙的时候再去学校读书。上完学不是一样回家种田？学多了也没啥子用处。

低下的生产力水平和粗放型的生产方式，为学龄儿童离开学校提供了客观可能性；家庭经济困难与劳动力的缺乏，为儿童辍学、弃学提出了现实需要。此二者互为表里，导致越来越多的彝族儿童不能完成学业，无法享有平等的受教育权。这一问题在民族地区具有普遍性。

二、"半工半耕"生计转型对义务教育的冲击

今天，我国农村日渐强化的"半工半耕"的生计方式为民族地区义务教育质量的提升提出了新的特殊要求。与过去的"因贫辍学"不同，当前民族地区普遍存在的辍学现象可概括为"因富辍学"和"为富辍学"的双重矛盾。在"人口红

---

① 邰爽秋. 民生教育刍议. 教育杂志, 1935,（6）: 25-28.

② 刘庆昌. 教育价值的秩序. 教育科学, 2009,（5）: 21-26.

利"日渐退却的今天，"用工荒"开始从沿海蔓延至内地，没有文凭、没有学历、没有多少知识的"新一代农民工"成为劳动力市场青睐的对象。伴随劳动力成本的不断增加，工厂雇主总是想方设法雇佣相对便宜的劳动力，民族地区受教育程度较低的劳动力和廉价的学龄童工成了理想的对象。社会整体发展水平的提升和学校教育的全面普及，使新一代彝族青少年的汉语水平大幅提升，基本达到了城市低端用工的要求，满足了构成劳动力市场相对有效的供需关系。基于以上现实，凉山彝区童工的出现也便"顺理成章"了。同时，伴随民族地区学校教育的普及和现代化进程的推进，以前民族地区成员外出打工的地域阻隔、语言障碍等困境逐渐被打破。特别是义务教育的普及和电视、网络等现代媒体和交通工具的便利，使一些民族成员逐渐进入各低端劳动力市场。受传统生计方式和新时期"打工潮"的影响，"读书学汉话，识字好打工"，成为民族群众关于学校教育价值的普遍共识。由此，这一需要一旦满足，再接受教育则显得"过剩"或"多余"。尽管民族地区经济有了较大改善，但与东部地区相比，仍存在一定的差距，我国不同地区农村居民人均纯收入情况可以佐证（图 4-13）。这使得刚刚走出大山的民族群众，更容易接受相对较低的工资待遇和更加恶劣的工作种类和工作环境。有时虽然他们从事的工作很辛苦，但较之家乡更加恶劣的生存环境和农事劳作，进城务工的"丰厚收入"和相对轻松、体面的农民工身份，更容易令他们拥有较高的"满意度"。

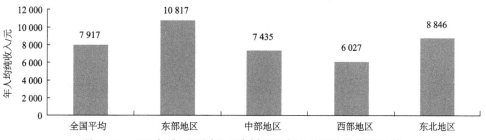

图 4-13　2012 年我国不同地区农村居民年人均纯收入情况比较

　　调查中，当被问及他们外出打工的感受时，他们脸上一般都洋溢着轻松、愉悦乃至幸福的满足感，"打工好，不怎么累，工资还可以"，"要比在家里强多了，在家种地一年挣不了几个钱"，"打工有肉吃，有漂亮衣服穿"，是民族地区许多外出打工者的普遍看法。虽说义务教育在民族地区的普及质量着实堪忧，通过小学阶段和初中阶段的学习，少数民族儿童基本都会讲"汉话"，并具备基本的读写算能力，接受这种质量不高的教育虽然使其无望升学，但对于使其成为一名合格的"新一代农民工"绰绰有余。加之城市取向的学校教育设计和现代媒体的影响，民族地区的青少年更加向往大山外面的世界和城市生活，他们更渴望走出大山，到外面的世界去看看。一面是"用工荒"，一面是"大学生就业难"，这是我国当前劳动力市场的现实境遇，它体现为当前我国就业市场的结构性矛盾。在城市"用工荒"和大学教育"毕业即失业"之间的矛盾日益凸显的背景下，那些原本学业不良、升学无望的民族青少年恰好具备了新一代合格农民工的客观要求和主观需要的双重条件。同时，他们满怀好奇地渴望走出大山，就更容易放弃学业，选择辍学打工这一或"明智"，或无奈的道路。从我国社会变迁和教育发展的历程来看，"读书无用论"的思潮在我国曾集中出现在三个历史阶段：①"文化大革命"时期的"读书无用论"思潮，是当时特殊的政治背景造成的；②20世纪80年代的"读书无用论"思潮，是"脑体倒挂"的市场经济导向造成的；③20世纪90年代末出现的"读书无用论"思潮，则源于我国高等教育和中等教育的招生和分配制度的改变，导致农村人认为"投入教育后得不到理想的回报"，进而引发"教育放弃"。像四川凉山彝区某些极度贫寒的山区，农民辛苦劳碌一年也未必够一家人一年糊口，学校读书的生活更是穷苦，而外出到广东等地打工成为他们改变窘迫生活的迫切需要和现实捷径。尽管他们从事的工作既艰苦，收入又低，但还是比他们待在家乡受苦、受穷要好得多。我们常说"教育改变命运"，但在民族地区一些农村家长看来，让孩子早点到城市打工，毫无疑问是改变家庭窘迫状况的更简便、更"明智"的可及途径。因为他们认为通过读书走出大山几乎是不可能的，接受再多的教育也是多余的。近年来，凉山彝区的交通虽日渐便利，但也大大增加了农村家庭的消费支出，他们开始购买成衣、啤酒、电视、冰箱、洗衣机……于是，新的矛盾出现了，传统农业生产的微薄收入逐渐难以维系。随着城市消费观念浸入乡村带来的家庭开支的日益增加，他们对现金收入的需求开始增加，外出务工成为化解这一矛盾的现实路径。教育虽可提高人的素质，改变人的命运，但在凉山彝区的一些家长看来，尽早让孩子辍学到城市打工，则是改善家庭状况更为明智、便捷的选择。2014年3月，《中国新闻周刊》刊出的题为"走出凉山"①的专题调研报告同样反映了这一问题。以下内容是据该调研报告整理的：

> 民族中学的老师鲁伍甲告诉记者，几乎每天都有学生流失。有的只读到小学五年级就辍学出去打工。辍学率最高的是初中阶段。初一入学时班上有60多名同学，最后毕业时只剩下20人。辍学的学生要么回家结婚，要么就出门打工了。教师们每天最主要的工作，就是劝说家长不

---

① 杨迪. 走出凉山. 中国新闻周刊, 2014, （7）：56-61.

要让孩子辍学。每一次都恨不得跪下来恳求家长。瓦场乡一位中学老师说，2013 年 9 月开学前，她跑了四个家庭去劝说家长让孩子继续读书。她曾在大学拿过辩论赛最佳辩手，最终却败在固执的家长面前。她把所有能说的话都说尽了，告诉家长读书才是更长久的出路，只有读书才能彻底改变现状。家长们只是不断对她笑着点头称"老师，你说得对"，却不改变继续让孩子辍学的决定。

话说回来，他们选择放弃教育、辍学打工也是可以理解的。民族特色鲜明的山区少数民族学生成绩普遍较差，书本里的内容是陌生的，既感觉不到知识学习的实际用处，更没有升学的希望。为少数人设计的过一种"体面的读书人生活"，对绝大多数家庭和学生而言是遥不可及的，特别是对那些"生于斯，长于斯，终于斯"的山区少数民族群众而言，这样的生活几乎是不可能的事情！甚至他们打心底从未有过这种想法！读书没什么希望，留在山里劳动不但更加辛苦，而且挣不到钱，倒不如出去打工，工作相对轻松，挣钱又多，还能开眼界、长见识。彝族人有很强的"面子观"，认为读书后只有"做公务员"才算是有出息、值得的，否则既浪费钱财又损面子，自然"不划算"。现实的情况是，周围高中毕业生或大学毕业生依然找不到工作，只能是回家务农或外出打工，和没有上过学的人一样，甚至还不如他们。与之相对，毕摩十分受人尊敬，享有较高地位，且可带来可观的收入，因此有的家长更愿意让孩子学毕摩而不是去学校读书。凉山彝族自治州教育局一位同志告诉我们，目前州内彝族聚居区中小学生的流失率相当严重，与上报的数据存在较大出入。事实上，在民族地区的调研告诉我们，教育普及的实际情况与报表有时确实存在出入。

伴随义务教育的普及，虽说上学不用交学费，还有"免费的午餐"，但孩子进学校读书，特别是读初中，却占用了家里的劳动力，出现了学校和家庭争夺学生和劳动力的现实矛盾：①学校教育投入的收益具有滞后性、间接性，外出打工或在家务农等的收益是直接的、现实的，民族群众认识不到投入子女教育收益的可能性和可及性；②学校教育所传授的知识对于民族群众的生活方式而言又多是一种"异质文化"，且对农村生活来说多是陌生的、无用的，甚至是一种"过剩的""多余的"的高深知识。农村人既看不到学校知识的用处，又感触不到学校教育的"温暖"，虽然"三包"（"包吃""包住""包学习费"）的学校教育的确"实惠"，却也与当地的社会文化生活存有诸多矛盾。学校免费提供的文化知识并不能为改善生活带来明显的帮助，家长送子女上学的积极性自然不高。结果便是，家长本是文盲，既然看不到学校教育的"用处"，也就无法重视子女的学校教育；而没有家长的支持和帮助，前期教育也就不容易成功，后续教育自然困难重重。在家长看来，小孩子上学只是"识几个字算了"，待在家里也是闲着，不如放到学校里省心、清净些；学生更喜"懒学"了，自然不愿意为搞好学习吃苦。没有家庭必要支持的情形下，凭借学校、教师单方面的努力，学校教育的质量自然无法保障。这也是教育中"学校教育的有限性"最基本的原理的鲜活表征。

费孝通当年在江村的调研曾指出，学校里缺课人数与村里养羊的头数相关。因为养羊在当时的江村开始成为一种重要的家庭副业，打草成了学龄儿童力所能及的工作；而学校里的"文化教育的价值在人们眼里，还不如孩子们割草直接为家庭收入作出的贡献大"[①]。同样，今天的"打工潮"对于民族地区农村家庭生产生活方式的影响，与当时江村家庭从事养羊副业对学校教育的影响具有同样的作用方式和现实特点：①打工已成为广大民族地区农村家庭现金收入的主要来源，也是目前多数民族地区家庭脱贫致富的唯一可能；②计划生育、义务教育及城镇化等政策的有力推行，基本结束了我国劳动力市场"农村剩余劳动力无限供给"的"人口红利"阶段，农村不再是城市劳动力"无限供给"的蓄水池，我国劳动力市场出现了从"民工潮"向"民工荒"的结构性转型。据《人力资源蓝皮书：中国人力资源发展报告（2013）》的调研数据，"在中国就业人员中，初中及以下学历的比重占到70.3%，大学以上学历仅有12.94%；2011届全国大学毕业生有41%毕业半年内发生过离职，比2010届上升了7个百分点"[②]。上述数据表明目前我国劳动力市场中技能人才总量不足，特别是高技能人才严重短缺；也反映出低端劳动力市场依然占我国劳动力市场的绝大多数份额。这是引发新时期"民工荒"的深层根源，亦是维系"读书无用论"的社会文化背景。

民生境遇不仅制约着民生主体教育获取的现实可能性，而且影响着其对教育价值的认同及行为选择。对世代以农为生的民族群众而言，读书升学是他们走出大山、改变祖辈窘迫生活的唯一捷径；文化资本积累的先天不足和弱势地位，又使他们靠读书改变命运的希望十分渺茫。世界范围内"童工"现象之所以越来越少，并不仅仅是因为有了法律禁止，更是因为经济发展和人们生活水平的改善，使儿童不再必须参加劳动，而且为儿童进学校读书提供了必要的时间保障。

相对创造财富的劳动而言，教育无疑是一项消费性的闲暇。在凉山彝区，现实的情况是辍学务农或外出打工虽不是体面、安逸的生活，倒也是改善当下家庭

---

① 费孝通. 江村经济. 上海：上海人民出版社，2007：180.

② 中国网. 2013 人力资源蓝皮书发布. http://finance.china.com.cn/roll/20131011/1865147. shtml[2013-10-11].

窘迫生活的可及途径。因此，当他们发现升学无望时，"知识改变命运"则成为遥不可及的"乌托邦"，学校传授的"高远知识"自然显得"多余""过剩"，其所谓的价值也是遥远的、陌生的。此时，"免费的教育"并非他们"所需要的教育"，读书这一本属"辛苦"的事情对他们而言自然也就失去了坚持、忍受的理由和希望。外出打工改善民生的现实可能性和紧迫性，无疑增加了获取"免费教育"的"机会成本"和"投资风险"，免费获取义务教育在他们看来不再是"无偿的""明智的"。

凉山彝区存在的"超生"现象，使当地本不充足的教育资源更是捉襟见肘。按照国家相关规定，当地彝族家庭每对夫妇可以生育三个孩子，相应的教育资源配置也是依照"计划生育"人口来配置的，而普遍存在的"超生"现象自然无法满足现实适龄儿童按时入学的需要。同时，对当地彝族家庭而言，虽然孩子上学不交学费了，但家里孩子太多无疑增加了家庭日常开支的费用和对劳动力数量的要求。若送子女到学校读书，既减少了家庭既有劳动力的数量和家庭的收入，又增加了家庭的生活成本。从大的社会文化背景来看，当地经济社会发展的现有水平对学校教育的需要来说是有限的，目前九年或更长时间的学校教育对他们来说显得有些"多余"或"过剩"；城市地区和东部沿海地区的农民工之所以供不应求，"童工"现象之所以屡禁不止，也从侧面说明我国经济结构中依然存在大量依靠"人口红利""人口数量"维持的"简单体力劳动型"低端产业，其对现行学校教育的需求同样有限。就社会文化的整体背景而言，当前的低端商品经济非但不能促进教育的发展，反而使义务教育的普及陷入了困境，出现"工厂"和"学校"争夺学生，以及"接受免费教育"和"外出打工挣钱"的矛盾。

基于以上事实，学校教育无论对于乡村生活还是对于外出谋生的城市生活而言，都因其"用处不大"或"无用"显得"过剩"或"多余"。因此，学校教育在介入民族地区社会文化的过程中，因其"格格不入"而遭遇诸种挫折。对于民生拮据的民族家庭来说，送子女接受免费教育并非总是无偿的"明智"之举，且更容易遭受"教育失败"的尴尬。就此而论，民族地区教育问题的本质在于现行教育制度设计的"大传统"与民族群众民生诉求的"小传统"之间存有矛盾。可以说，以下逻辑在民族地区"小传统"中颇具代表性："到外面干活是比较累，但比起上学来，他们宁愿去打工。免费吃饭上学也比不了出去做工，每月都能给家里赚点钱。再说了，听不懂、学不会，上学读书也受罪。上完学，不还是一样去打工？"

新浪网以"你认为记者应该曝光工厂雇佣童工吗"为题进行了网络调查，结果如图 4-14 所示（截至 2014 年 11 月 24 日）[1]，反对曝光雇佣童工者占多数（58%）。当然，非法雇佣童工是坚决不允许的！它既违反国家法律，更有违公平正义的理念。但是，"童工"现象屡禁不止，甚至社会对此类曝光持有非议。我们应思考问题背后的深层原因。外出打工和上学读书对于他们分别意味着什么？对他们而言，什么知识更有价值？他们为何宁愿放弃免费教育、免费午餐，也要千方百计地"出逃"去打工？现行的教育制度设计对他们未来的"美好生活"来说究竟意味什么？辍学"童工"被"遣送"后的出路在何方？现行的教育制度设计对他们的当前和今后生活的改善有何影响？如何让教育真正成为他们"过体面生活"的希望？等等。不解决此类根本性的问题，简单地把"童工""遣送"回家、留在学校，终不能解决问题。因此，如果解救"童工"的结果是让他们"回归贫困""固守贫困"，那么简单地把"童工"拉回学校并不能从根本上解决问题。我们需要思考的是，如何让他们拥有"更加美好的未来"，对他们而言什么才是"合适"的教育，什么才是"有价值"的知识。"教育先行"作为一种理念，不是教育规模和教育数量的简单先行、超常发展。教育发展如果脱离社会文化现实盲目超前，不仅会造成有限教育资源的浪费，更会导致普通民众对教育的冷漠、偏见和极端心态。对待民族地区的童工问题，光明网的时评值得我们深思：

> "辍学打工"与其说是一种家庭教育的短视，倒不如说是因贫穷世袭而做出的无奈选择。童工被"遣送"回家也可能不是回到学校，而是混到不被定义为童工的年龄，再外出务工，这几乎快成了贫困地区的一个恶性循环。可怕的是，无论是相关政府部门，还是家长，都没有意识到这一"短视"举措可能带来的贫困世袭，而是在"得过且过"的悖论中将这一"乱象"固化。[2]

42%　　　　　　　　　　　　　　　　　　　　　　58%

图 4-14　"你认为记者应该曝光工厂雇佣童工吗"的网络调查

---

① 佚名. 解救童工是在"作恶"？ http：//view.news.qq.com/original/intouchtoday/n2665. html[2014-01-06].

② 张剑. 童工回家之后的生活更该被关注. http://guancha.gmw. cn/2014/01/06/content_10027932. htm[2014-01-06].

民族地区义务教育普及中各种现实问题的凸显，或多或少与民生窘迫引发的"教育积累"的先天不足有直接或间接的联系。广义的教育积累包括社会（地区或区域）教育积累和家庭教育积累，并以"教育资本"的形式影响着受教育者的教育选择和质量差异。①就民族成员对教育价值的认同而言，教育能否带来眼前的实际"利益"是判定教育价值有无、高低的根本依据。现实中，较低文化程度者完全可以靠外出打工获得相对丰厚的收入和过上相对体面的生活，他们更容易丢下书包、离开学校，反正不读书同样可以"养家糊口"。另外，即使有人通过教育"改变了命运"，但毕竟是凤毛麟角，且多被视为"命中注定"。由于民族成员文化水平相对较低，加之传统观念的制约，许多家长对教育的重要性缺乏认识。在"小传统"中，以"读书无用论""小农意识"为代表的各种形式的庶民教育学（folk pedagogy）是民族群众不重视子女教育的文化观念因素。②民族地区整体教育积累相对薄弱，导致民族成员整体文化素质相对较低，制约着民族地区家庭教育、社区教育的整体水平，是影响当地义务教育普及成效的社会文化因素。③相对落后的教育积累又与当地落后的生产力发展水平互为因果，体现为教育普及成效的社会文化系统制约性。就家庭层面而言，这类制约性包括家庭的闲暇时间、经济基础、社会关系等对子女教育获得的影响。据"文化再生产理论"，排除遗传因素的差异，受教育者在进入学校接受教育之前并非"站在同一起跑线上"，他们都或多或少地拥有各自的文化资本（来源于家庭的、社区的），拥有文化资本的多寡则预示着他们将来在教育成就上的不同。

第三节　社会变迁及社会结构差异对民族地区义务教育质量的制约

文化作为一种生活方式，绝非一成不变的"铁板一块"，变迁与重构是一切文化的共性与存在方式。以一种静态的文化观、方法论对待民族文化和民族地区的教育问题无法把握问题的全貌。布迪厄的教育场域（educational field）理论为分析民族地区教育问题提供了方法论启示，但也有其局限性。该理论以冲突理论为基本假设和方法论工具，对场域的构型（configuration）及转换、转型关注不多。布迪厄把"教育场域看成是已经塑定的'领域'，而非一个具有自塑能力的'群体'（community）"①。由此可见，其对场域的主体能动性和价值选择存有所忽视，关心教育场域的当下样态及运作，对教育场域的历史变迁未来

---

① 徐贲. 教育场域和民主学堂. 开放时代，2003，（1）：87-96.

重构考虑不足。文化生态学（cultural ecology）理论为分析社会文化变迁与教育场域重构提供了有益启示，"主张从人与自然、社会的各种变量的交互作用中研究文化产生、发展的规律，用以寻求不同民族文化发展的特殊形貌和模式"①。把民族文化置于更大范围内的社会文化和时代文化变迁的教育场域内，兼顾传统文化与现代文化、村落文化与都市文化、大众文化与边缘文化的共时存在与现实际遇，动态地剖析民族地区义务教育质量困境与社会文化变迁的制衡关系和运作机制，是构建民族教育理论与应对教育实践问题的基本方法论原则。

一、社会结构变迁与民族群众的教育选择

当今社会，交通运输的便利和信息传媒手段的便捷化，使"经济全球化的大潮对全人类的生活方式、思维习惯和价值观念都产生了无比深刻的影响，也可以说它在悄然地改变着人类的生活和全球的面貌"②。我们可以说，"变迁中的世界"（world in change）和"社会生活的全球化"（globalizing of social life），既是当下人类社会的存在方式，又是人类文化延续的未来趋势和永恒主题。

社会变迁的过程，也是文化变迁的过程。诚如安东尼·吉登斯指出的，"没有社会，文化就不可存在；反之亦然，没有文化，社会也不可能存在"③。爱德华·萨义德在研究"东方学"（orientalism）的基础上，更是确信"社会和文化只能放在一起来研究"④。事实上，只要有生活，就会有某些变迁；没有变迁，也就没有生活。社会文化的变迁过程是文化主体主动选择或被动适应时代发展的过程，它继而引发文化场域的消解、重构和不同群体的不同文化境遇。在一个多民族的开放时代，社会文化变迁是一种普遍存在的必然现象，并体现在群体、族群日常生活和行为习惯的方方面面。社会变迁不仅有政治、经济等表层结构的转变，还有社会深层结构和内容的转变。特别是价值观念发生的潜移默化的转变，是社会最彻底、最深刻的变革，也是社会变迁向社会转型的质变过程。历史上，交通闭塞和信息传播手段的不发达，既为民族地区文化多样性的保存创造了客观条件，又导致民族地区与非民族地区之间和民族地区内部的"自我封闭"。它限制了其与外部文化及内部不同文化间的交流，是民族地区自然人文资源富集和经

---

① 中国大百科全书总编辑委员会. 中国大百科全书·社会学. 北京：中国大百科全书出版社，2002：417.

② 方克立. 经济全球化情势下的中华文化走向. 中国社会科学院研究生院学报，2001，（1）：12-24，109.

③ 安东尼·吉登斯. 社会学（第四版）. 赵旭东，齐心，王兵，等译. 北京：北京师范大学出版社，2003：29.

④ 爱德华·萨义德. 东方学. 王宇根译. 北京：生活·读书·新知三联书店，1999：36.

济社会发展相对落后现实矛盾的客观原因。

　　伴随市场经济体制的确立与发展，农民工在中国社会的历史性出场，使中国传统农民、少数民族成员逐步跨入中国现代化建设的行列。据统计，"2011年全国流动人口超过 2.2 亿，以往城乡分治的'二元结构'正在为城、乡和流动人口的'三元结构'所取代，这也是一个长期趋势"①。农民工的出场和现代学校代表的国家政权的介入对民族地区社会文化进程的影响是全面和深刻的。这一过程既引发了"乡土中国"基层传统社会组织（包括教育组织）的震荡，又撼动了"熟人社会""礼俗社会"中"乡下人"的"生活空间和基本性格"②。现代中国社会，"农民工"算是又一具有文化特色的词汇，"它包含了凋敝在身后的乡村"和"千万颗盲目茫然流亡的内心"。相伴而生的是，"一种延续数千年的生存方式，在短短几十年里，被彻底抹去。一个渗透过无数代人的文化，在一代人眼前，猝然烟消云散"③。作为一种时代话语和文化标签，农民工的出场对传统乡土社会的影响是未曾有过的，甚至可以说是彻底的、悲壮的。具体到民族地区，伴随学校教育的介入和农民工的登场，既有传统教育场域的消解与替代性新型教育场域的缺位，是民族地区义务教育普及根植的深层社会文化背景，也是诸多现实问题凸显的深层根源。"乡土中国"作为一种文化符号，"并非是一个常数"，当前中国"乡村社会的文化结构和文化生态都经历着史无前例的大裂变"④。现实中的村落既非传统意义上的"世外桃源"，又非现代化意义上的"新型农村"，遭遇着转型期的诸种文化阵痛。乡村社会的文化结构和文化生态正经历自觉或不自觉、主动或被动的消解与重构，很多乡村正朝城市模本飞奔而去，仿佛一个个巨大的"城市赝品"。对少数民族地区而言，现代学校教育"外向型""精英主义"的知识、价值取向，与以汉文化为载体的学校知识选择之间的矛盾，加剧了民族成员日渐"双重边缘化"的尴尬境地。

　　1）民族传统文化、地域文化的消解与传承危机是民族成员的共同境遇。置身现代化的浪潮中，民族传统文化日益被稀释，越来越被扣上愚昧、落后、贫穷的帽子，学校教育的普及有意无意地加速了这一过程。肇兴侗寨虽享有"侗乡第一寨"的美誉，被奉为"侗族生态博物馆"，但在旅游业的推动下，往昔宁静、封闭的传统文化场域正逐渐被消解、被重构。调研中，很少见穿侗族传统服装的人，只是偶尔见到一些侗族老年女性还穿着传统样式的民族服装。当地人（特别是年

① 杨东平. 农村教育需要"底部攻坚". 教育发展研究, 2014, （24）: 1.

② 沙莲香. 中国民族性（三）: 民族性三十年变迁. 北京: 中国人民大学出版社, 2012: 46.

③ 杨炼. 乡关何处. 读书, 2014, （5）: 140-146.

④ 王迅. 失去的村庄——读长篇非虚构文本《中国在梁庄》. 深圳商报, 2010-11-22（C05）.

轻人）的日常穿着打扮已与来自世界各地的游客无多大区别，有时倒是调研者在侗族时髦青年面前显得有些老土。"民族地区"作为一种文化概念正日渐失去现实意义。不仅如此，在当地政府打造旅游业的推动下，肇兴这个原本传统、封闭的民族村寨，日渐多了国际化的元素。调研期间，沿街却随处可以看到用汉语和英语命名、题写的各式招牌、店名、标示牌，显露着"国际化"的派头。图4-15便是这种兼用两种文字题写的"肇兴饭店"（ZHAOXING HOTEL）、"兴康药店"（Xingkang Medicine Store）的招牌，就连侗族传统文化中被称为"侗族三宝"之一的鼓楼和花桥，同样都标有各式的双语简介和标示牌（图4-16），"仁团花

（a）　　　　　　　　　　　　　（b）

图4-15　肇兴沿街的双语招牌

（a）　　　　　　　　　　　　　（b）

图4-16　双语标写的花桥和鼓楼介绍

桥"（Rentuan wind and rain-proof bridge）和"义团鼓楼"（Yituan Drum Tower）等。诸如此类的酒吧、水吧、KTV、咖啡屋等现代都市化、国际化的文化要素，在这个号称侗族文化生态博物馆的"天下第一侗乡"随处可见。与之相反，作为侗族传统文化最典型代表的"侗族大歌"，却面临"人亡歌息"的尴尬。近来，倒是旅游业的发展为"侗族大歌"带来了新的机遇。但是，侗乡现在所唱的"大歌"，已非原生态的"侗族大歌"，它被搬上各种大型酒店或其他商业演出的舞台，并伴之以现代表演乐器和声光电，以歌唱表演为生的职业人员和演出团队也相应地出现。现代市场经济的介入，对侗族传统社会文化的影响是全面而深刻的，改变了民族村寨自然、封闭、保守的文化传统和生活方式。勤劳致富奔小康成为当地民族群众最现实、最迫切的需要，这在我国民族地区，以及世界范围内具有普遍性。英格利斯（D. Inglis）和霍尔姆斯（M. Holmes）对此曾有精辟的论述：

> 随着当地摒弃了那些"传统的"职业，转而从事为游客提供饮食和服务的生意，通过纪念品及谨慎选择的、具有"传统"形式而建构的"名胜古迹"（例如，因许多世纪以前有幽灵出没而闻名的古堡），以及表演"传统"舞蹈等诸如此类的方式向游客们兜售经过包装、并且易于吸引消费的文化形式，由此这些当地的文化（或者游客自认为的当地文化）就逐渐地被商业化以及被商品化了。[①]

2）置身现代化的进程中，民族文化的差异（包括民族语言、文化心理、社会习俗等）又使民族群众不能很好地融入现代生活，有时难免被置于"双重边缘化"的尴尬境地。这一"双重边缘化"的遭遇使民族成员既不能很好地融入主流文化，又在挣扎中被迫逃离其传统文化场域，日益沦为现代化进程中被忽视的"弱势群体"。"越是传统，越是贫穷""越是原始，也越是落后"，成为不断被强化的文化观念和生活逻辑。在这一过程中，城市取向、精英取向、汉语言取向的现代制度化的学校教育，无疑成为加速民族成员这一"边缘化"处境的"吹鼓手"，是其贫困文化恶性循环的重要机制。民族村落的文化贫困不单单是物质生活的匮乏，更是精神观念的贫困。具体到教育领域，贫困与教育落后往往是一对同病相怜的"孪生兄弟"，物质和精神的双重贫困是"教育贫困"的社会文化根源，而"贫困教育"又是现实贫困生活恶性延续的运作机制。因此，在强调加大教育投入、促进教育资源均衡的同时，我们更应关注民族村落实存的文化因素、非教育因素对当地学校教育发展质量的现实制约。民族地区义务教育的普及基本上延续着为

---

① Inglis D, Holmes M. Highland Haunts: Scottish spectres and the spatial politics of tourism. Annals of Tourism Research，2002，（1）.

考试升学而设计的"竞争教育""知识教育",无法满足群众"过体面生活"的物质和精神文化的现实需要,所以大部分民族群众认为学校教育虽然免费,但不能解决脱贫谋生和致富奔小康的现实需要。对整个家庭而言,学龄儿童同样是潜在的核心劳动力,家长看不到上学读书的现实回报,认为子女上学读书占用了他们参与劳动创收的现实机会,即经济学上讲的"机会成本"(opportunity cost)。从上述"主位立场"的"生活逻辑"来看,民族地区农村家庭送子女接受"免费"学校教育有时并"划算"。因为他们可能要为之放弃可观的经济收入,于是"免费"的教育供给也就不再是"无偿"地享有了。特别是伴随"水涨船高"的教育需求和对学历教育的青睐,单纯增加民族成员免费享有基础教育机会的作用毕竟是有限的,甚至是没有用的。义务教育机会的免费供给,并不能增强人们接受教育的积极性和对学校教育价值的认同。优质教育的稀缺性和民族成员获取更高阶段、优质教育社会文化资本的先天不足,并不能使他们真正享有均等的结果。因为一旦社会对教育"要求的标准逐步提高,这种标准就永远是群众所达不到的"[①],单纯、孤立地增加义务教育的机会,并不能改变民族成员的弱势地位和对教育的诸种"短视"。

3)面对本土传统文化的现实遭遇,民族成员又以一种"无意识的自愿心态"放弃其传统生活方式和民族文化,以期尽快融入现代社会的大潮流中,继而希望成为被认可的一员。在肇兴调研时,当笔者与调研人员每天吃饭的餐馆的侗族老板说起凉山彝族好多人不会讲普通话、有些人还穿着他们的传统民族服装时,这位老板说道:"现在如果连普通话都不会说,怎么与人家交流?只能说明那个地方的人观念有些落后了。"以调研的美姑县为例,由于地处高寒山区,加之土地资源有限,人口和生存之间的紧张关系是凉山大部分地区长期面临的共同困境。在这样的生存境遇下,孩子只要长到五六岁,便可在日常生活里帮助父母照顾弟弟妹妹,再大些便可以和大人一起上山砍柴、下地劳动,成为家庭合格和必要劳动力之一;若要念了几年书,能够讲些"汉话",便可在"工头"的带领下外出打工,这在家长和儿童看来都是一件"明智"和"紧迫"的选择,是他们改善生活、改变命运最直接、最现实的途径。"双重边缘化"的现实境遇告诉他们,外出打工比接受免费的学校教育更划算、更紧迫。特别是在市场经济体制下,国家不再对大学生的就业进行"统包统揽",面对日益严峻的就业压力和沉重的教育经济负担,"民族地区出现了更多的不愿读书、

---

① 联合国教科文组织,国际教育发展委员会. 学会生存——教育世界的今天和明天. 华东师范大学比较教育研究所译. 北京:教育科学出版社,2008:87.

无钱读书的现象，多数地区出现教育急剧滑坡的危险"①。社会经济结构和教育体制的变迁，改变着民族群众对学校教育的价值判断和行为选择，当接受教育不再被视为"有利可图"的事情，办学条件的改善和教育的免费供给，也就失去了对民族群众的吸引力。于是，各种形式的失学、辍学、弃学现象，也就不会发生根本性的改变。

二、社会文化"小传统"引发的教育失败

民族地区所谓的"教育失败"并非因为少数民族的学生智力低下，也不是他们的努力不够，而是因为民族传统社会对现代学校教育的陌生和不适应。落后的生产力发展水平和民族成员"脱贫致富、奔小康"的现实需要，加之少数民族传统文化与学校教育的诸多隔膜，使民族地区的儿童，特别是一些偏远山区的儿童，在面临"城市取向、升学取向"的制度化的教育普及时，因无法和城市里的孩子、讲汉语的学生"站在同一起跑线上"，往往难逃教育失败的命运。

（一）"大传统"与"小传统"的文化资本差异

"大传统"与"小传统"是美国人类学家罗伯特·雷德菲尔德（Robert Redfield）提出的一种二元结构分析框架，以说明复杂社会存在的两个不同层次的文化结构。他认为，所谓"大传统"是一个由少数善于思考的人们创造出来的以城市为中心的文化，它代表了社会中少数上层人士、知识分子的文化，是在庙堂中孕育、传承的文化，即"精英文化"（elite culture）；所谓"小传统"则是由为数众多、基本不会思考的人创造出来的，是那些乡村社区的"无知群氓"在人伦日用中积淀出的文化，即"俗民文化"（folk culture）。"小传统"由于精英的介入而受到"大传统"的影响，而"小传统"对"大传统"的影响微乎其微；农村文化、少数民族、族群文化作为"小传统"被作为"大传统"的城市文化、主流文化"吞食""同化"则是不可避免的。在这一过程中，"小传统"表现出"文化的失序、金钱经济的支配、家庭的解体、神灵信仰的衰落、神圣历法向世俗历法的变异、医药对巫术的替代"②等变迁特征。

人类学家、社会学家在研究不同社会群体的文化时，一般把社会文化分为两

---

① 冯锦敏, 冯增俊. 市场经济体制下民族地区教育经济发展新视野. 贵州民族研究, 2014，（4）：132-135.

② 王铭铭. 文明, 及有关于此的民族学、社会人类学与社会学观点. 中南民族大学学报（人文社会科学版），2014，（4）：14-25.

类传统：一类是社会上层、知识精英所奉行的社会文化"大传统"；另一类是流行于社会下层（特别是农村）、为普通老百姓所遵行的社会文化"小传统"。前者是对社会影响力大、具有指导意义的"强势文化"，后者则是影响力较小，且受前者支配的"弱势文化"。在"中华民族多元一体格局"和世界经济一体化的大背景下，民族地区的社会文化同样具有文化"小传统"的类型特征和现实境遇，自然在学校教育的普及中有所体现。因此，以此为背景的"大一统"的义务教育制度，使民族地区不可避免地处于社会文化类型差异导致的"文化资本"（capital culture）的弱势地位，这是制约民族地区义务教育质量提升的深层机理和结构性因素。

文化资本理论的创立者布迪厄借用经济学中的"资本"概念剖析教育与社会文化的制衡关系，发现制度化教育成就的获得不仅依赖必要的"经济资本"，还依赖于各种形态的"文化资本""符号资本""社会资本"等。因此，学校教育成就获得的差异，不应简单地归因于个体天赋、主观能动性和公共教育资源的优劣，应从更大范围内不同社会文化类型持有者所享有的"文化资本"差异予以解释。雷德菲尔德通过对城市文化"大传统"和农村文化"小传统"的比较分析，认为把群体及其文化视为一个个孤立体是荒唐的。要研究一个群体观念和行为，首先必须对其生活的广阔背景有充分的了解。同理，对民族地区学校教育质量问题的探讨，不应只局限于群体或地区文化"小传统"的视角，而应从整个社会文化的大背景出发，即从"大传统"的视角进行整体把握。"文化资本"的存在和作用的发挥，离不开特定的社会文化场域，并以此制约着场域中人的教育观念、教育行为和教育地位。

相对于以汉文化为根基的主流文化"大传统"，民族地区的社会文化具有边缘性、滞后性、非均衡性等边缘文化"小传统"的类型特征和不利处境。中国民主同盟贵州省委员会的一项调研表明：国家实行义务教育阶段"两免一补"政策后，以前农村孩子无钱交学杂费而导致的上学难已不再是问题，然而，初中生（主要从初二开始）大量流失（主要是辍学）的现象依然存在。其关键在于各地发展情况不同，而全国的教学内容高度统一，对民族地区、农村地区的孩子来说，课堂的内容离他们自己的生活是那么遥远。特别是在新课程理念的指引下，就新教材中大量所谓"贴近生活"的实例而言，民族地区的山区儿童大都闻所未闻，他们渐渐失去学习的兴趣，并最终厌学、弃学、逃学。"孩子索然无味地听着似乎是另一个世界的课程，那呆滞、麻木无光的眼睛让人的恻隐与悲悯之心油然而生！"[1]陶行知先生在其1934年写的《中国普及教育方案商讨》中说，

---

[1] 雷宇. 乡村教育方向一错再错？如何帮农村孩子找回尊严. http://zqb. cyol. com/content/2009-09/08/content_2841451. htm[2014-04-05].

"其实我心中只有一个中心问题，便是如何使教育普及、使没机会受教育的人可以得到他们所需要的教育"。陶行知先生所说的"他们需要的教育"则是一种"用穷的方法去普及穷人所需要的粗茶淡饭的教育，不用浪费的方法去普及穷人所不需要的少爷、小姐、书呆子的教育"，目的是"劝人抓住饭碗求进，不遭人丢掉饭碗上学"①。陶行知先生平民教育思想所提出的"他们需要的教育"的办学方针，对提升当前民族地区义务教育质量无疑具有深刻的启示意义和现实针对性。

（二）民族地区文化"小传统"的教育处境

社会文化类型及其地位作为特定生活方式的总和，渗透于文化享有者社会生活的各个方面，制约着教育实施的成效和人们对教育价值的认同及行为选择。借用文化资本理论，我们不难发现，民族地区社会文化资本的相对弱势地位和非均衡发展，是制约义务教育质量全面提升的结构性因素，表现为社会文化类型与教育文化资本积累差异之间的制衡关系。现实中，以汉文化取向和都市生活为中心的学校教育制度设计，同样享有"大传统"的文化特征及地位优势；民族成员世代沿袭的生活方式和价值观念，则不可避免地遭遇文化"小传统"的边缘化处境和弱势地位，甚至面临被"吞食"和被"同化"的尴尬。

如果说经济因素、政策因素是制约民族地区和非民族地区的农村地区、贫困地区义务教育质量提升的共同因素，那么民族地区特殊的社会文化类型与现代学校教育文化之间的内容、特征差异，则是民族地区教育发展中的特殊矛盾，也是民族教育研究作为一个相对独立的研究领域的意义和价值所在。具体到民族地区的义务教育质量问题，学校教育代表的"大传统"或"主流文化"与民族成员持有的"小传统"或"边缘文化"之间存在诸多陌生之处和隔膜，是民族学生遭遇教育失败和质量困境的深层根源。

受现代社会学校教育文化强势地位和民族地区社会文化弱势地位的双重挤压，民族学生往往因"文化陌生""文化冲突""文化自卑"等不利处境被置于"教育失败者"的尴尬境地。落后的生产力发展水平和民族成员"脱贫致富、奔小康"的现实需要，加之少数民族传统文化与现代教育的诸多隔膜，使民族地区的儿童，特别是一些偏远山区的儿童，因无法和城市里的孩子、讲汉语的学生"站在同一起跑线上"，更容易成为"教育的失败者"。调研发现，除区域内整体教育发展水平相对较低之外，民族地区区域内教育发展水平差异同样显著，呈现出

---

① 山东省陶行知研究会. 学习陶行知. 济南：山东教育出版社. 1988：136-138，158.

县城、乡镇、村寨之间的结构性差距。以调研的侗寨乡镇学校与城关小学为例，无论是教育软硬件资源配置还是学生学业成绩，较之下面村小和教学点均表现出不同程度的优势。区域内教育发展水平均存在较大差距，成为制约当地教育均衡发展、教育质量提升的现实问题。

1. 校际课程开设存有差距

仅中心校开设英语课，成为当地小学阶段长期存在的不成问题的问题。由于村小和教学点师资、办学条件有限，除常规的语文数学"主课"外，则很少也无力再开设其他课程。音体美等"副科"则多有"主课"教师兼任。在调研的黔东南侗寨，镇域内仅有中心校开设英语课程，且这一现象已存在 10 余年。村小教师普遍反映工作量大，且要上多门课程，每周 24～28 节课；中心校教师课时相对较少，每周仅有 15～16 节课，且每个教师一般只上一门课，即使所谓的"副科"一般也有相对固定的教师单独执教。康定藏区某中心校校长说："我们没有开设英语课，因为难度大。如果把音、体、美作为主科来开展更没有师资和条件，老百姓也不认可。老百姓很实际，只看孩子的考试成绩判定教师或学校好坏。在他们眼里，学好语文、数学、藏语才是正道。"

2. 各项办学条件差距依旧显著

乡镇中心校各项办学设施均优于周边村小、教学点，城关小学又优于乡镇中心校，是当地基础教育非均衡发展的事实。城关小学和中心校依靠特殊的行政和政策优势，成为各种优质教育资源、教育优惠政策的最直接受益者，也是当地基础教育的"招牌"和"门面"（图 4-17）。现实的差距便是一边是塑胶操场、配备现代化多媒体设备和冷暖空调的城区学校，一边是操场尘土飞扬，既无空调又无暖气，课程都无法开齐的乡村学校。调研的黔东南侗寨某教学点与中心校之间的差距是其典型表现。教学点所谓的固定资产便是仅有的两间教室、十多张广东人捐赠的课桌椅、一个食堂、半个篮球场大小的"操场"和一个没有篮筐的篮球架，至于多媒体、图书资料、仪器设备及其他文体器材，则一无所有。与之形成鲜明对比的黎平县城关第一小学，有悠久的办学历史，是全国文明单位、州级示范性小学，其师资队伍强大、教室宽敞明亮，并配有多媒体设备、图书资料室、绘画室、琴房等音体美设施。这所小学，丝毫没有给人以偏远、贫穷、西部的感觉。城关学校、乡镇中心校与村小、教学点的差距，有时足够令人心酸，这是我们调研的切实感触。调研的宰柳小学是典型的"一师一校"（图 4-18），共有四个年级，一年级 6 人、二年级 10 人、三年级 4 人、四年级 3 人。在 2010 年之前，学校共有 5 个年级 3 名教师，其中 2 名民办教师在 2010 年被清退，仅剩下 1 名陆姓教师。从前，寨子里全是文盲，没人认识字，陆老师也只念到初二，是从民办教师转为公办教师的。再过两年他就要退休了，不知道自己退休后学校怎么办，他担心小学撤掉后寨子里会出现"第三代文盲"。我们询问教育辅导站教师，他们也没有给出明确的答案，撤并或许是其最终的归宿。

（a）　　　　　　　　　　　　　（b）

图 4-17　侗乡城关小学的会议室和音乐室

图 4-18　侗乡村寨里的"一师一校"

　　学校是前年才从下面寨子搬过来的，原来的学校四面漏风、房顶漏雨，实在不能再继续上课了。所谓的校园仅与一个标准篮球场的面积相当，而且还是与村委会同处办公。一楼是学校，二楼是村委会。学校没有院墙，也没有校门，题写学校校名的牌子静静地竖立在食堂的一角，上面蒙着一层厚厚的灰尘，好像从来没有挂过，或许是因为没有找到合适的地方。学校所谓的固定资产便是仅有的两间教室、十多张广东人捐赠的课桌椅、一个饭堂、半个篮球场大小的"操场"和一个没有篮筐的篮球架，至于多媒体、图书资料、仪器设备及其他文体器材，则一无所有，连厕所也没有，学生只能以原生态的方式解决。这里也没有中心校播放幽美音乐的电子上课铃声，悬挂在教室门口的大铁块就是上课铃。我在上小学的时候倒是见过这种生铁块，没想在这里还能见到它。据陆老师介绍，他平时一般也不敲铃，因为就他一个老师，时间也就比较灵活，累了就休息会儿；在这间教室讲完就到隔壁教室继续上课；时间差不多了就放学，逢上坏天气就提前下课放学。与之形成鲜明对比的是肇兴镇中心校和黎平县城关第一小学。特别是黎平县城关第一小学，有悠久的办学历史，是全国文明单位、州级示范性小学，师资队伍强大、教室宽敞明亮且配有多媒体设备，学校还有专门的图书资料室、绘画室、琴房等音体美设施。走进这所小学，丝毫没有偏远、贫穷、西部的感觉。同样，虽然同属一个乡镇，镇中心校与下面村小和教学点的差异有时足够让你感到心酸。数据虽然直观而有说服力，但这种身临其境的体验更加深刻、真实，你会感到用文字或数字来记录这一差距又是多么苍白、无力。同属一片蓝天，办学条件却有着天壤之别，这就是当地教育的现实。①

3. 优质教师资源有待补充

从教师学历结构来看，当地教师虽然基本达到国家规定的学历要求，但第一学历达标率普遍较低，教师达标学历多为第二学历。"第二学历达标、满足最低学历达标要求"，是民族地区教师学历达标的普遍情况。学校多年没有大学毕业生进入，所谓的教师流动也仅限于校际的调任，造成教师年龄普遍偏大、学历偏低。调研的某镇中心校已 14 年没有新的青年教师进来，只是从村小抽调个别优秀教师，学校教师平均年龄为 46 岁，全镇小学教师平均年龄为 42.6 岁。不但音体美没有专业教师，中心校开设的英语课也没有专业的英语教师，承担这些课程的只是参加过县里或其他在职培训的"二把刀"。特别是在民族语言文字特色鲜明的地区，双语教师缺乏导致学生"听不懂、学不会、不愿学"的恶性循环，是制约教育质量提升的最大瓶颈。在调研的康定藏区，许多学生在入学前从未接触过汉语，课下也几乎用本地藏语方言交流（藏语有卫藏、康巴、安多三种方言）。语言障碍诱发的厌学情绪、学习压力，是民族地区义务教育阶段学生学业成绩不良、隐性辍学、辍学的最直接原因。另外，乡镇和城关学校还

---

① 整理自：2013 年 10 月肇兴侗乡村寨调研日志。

以"招考"的方式将乡村优秀教师"挖走",导致师资本就匮乏的乡村学校雪上加霜,地域内教育的非均衡发展加剧。

对少数民族群体享有的社会文化"小传统"而言,学校教育作为以现代化、城市文化为核心的"大传统"是陌生的,更是强势的。学校教育的课程设计与民族学生的整体生活联系并不紧密,甚至还会发生根本性的冲突。一方面,学校教育作为一种"庙堂之事",无论是内容的设计还是价值的预设,对于民族传统生活方式来说多是陌生的、高远的;另一方面,伴随现代化在民族地区的强势介入,在学校教育正规课程传授的"科学知识"面前,维系民族成员日常生活的"本土知识"日渐被置于"边缘化"的境地,甚至被贴上"落后""愚昧""无知"等"污名化"的标签。特别是在各种意识形态和数量化指标的"教育公平"的掩饰下,民族群众虽也逐渐认可现代学校教育的知识价值及制度合理性,但身边人的遭遇或自身求学经历的"真情实感",又使他们发现通过读书改变命运的渺茫乃至不可能,并将其归结为自身的"缺陷"或"命运"。由此,在社会文化和学校教育"大传统"面前,民族文化"小传统"的"边缘化"和"不自信",是民族学生遭遇"教育失败"的深层症结。

当然,社会文化并非一成不变的,教育发展的历史制约性也不应被忽视。用道格拉斯·C.诺斯(Douglass C. North)的话来说,历史的"重要性不仅仅在于我们可以向过去取经,而且还因为现在和未来是通过一个社会制度的连续性与过去联结起来的,今天和明天的选择是由过去决定的,过去只有在被视为一个制度演进的历程时才可以理解"①。教育与人们的吃穿住行、文化习俗、伦常日用不可脱离,人们对教育的态度无不受这些方面的影响,而这一切又无不带有历史的印迹。正如法国社会学家杜里·柏拉所强调的,"即使我们看到了面对教育的社会不平等有所消减,但是什么也不能保证我们可以同时观察到更多的社会流动或社会出身与社会身份之间的联系有所减弱"。据此而言,"不论进行什么样的教育改革,惟有社会的平等能够消除社会的不平等"②,寄希望于通过构建教育的"乌托邦"来营建现实社会中的"理想国"只是个"美好的愿景",终无法付诸实践。

三、传统教育消解导致的教育结构缺失

以义务教育普及为表征的"文字下乡"和现代化进程在民族地区的渗透,冲

---

① 道格拉斯·C.诺斯. 制度、制度变迁与经济绩效. 刘守英译. 上海:上海三联书店,1994:1.

② 杜里·柏拉,让丹. 学校社会学. 汪凌译. 上海:华东师范大学出版社,2001:60.

击、挤压了传统文化和传统教育的场域，导致了传统文化维系的既有教育场域的消解与重构，继而引发完整教育结构、教育要素的缺位，是民族地区义务教育质量困境的时代症结。对乡村教育问题的关注，应"上升到文化的层面，上升到目前乡村少年的生存状态"①，从社会文化变迁与教育场域重构的关系层面剖析问题的深层机理及可能的出路。

（一）义务教育普及与"家伙们"的处境

教育原本就不单单是学校的事情。全人的养成离不开完整的教育，乡村的教育问题也是乡村的文化问题。现代学校介入之前，传统文化不仅是民族成员世代延续的生活方式，也是传统教育发生的场域和实现方式。对处于社会文化转型期的民族地区而言，个体成长的传统教育场域日渐被挤压，新的替代性教育结构尚未出现。结果是在看似繁荣、强势的学校教育背后出现了教育缺位。

传统完整教育空间的消解和现代化的强势渗透，使民族儿童处于家庭教育和村社教育缺位的"流民群体"状态，加之各种社会不良风气的诱惑，处于发展关键期的他们自然不爱学习、不爱劳动。他们既不是传统意义上村落文化中"听话的孩子"，又非现代学校文化指引下的个性"全面发展"的"社会主义事业的建设者和接班人"的"合格公民"，甚至沦为"社会流民""文化流民"。这类群体有着和保罗·威利斯（Paul Willis）观察的"家伙们"②相似的生活际遇和"命运悖论"，也就是我们熟悉的"差生群体"，或"不良少年"。美籍华裔作家张彤禾的纪实文学作品《打工女孩：从乡村到城市的变动中国》③，是对转型期中国社会变迁过程中此类女性群体文化心理和人生命运的触及。学校中的"差生群体"像威利斯观察的"家伙们"一样，"泡妞、酗酒、打架、挑衅教师"，诸如此类的乐趣、娱乐、"找乐子"，成为他们反抗学校文化、释放文化心理能力和获得文化认同的方式。但他们最终还将"子承父业"，加入农民工的行列，无法像那些"书呆子""好学生"一样通过学校文化逃脱社会底层贫穷文化的宿命。这也是少数民族学生遭遇教育失败的文化模式和运作方式。

个人主义和精英主义的学校教育设计，无疑是滋养这一"反学校文化"的重要土壤，但传统教育场域消解引发的"教育缺位"同样不容忽视。诚然，社会文化作为一种特殊的教育要素和教育结构，是无法规避的，但关键是其影响个体成长的程度和性质如何。诚如英国作家、文学评论家 G. K. 切斯特顿（Gilbert Keith

---

① 刘铁芳. 乡土的逃离与回归：乡村教育的人文重建. 福州：福建教育出版社，2008：65.

② 保罗·威利斯. 学做工：工人阶级子弟为何继承父业. 秘舒，凌旻华译. 南京：译林出版社，2013.

③ 张彤禾. 打工女孩：从乡村到城市的变动中国. 张坤，吴怡瑶译. 上海：上海译文出版社，2013.

Chesterton）所言：“说现代人只受了一半的教育，恐怕已经算很客气了。实际情况比这还更糟糕。关键是究竟受了哪一半教育：对的一半还是错的一半？前面一半还是后面一半？”①民族地区的调研经验告诉我们，若想在一些偏远山区、民族村寨辨认出曾辍学外出打工者并不困难。相对有效便捷的办法是：那些身着奇装异服、头顶造型夸张黄发者约是其人。外出打工者在当地算是见过世面的，他们看上去虽然格格不入，却也让从未走出大山的孩童投去羡慕的目光。重复寂寥的乡间生活和单调无趣的学校教育，自然缺少这种诱惑。教育投入不断增加，教育现代化的水平不断提升，教育的质量、学生的发展却今不如昔，这种境况值得我们反思。除了普遍意义上的经济原因，社会文化变迁对传统教育场域的解构与消解是其深层原因。

（二）文化变迁中的教育质量诉求

学校价值的有无、质量的高低涉及文化。在人类社会的历史进程和今天有些人的生活中，学校教育不仅意义不大，甚或是一种“负担”。传统文化的赓续和日常生活的维系，有时仅仅意味着“像长辈一样通过模仿来学习社会习俗和实际的工作技能”②，这也是学校教育的起源和传统教育的主要形式。学校教育质量与其根植的社会文化具有内在的依存关系，忽视、无视民族教育问题的社会文化制约性及时代变迁因素，是民族地区教育发展中诸多现实问题凸显的深层根源。

1）作为民族村落社会文化的重要内容，无论是民族传统、宗教信仰、语言文字、文化习俗，还是传统生产方式，都对民族地区义务教育质量的内涵及优化理路提出了诸多特殊要求，并表现为民族教育问题的特殊性。民族地区的义务教育普及作为一项系统工程，不应忽视社会文化因素或非经济因素对教育质量优化的重要意义和特殊要求，而以一种“大一统”“一刀切”的教育模式自上而下单向推行。伴随现代化和国家权力的强势介入，现代文化要素和制度化教育逐步渗透民族地区，开启了民族村落社会“文字下乡”的历程。在这一过程中，村落社会既有的完整教育场域日渐被挤压、被边缘化，加之现代学校教育的“单打独斗”和“片面发展”，个体成长的完整教育场域出现了“空白地带”，“全面发展的教育”出现了缺位。

2）人们对教育的认识及行为选择，又具有内在的一致性、通约性和变迁特征，并表现为人们对“美好生活”的永恒追求和现实需要。就以汉文化为代表的大众观念而言，人们认为“万般皆下品，唯有读书高”，自然无法理解藏区信教群众

---

① G.K. 切斯特顿. 改变就是进步？——切斯特顿随笔. 刘志刚译. 北京：东方出版中心，2010：255.

② 安东尼·吉登斯. 社会学（第四版）. 赵旭东，齐心，王兵，等译. 北京：北京大学出版社，2003：622.

对喇嘛、活佛的敬仰，以及他们送男孩子入寺当和尚、作喇嘛的文化心理，也就无法理解他们放弃免费学校教育、虔诚入寺为僧的行为选择；外出务工、生病住院的文盲遭遇，又使他们感触到教育、知识在现实生活中的不可或缺性与巨大魅力；人口的流动和文化的交流开阔了山区民族群众的眼界，容易使他们产生对大山外面都市生活的向往。

3）生产生活方式的改变，是社会变迁、社会转型的基础性动力，其对既有文化系统、文化结构的影响也是最全面、最深刻、最持久的。传统意义上的农村、村落作为一种特殊的文化场域，是以农业生产、农事活动为基础的，以农业为主要生计方式的居民聚居地和以此为基础积淀而成的相对完整的、具有独特性的社会文化场域。农村聚落的出现是社会生产力发展到一定阶段，生产方式由采集、渔猎、游牧进入农耕，人类需要定居生活后才逐渐形成的。村落文化作为一个和城市文化相对的概念，具有自身的一些特点，封闭、保守是其重要特征之一，并以此积淀、维系着相对稳定、有效的教育系统和教育模式。民族社会文化与现代教育的冲突，本质上是现代学校教育与民族传统生活生产方式的不适应、不协调，并最终表现为特定的价值冲突及行为选择。

（三）"文字下乡"中的教育场域重构

在没有"文字下乡"的传统社会，民族村寨有着自身相对完整的教育场域和知识系统。个体通过日常生活、村社活动、民俗仪式等习得谋生之道和人生规范，以此实现个体社会化和民族传统文化的赓续。改革开放以来，以"打工潮"为背景的村落社会的现代化进程，打破传统村寨相对封闭保守的文化空间和文化结构，带来以生产生活方式变迁、转型为主要内容的传统文化的深刻变迁，使村落社会日渐融入现代化进程的大潮。在这一过程中，农村的现代化作为一种"外源性"的变迁历程，经历文化接触、文化交流、文化碰撞和文化冲突，传统意义上的民族村落已很少存在，由传统教育要素、教育系统、教育结构维系的教育场域也随之被消解与重构。下面是我们与肇兴侗寨一位侗族大学生的访谈纪要：

与一位侗族大学生的访谈纪要

LY 是一个典型的侗族姑娘，现为重庆市某部属高校化学系 2011 级免费师范生大三学生。1999 年 LY 在肇兴乡中心校读小学，当时学校已开有英语、美术等"副科"课程，只是当时的任课教师都是语文、数学"主科"教师兼任。她们读书的时候，除了寒暑假外，每年秋季收油茶籽或割稻子的时候都要放三天假，这样学生也可回家帮父母捡油茶籽。

她当年小学毕业升初中时，本以优异的成绩考取了黎平县城的中学。但因学校离家太远、花钱太多，父亲没有让她到县城就读，就在离村子不远的肇兴中学读初中。这样可以每天回家吃饭、住宿，上学的费用要少很多，而且她可以帮着家里做些力所能及的农活。初中毕业时，她又同样以全镇第一名的成绩考取凯里市第一中学，也是唯一一名。但是，同样的原因，父亲还是让她在离家较近的县一中读高中，钱还是主要的原因。据她回忆，她当年上小学和初中时，无论是师资水平、办学条件、家庭经济情况，都无法与现在相比。当时，文化差异导致的学习障碍更加明显。因为那时的村寨更加封闭，传统文化保存得相对更加完好。但当时学生的学习成绩要比现在好，逃学辍学的人也比现在少。原因何在？社会文化使然。LY 当年生活的文化空间相对封闭，恰也相对完整。当时父辈尚未外出打工，学生面临的各种诱惑也很少，由家庭、学校和村社维系的教育场域相对完整、有效。当时老师对学生要求也很严格，学生不听话、学习不好，都会受到各种惩戒，甚至遭受现在被鄙视的"体罚"。

不难发现，由家庭、村落、学校共同构建的"三位一体"的传统教育场域，与传统生活方式、生活空间的天然契合，是少数民族儿童健康成长的教育与生活的完整空间。如今，家庭教育、村落教育的消解、缺位与传统生活、生计方式的转型造成的既有完整教育空间、教育结构的消解，使民族成员早期成长环境中的教育结构、教育空间、教育要素日渐消解，民族儿童的成长出现了教育的"真空地带"。普遍存在的留守儿童和空巢老人现象，打破了传统村落社会相对完整有效的文化结构和教育场域，现代化强势介入过程中各种社会不良文化要素渗透，更容易使民族少年儿童沦为"社会流民"和"文化流民"。在传统社会中，家庭结构的完整、村落文化赓续，是保证儿童良好品性和行为习惯养成的重要文化根基，也是学校教育的必要补充和重要保障（家庭环境和传统文化对学校教育可能的负面影响是另一个话题）。即使文化障碍导致他们学业普遍不良，但因有传统教育的和家庭教育的"保驾护航"和必要补充，他们也都比较本分、听话，并未沦为"坏孩子""家伙们"。

在当今中国的教育理论与实践领域，学校更重现代教育思想、教育理念的引领，教师体罚、批评学生被视为违反教师职业道德，乃至法律法规的越轨行为，教师甚至逐渐沦为学校中的弱势群体，教师、教育的威严日渐淡出。生计方式的变迁和父母的外出，解构了既有家庭教育、村落教育的结构，传统社会文化维系的教育场域被消解，学校成了单枪匹马的"教育孤岛"，加之现代传媒的广泛介入，学生的精力被分散，并习得各种不良风气，昔日的听话、勤劳、刻苦等优良传统在他们身上不再出现。他们既厌恶学习，又容易成为"社会流民"的一员，家庭、村落教育的缺位，以及学校教育应试升学的单一价值取向和学校、教师"弱势群体"的尴尬处境反映出在看似繁荣的学校教育背后，实则出现了教育的缺失。这也是民族地区"教育繁荣"与"学校衰败"深层机理及生成机制，民族地区普遍遭遇的义务教育质量困境是其现实表征。

综上所述，与东部地区、非民族地区的基础教育发展相比，民族地区的教育问题兼有我国教育发展的"历史印记"和"时代图景"的双重特点。无论是以民族传统文化为代表的村落文化式微，还是学校教育供给与农村人的教育需要相疏离而导致的广泛蔓延的"读书无用论"，都使民族地区的教育问题具有鲜活的典型性；以民族传统文化与现代学校教育冲突与消解为主题而出现的各种民族教育问题，又使民族地区的教育具有自身的特殊性。认识学校的本质及存在的现实问题，不应就学校研究学校、就教育研究教育，脱离社会文化的发展，抽象地、孤立地考虑教育问题，而应着眼于学校赖以存在的整个社会文化系统。每个民族、族群都有其赖以生存的独特天地系统、人文系统，民族地区文化的多样性、差异性，决定了民族教育发展的特殊规定性。最重要的一个因素就是民族传统文化。忽视社会文化对其发展规约性的教育，必将是低效的教育，甚或事与愿违的教育。

第五章

民族地区义务教育质量优化的价值定位

> 传统（tradition）和现代性（modernity）都不是静止的，均处在不断地变化之中。在传统和现代性中，并不是所有的因素都是好东西：传统中的停滞、压迫、惰性、特权和残忍的习俗，现代性中人际关系的淡漠、排斥、各种社会反常现象，以及身份感和归属感的缺失等等，都是不利的因素。①
>
> ——联合国教科文组织，世界文化与发展委员会

教育与文化具有本然的亲缘关系，在人类社会的发展过程中相依相伴、互为表里。教育作为一种培养人的社会活动，是通过知识的选择、传递、积累来实现的；社会文化作为特定社会群体生活方式的总和，赋予教育、知识以社会价值和存在意义。民族地区的教育发展与社会文化之间的彼此依存关系，规约着义务教育质量优化的价值逻辑及实践原则。

第一节　文化差异与教育知识价值确立的逻辑

知识论和价值论，是教育理论与实践中基础性的永恒论题，也是有效探讨民族地区义务教育质量优化的价值逻辑和基本理路。若要探讨教育质量问题，知识的价值及确立逻辑是一个不容回避的前提性问题。教育知识选择与教育质量评价，是特定社会背景下文化主体的价值选择及实现方式，具有以社会文化规约为表征的主体性。研究民族地区的义务教育质量问题，离不开对民族地区文化事象和民族成员日常生活的深切关注，这也是本书的核心假设。从事有关民族文化和民族教育问题的实践及理论工作时，仅仅停留在"是什么""为什

---

① 联合国教科文组织，世界文化与发展委员会. 文化多样性与人类全面发展：世界文化与发展委员会报告. 张玉国译. 广州：广东人民出版社，2006：导论 8.

么"的两个阶段是一种"非完善"的思维方式和分析理路。探讨民族地区的教育质量问题,首先应厘清社会文化与学校知识选择的制衡关系及内隐的价值逻辑,以此回答"谁的知识最有价值""谁的教育最有质量"等前提性问题。

一、人的需要及其文化特殊性

在每一种文化中,价值观念都有稍微的不同,它迫使生活于其间的人以一种被限定的方式去感受、思考和行动,以此追求着各种形式的价值和幸福。探讨民族地区的义务教育质量问题,应在充分尊重民族成员切身利益的前提下,使学校教育的普及与民族文化的传承真正服务于民族群众民生改善、过体面生活的现实需要和价值诉求。

人类的需要,或者说价值追求,大致可归为三种类型:①物质财富的追求,用以满足人的生理需求;②精神财富的追求,用以实现人对精神需求的满足;③终极关怀的追求,用以满足人对来世或永恒意义需求的满足。前两方面的需求可以称为世俗的需要,第三方面的需求可称为宗教的需求。从上述三方面的需求来看,无论是世俗的需求还是宗教的需求,不同人类群体都具有相同的需要,只是满足需要的方式和手段,以及限于文化传统和群体经验的不同,导致对人们三者重要性的认识存有差异。就宗教需求的满足而言,有的信奉基督教,有的信奉佛教,有的信奉原始宗教,等等,虽然不同群体信奉的教义、追求终极需求满足的方式不同,但他们在追求终极需求上是一致的。

文化既是人类社会的存在方式,又是特定群体的生活方式。这里的特殊性,指特定文化是特定群体所共有的,而在其他非群体的人看来总是新鲜的,甚至是不可理解的。文化之所以是独特的,正因为文化起源于特定群体的生活方式,或者说是一种更大范围的生活习惯。就本质而言,文化是一种生活的方式或者手段,或者说是特定群体价值达成的方式或限制。因此,我们说文化的特殊性是指作为方式或手段、工具的多样性,但就人类的价值追求而言,共同性要远远大于差异性。当然,强调文化的特殊性或者差异性,并不等于文化相对主义所宣称的文化多样性和文化特殊性。以知识建构主义为哲学根基的文化相对主义宣称文化"同等有效论",认为"没有更高级的知识,只有不同的知识,而且不同的知识适应于各自的背景环境"[1]。文化虽然具有相对的独立性和稳定性,但文化也处于演变和变化的过程中。文化的可变性源于三个方面:①文化根植的环境处于变化之中;②相对独立的文化具有自我更替、演变的属性;③不同文化群体的交往引发

---

[1] 保罗·博格西昂. 对知识的恐惧——反相对主义和建构主义. 刘鹏博译. 上海:译林出版社,2015:5.

文化的传播与文化交流。

伴随人类社会交往的便捷和交往需求的扩大，文化的接触、交流将变得更加普遍和必然。文化的交流与变通，也是人类文化需求内在一致性的具体表现。不同文化群体之所以可以对话交流，正是源于文化主体间的价值共识。文化虽源起于人类生物需要的满足，却也深深地改变了人类的先天赋予，并最终使人类社会与动物世界区别开来。文化一旦形成，就会对群体的行为具有强大的规约作用，并以一种不"以人的主观意志为转移"的独立性而存在。

文化在满足人的需要的过程中，也创造了新的需要和新的文化，改造了人类的生存环境和人自身。因此，我们说文化是人类活动的产物，反过来我们也可以说人是文化的产物。特别是以文化知识形态存在的"客观知识的世界"，积淀为波普尔所区分的与"物理的世界"和"精神的世界"并存的"概念的世界"，或称为"逻辑的世界"。这也正是人类社会的文化或文明的伟大之处、高明之处。然而，文化又是稀松平常和司空见惯的，与人们的日常生活如影随形，是人们理性或非理性选择、沿袭的人伦日用或生活方式。它包括一套工具及一套风俗——人体的或心灵的习惯，直接或间接地满足人类的需要。文化并非孤立独存的实体，无法也不能脱离文化主体的现实生活独立存在，它总是特定群体价值适应或选择的结果。因此，"一切文化要素一定都是在活动着，发生作用，而且是有效的"[①]，对文化的正确认识也只应求诸一代代人类文化产生的过程和文化对新生代生活的实际影响。作为一种"手段性的现实"，文化是为满足人类需要而存在的，而这一方式远远胜于一切对环境的直接适应。这也是英国文化功能主义学派创始人马林诺斯基（Bronislaw Malinowski，又译作马凌诺斯基）所主张的一种"经验的文化论"，即功能论对文化本质内涵的基本看法。

二、作为生活方式的文化及其价值

对于文化是什么，不同论者持有不同的观点。文化本有狭义和广义之分，不同学者、不同论域下对文化的界定亦不尽相同。有人将其界定为一种生活方式；有人将其分列为器物、制度、精神三个层进行考察；还有人从信仰、价值观、行为、机构四个层次阐释文化；等等。代表性观点有爱德华·泰勒（Edward Tylor）著名的"复杂的整体"，克莱德·克拉克洪（Clyde Kluckhohn）的"一幅地图、一张滤网和一个矩阵"，克利福德·格尔茨（Clifford Geertz）的"使用各种符号

---

① 马凌诺斯基. 文化论. 费孝通译. 北京：华夏出版社，2001：15，99.

表达的一套世代相传的概念"是"由人自己编织的意义之网"①。上述关于文化的理解，其实都是不同言说主体从不同的角度对文化进行的一种"自我理解"或者诠释，且多以"隐喻"的形式表述。它们虽生动鲜活，但也不免抽象模糊。

在民族学、社会学研究中，文化功能学派强调文化乃是满足人的基本生物需要及由此派生的各种需要的手段，坚持"文化为工具，生活乃主体"。费孝通先生在总结他从马林诺斯基学习文化论的体会时曾说："马老师和前一代社会人类学家的差别不在所认定文化的内容，而在对文化的基本看法。老一代社会文化人类学家不论是进化论派或传播论派，总是有一种倾向，认为文化本身是个客观存在的实体。研究的目的是在发现这个实体本身的发展或变动的规律。"②马林诺斯基将人的需要划分为两个层次，生理的需要是第一层次，也是基本需要；在此基础上，"它们得到满足的文化方式又造下了新的限制，因之又发生了新的文化迫力"，是"出于工具所有的用处"，即需要的第二层次。马林诺斯基把这种"衍生的需要"或"衍生的文化迫力"称为"文化的手段迫力"，它们的性质都是达到其他目的的工具或手段。马林诺斯基认为文化相对自然选择而言，"包含一种更有效和更完善的满足人的内在生物欲望的方法"③。因此，"功能"这一术语也被用于另一个意思，即以文化的手段"满足（个人的）基本的生物需要"④。马林诺斯基认为文化建立在个体生物需要之上，为文化研究提供了一个参考比照的支点，使不同社会（如初民社会和现代社会）之间的文化事象可以进行比较。马林诺斯基主张人类学的重要工作就是要研究社会文化的功能。在费孝通看来，马林诺斯基倡导的文化研究，是"把文化回给人的生活本身"，研究的是人所接触到的人类自己所创造的世界，即是"文化的总体"，是有别于"自然世界"的"人文世界"。

马林诺斯基开创的功能论揭示了文化与人类社会、群体生活之间的源生关系，正确指出了文化及其功能产生于人类需要的满足及其过程。但是，因其过于强调文化生物基础的共同性和线性决定论，忽视了文化的相对独立性和文化主体的创造性，所以无法解释人类社会文化的多样性及其变迁的事实。马林诺斯基认为，人的生物需要作为第一需要创造并维持了文化和人类社会的延续，"文化手段迫力"实无异于生理上的需要。他甚至直接宣称："任何文化的理论都要以人类的生理器官的需要为开端"。马林诺斯基的功能论还具有二元性的特点，他有时强

---

① 克利福德·格尔茨. 文化的解释. 韩莉译. 南京：译林出版社. 1999：4-5.

② 费孝通. 文化与文化自觉. 北京：群言出版社，2010：157.

③ Malinowski B. Freedom and Civilisation. London：Unwin, 1947：33.

④ Malinowski B. Magic，Science and Religion. New York：Doubleday，1954：202.

调文化应满足社会的需要，有时又认为文化首先应满足个体生理或心理的需要；虽也强调不同文化间的差异性，但更关注的还是文化差异性之下的雷同性。总体而言，他还是主要强调文化对个体需要的满足，特别是对机体生物需要的满足，这也是它与布朗文化功能论的主要分歧乃至根本性质的不同。

　　布朗与马林诺斯基虽被奉为人类学中文化功能主义学派共同的创立者，但在有关"功能论"的理解上却存有一定的分歧乃至根本性冲突，"他们所依赖的功能概念存在根本差异"①。前者更加看重文化的结构性功能，强调文化结构对社会行为的规定或支配；后者更加重视基于人的本性的各种需要，强调文化对个体需要的满足。所以，便于对两者功能主义进行区分，学术界一般把前者的理论称为"结构功能主义"，而把后者的理论称为"功能主义"。马林诺斯基主张"人类之目的在生活，此乃生物界之常态，文化乃人类用以达到此目的之手段。在形式上虽有种种变异，但自其所满足人类生活需要之功能上言，则绝对相同"。纵观人类学的发展历程，"马氏之前，人类学受进化论之浸染，每以摸索猜测社会生活之原始状态为能事"，功能学派的兴起则一反陈旧观点，其"略文化形式之变异，而重文化对于人类生活之效用及功能"②。功能主义学派反对传统学派把文化视为"自生自长""自具目的"之实体的观念，主张文化是人类谋生的手段和为人之道，是为了人才存在的，有人的生活才有文化。基于上述对文化本体论和价值论的认识，功能学派主张从生活和文化的整体入手，来认识文化事象及其之于生活的意义。马林诺斯基的功能论虽把文化视作一个整体，弥补了文化"实体论"和"分析主义"的缺陷，但其文化的整体观依旧是"平面的"功能论。

　　作为马林诺斯基的入室弟子，费孝通继承和发展了马林诺斯基等创开的功能论，主张应该把它转换成"垂直的"功能论，即加入"历史因素"的一种新的功能论，这的确是对西方传统功能论的一项开创性的转换。乔健先生将这一转换后的功能论概括为历史功能论（historical functionalism），进而指出："经过这一转化并融入中国文化的洗礼，功能论在包容度和阐释力方面同时得到了增厚与加强。"③历史功能论强调文化功能的基础，更加强调、关注对文化历史传统和社会文化变迁的把握，坚持在社会变迁中把握文化的真实意义和实际功能。历史功能论"要求社会人类学的研究者必须全面把握一个特定的社会实体的经济、社会组织、宗教、政治等等方面的面貌，再从一个整体的高度来理解这些方面如何作

---

① 转引自罗伯特·莱顿. 他者的眼光：人类学理论导论（修订版）. 罗攀，苏敏译. 北京：华夏出版社，2005：25.

② 马凌诺斯基. 文化论. 费孝通译. 北京：华夏出版社，2001：前言.

③ 乔健. 试说费孝通的历史功能论. 中央民族大学学报（哲学社会科学版），2007，（1）：5-11.

为一个文化的整体来满足人类及其群体在不同层次上的需要"①。费孝通先生倡导的历史功能论，对研究少数民族地区的文化问题、教育问题无疑具有开创性的理论指引和方法论启示。

无论是马林诺斯基的功能论，还是费孝通的历史功能论，对"功能"的理解都并未止于抽象理论的论证，而是实践中的切身体验和身体力行。这也是马林诺斯基倡导的"田野工作"（fieldwork）和费先生提出的"从实求知"方法论原则的主旨所在。此外，马林诺斯基的功能论的价值更在于对文化研究中"学以致用"理念的倡导和力行，并致力于使人类学发展成为一门造福人类的应用科学。在《西太平洋上的航海者》末尾，马林诺斯基再次申明自己的这一信念，"最要紧的其实不是细节问题，也不是事实，而是我们对待它的科学利用"，至于那种"在一个别致古怪而又非凡奇特的事实面前暂时驻足；为之感到有趣，观看它外在的奇异性；把它当作一件古董，并收藏进入记忆的'博物馆'内，或者逸事秘闻的'仓库'中"的心态，"总是跟我格格不入，而且让我感到厌恶"②。这一"实用的立场"，同样体现为费孝通先生一再强调和终身奉行的"志在富民"的学术追求。"无须隐瞒或掩盖我们这个实用的立场"，为了人民的利益、满足人民不断增长的物质和精神生活的需要，是科学研究的本职使命。③

功能论"学以致用"的学术信念，恰与本书确立的"民生取向"的研究视角和价值立场具有内在的契合性，把功能论作为本书的方法论基础是适切的，也是责无旁贷的。民族教育问题的特殊性在于其中的文化问题，对待民族教育中的文化问题，更应坚持"从实求知"的方法论原则和"民生取向"的价值立场。在广泛深入田野工作的基础上，坚持倾听民族群众的底层心声和教育诉求，把民族地区的教育问题置于社会文化变迁的历史脉络和时代图景中，揭示民族地区义务教育质量困境的理论内涵及源生机理，是本书确立的从功能论到历史功能论的方法论原则和价值立场。

三、教育知识价值确立的社会文化规约性

教育是工具，教育是每一个人追求美好生活的工具。所谓理想的教育，无非就是引导、帮助个体在现有的条件下过一种更加美好的、想要的生活。理想的教育或者教育的理想，必须尊重受教育者的理想。当然，任何个体、受教育者都是一定社会的人，一个人要想真正享有所追求的美好生活，必须要遵守其所处的社

---

① 费孝通. 费孝通文集（第十五卷）. 北京：群言出版社，2001：379.

② 马林诺夫斯基. 西太平洋上的航海者. 张云江译. 北京：中国社会科学出版社，2009：425.

③ 费孝通. 费孝通自选集. 北京：首都师范大学出版社，2008：366.

会文化环境的限制，即每个人对幸福的追求都应以不损害他人的幸福和追求为前提：要实现个人与他人、与社会共同追求美好生活的总体目标。事实上，人和人对美好事物的追求并无本质的区别，有些人之所以追求着在另一些人看来并不是或者有违"好教育"的教育，是因为他们有着自己的苦衷，我们必须要在理解他们的前提下，谈论教育知识的价值。因此，那种拿生命、性情、本真等不确定词汇谈论教育的做法，是很难经得起认真推敲的。

（一）教育知识之"有用性"的揭示

对知识有用性或价值哲学命题的思考，本质上是一种人的思维活动，其客观性不是抽象的先验存在。知识是人类适应和改造环境（包括自然和人文环境）过程中满足生活需要的经验积淀和系统总结，知识价值的逻辑确立及实践生成离不开社会文化的制约和文化主体的现实需要。知识价值的逻辑非先验的实体存在，是对社会文化主体实践需要的反映，地方性和民族性是其本质所在。就当前有关知识论的争论而言，"重点已经不在知识的来源问题上（如历史上的经验主义与理性主义之争），而是什么知识最有价值和如何有效地来掌握知识的问题"[1]，即知识价值确立的逻辑及实现方式。"近代以来，学术界对知识价值的探讨或反思，源于 20 世纪'科学危机'和'人的危机'引起的'科学主义'和'人文主义'的哲学对峙，是对'现代性'反思基础上的后现代主义思潮的对象性体现。"[2]在这一过程中，"谁的知识最有价值"成为"什么知识最有价值"的现代答案。

广义而言，实践也就是人类的生活，是人类改造主客观世界的活动。生活即实践。传统的生活实践是体力和经验依赖型的，今天的生活实践日益凸显其知识依赖型的特点。马克思主义认为，社会再生产的规模方式，决定了劳动者再生产的数量和质量，也决定着教育的数量和质量。以手工工具的使用为基础的社会再生产无须要求劳动者必须经过专门的教育和训练，在现代社会的大生产过程中，劳动者智力因素的发展已成为劳动力再生产的主要任务，专门的教育和训练成为社会再生产的主要环节。在这一转化过程中，"经验手艺型"的劳动力转化为"科学知识型"的劳动力，教育也被纳入社会再生产的过程。[3]学校教育作为有目的、有计划传授系统知识的实践活动，满足社会文化对知识的需求，提高其在生活和就业中的生存能力和竞争能力，是其应有的重要任务之一。专业性知识成为必需，特别是各种创造性劳动更是如此。学校教育的基本职能，就是通过对知识的选择、

---

① 黄济. 教育哲学通论. 太原：山西教育出版社，2004：462.

② 满忠坤. 教育价值危机的理性审视. 教育学术月刊，2012，（9）：3-6.

③ 王焕勋. 马克思教育思想研究. 重庆：重庆出版社，1988：93-95.

积累、传递来培养一定社会所需要的合格劳动者和社会成员，使其拥有更加美好、更加体面的生活。学校知识的价值评判标准不是先验外在的，具体社会文化主体的实践需要是其根本依据。因此，"教育为了谁""为什么需要教育""为了什么目的而进行教育"无疑是确证学校教育知识之"有用性"的核心问题。

（二）教育知识价值选择的主体性

20 世纪 70 年代以来，受科技革命的推动和后现代主义思潮的影响，教育知识选择的价值主体性逐渐成为学术界关注的焦点，"知识与权力"的关系为越来越多的学者所关注，阿普尔是其开拓者和领军人。继 19 世纪斯宾塞提出"什么知识最有价值"之后，作为批评教育理论和新左派的著名代表阿普尔提出"谁的知识最有价值"的命题，使教育知识的选择从关注客体（知识的内容或对象）转向关注选择的主体（为谁而选择或谁来选择），知识选择的主体性问题逐渐被发现。课程知识的选择及设计是教育研究长期以来一直关注的话题，不同时期的不同研究从不同的角度对这一问题进行了探讨。

有关课程知识选择的已有研究主题可以概括为两类，即"什么知识最有价值"和"谁的知识最有价值"。就民族地区的教育质量问题而言，这一转向具有重要的现实意义和必要性。无论是教育均衡发展，还是民族文化的传承，抑或是民生的改善，都与这一问题具有直接或间接的联系。课程本身就是教育均衡发展的重要维度，课程内容的选择和设计更应关注文化差异，教育民生改善功能的实现同样离不开相应课程知识的选择。以知识对象的主体性与课程内容选择的关系为切入点，分析学校课程知识价值的主体性问题，有助于我们进一步明确课程知识选择的价值逻辑及生成机制。米歇尔·福柯认为："我们应该承认，权力制造知识（而且，不仅仅因为知识为权力服务，权力才鼓励知识，也不仅仅因为知识有用，权力才使用知识）；权力和知识是直接相互连带的；不相应地建构一种知识领域就不可能有权力关系，不同时预设和建构权力关系就不会有任何知识。"[①]"谁的知识最有价值"旨在关注课程知识选择中的权力问题，致力于澄清教育的价值取向及对象主体。制度化的教育应满足不同对象主体的不同需求。

当前中国社会，合理而有效的社会流动渠道是激活教育需求的前提条件，课程知识的价值可能性是实现这一需求的中介和潜在可能。具体到民族地区的教育实践，因不能认同学校教育及知识选择的价值，民族成员对免费义务教育的放弃或逃离成为"后普九"时代义务教育质量全面提升的最普遍性困境之一。在我国教育理论与实践中，有关民族地区课程知识选择的讨论往往过多地关注教育的文

---

① 米歇尔·福柯. 规训与惩罚. 刘北成，杨远婴译. 北京：生活·读书·新知三联书店，1999：29.

化传递功能、政治整合和民族认同功能，而较少关注其经济功能、促进社会流动和民生改善的功能，因此难以触及问题的实质和症结。在教育学史上，斯宾塞"教育为完满生活做准备"的知识价值立场因"个人主义""功利主义"倾向备受指责，但他主张衡量"知识的比较价值"的尺子应是"知识和生活的关系"，在今天看来依旧具有重要的启示意义。特别是受后现代主义片面强调文化多元和地方性知识的影响，在民族课程知识的选择过程中，知识价值的普遍性、共享性、时代性容易被忽视，往往以一种"国家权力"或"局外人"的孤立、静态的视角夸大某些"传统文化"或"地方性知识"的价值，以"客位立场"代替"主位立场"评判、选择教育知识，使课程知识取舍的标准与对象主体的价值诉求之间存有不同程度的鸿沟。课程知识的选择和设计使民族群众切实感受到教育的"有用性"是激发教育需求的前提，也是促进教育均衡发展、提升教育质量的必然选择。

（三）民族地区教育知识价值确立的文化规约性

值得注意的是，探讨义务教育的价值定位与课程知识的选择问题时，引入批判教育理论中的"知识与权力"的关系话题具有重要的方法论价值和实践意义。但是，批判教育理论把"政治或权力"关系视为教育问题、知识选择的本质，把所有问题缩略为"意识形态"或"知识与权力"关系的问题，使其解释力和客观性受到诸多挑战和限制。

一般来说，社会主义社会的教育与最广大人民群众的利益是一致的，教育促进社会发展的价值与促进人发展的价值具有统一性，教育知识的选择及价值也是与人民群众的根本利益相一致的。这也是社会主义教育与阶级社会、资本主义社会教育的本质区别。我国社会主义教育的本质规定决定了民族地区教育知识价值的确立本质上是个民生问题，而非以批判教育理论为代表的西方话语体系强调的以"权力与压迫""种族与歧视"为表征的"意识形态"问题。民族地区义务教育质量问题本质，也非西方话语体系中教育目标和教育价值的冲突，其本质是方式和方法引发的"技术偏误"。忽视社会主义教育的本质规定，机械套用西方理论话语，既不符合我国社会主义教育的实际，更容易忽视我国民族教育发展中文化问题的特殊性。本书在借鉴批判教育理论关于知识价值选择的主体性问题的基础上，从我国社会主义国家的性质和民族教育问题的实际出发，强调民生取向的义务教育价值确证及实践生成。确证民生取向的义务教育价值定位，既可充分关注教育质量问题中的主体性问题，又可避免西方教育理论话语体系中"意识形态"观念的偏执和陷阱。

文化差异的本质乃是文化主体价值观念的差异。正确处理民族地区的教育知识选择问题，必须关注教育知识选择的主体性问题，杜绝把教育与文化的关系神秘化、抽象化、夸大化、形式化。坚持中国特色社会主义的教育发展路向，必须发挥人民群众主体性和创造性，做到教育发展为了人民、教育发展依靠人民、教育发展成果由人民共享。教育知识的选择问题事关普通民众的福祉，教育还应处理好文化传承与保护同改善民生之间的关系，满足人民群众过体面生活的物质和精神需要。为了谁、依靠谁决定着社会主义教育的性质和方向，是我国社会主义制度的本质要求，也是中国共产党立党为公、执政为民理念的重要体现。文化作为"人类生活的样法"，在地域、民族、族群之间表现出一定的差异性，任何一种文化都是特定群体的日常生活方式、习惯的体现，其本身就是生活的一部分。少数民族地区的文化的独特性表现尤为明显，同时广大民族地区也面临着民生改善的紧迫问题。因此，处理好二者之间可能的矛盾，既关系到民族文化传承与保护的成功与否，更影响着民族地区的团结稳定和人民生活的改善。文化与生活是不可分割的融合体，人是生活中的人，文化是生活中的文化，人也是文化中的人。妥善处理二者之间的矛盾，要求文化传承过程必须坚持以人民的利益为重，实现文化传承与民生改善的共赢。

民族地区的民族文化与中华文化、大众文化，既存在一定程度的差异，又共享诸多价值观念。这一特点同样适用于分析民族地区诸多教育现实问题凸显的深层机理和现实原因。吴文藻先生认为，"文化最简单的定义可以说是某一社区内居民所形成的生活方式；所谓生活方式系指居民在其生活各个方面活动的结果形成的一定结构，文化也可以说是一个民族应付环境——物质的、概念的、社会的和精神的环境——的总的成绩"[①]。关注民族地区教育与传统文化的相关问题的实质也就是处理民族传统文化的传承问题，即少数民族传统文化的"积累性"与"变革性"问题。从大的背景来说，它就是如何解决"传统文化"与"现代文化""普遍文化"与"少数民族文化"的关系问题。

第二节　民族地区义务教育质量优化的价值确立

民族地区义务教育质量优化的价值定位问题，不仅关涉以"双语教学"为代表的"如何教"的技术问题，从更深层来讲，更关涉"教什么"的价值问题；不仅关涉到"什么知识最有价值"的普适性问题，更关涉"谁的知识更有价值"的文化特殊性问题。民族地区义务教育质量提升的价值定位问题，应以我国教育的

---

① 转引自：费孝通. 费孝通全集（第1卷）. 呼和浩特：内蒙古人民出版社，2009：439.

社会主义本质规定及相应的政策方向为指引，兼顾国民教育的统一要求和民族地区经济社会发展的特殊需要，使其真正统一为"办人民满意的教育"的战略目标和时代诉求。

一、民族地区"半工半耕"社会的教育需要

无论是教育选择，还是文化传承，都必须遵循人的主体性原则。这里的主体不是指后现代主义所宣扬的非理性主义的极端个人主体，而是在人类理性主动认识、实践的基础上，对人的类主体与个人主体的兼顾。发展教育，传承文化，必须考虑人类的现实生活与价值诉求，不能脱离人的生活谈教育与经济、教育与文化的关系。由此，民族地区义务教育质量困境的本质，亦可概括为教育发展与民生改善之间的矛盾。探讨民族地区的学校教育问题，离不开对其根植的社会文化背景及其变迁趋势的关注，对基于此文化主体生存际遇的教育需要的有效把握乃是问题的关键所在。

（一）"乡土中国"社会的转型发展

20世纪伊始，一场声势浩大的教育运动触及中国大地的每一个角落，这便是以义务教育普及为主要内容的"文字下乡"。其结果便是，无论经济发展水平和文化形态有何差异，但凡"有炊烟的地方就要有学校"。现代学校逐渐被赋予"村落中的'国家'"[①]的使命，且不断向乡村和少数民族地区渗透，并最终以国家制度的形式得以确立。从"乡土中国"到"城市中国"，是中国乡土社会、民族村落正在经历的社会变迁与历史阵痛。

如果说传统的中国农村是乡土性的，是被"捆绑在土地上的中国"，伴随现代化在广大农村地区、民族地区的纵深介入，我国的乡土社会在这一过程中也发生着相应的变化与转型；伴随而来的不单是"知识转型与教育改革"[②]，更是"文化转型与教育改革"。"文字下乡"是费孝通先生提出的一个学术概念，对今天民族地区义务教育普及而言，同样具有一定的解释力和反思价值。与之同时，当下的事实也是新近学者提出的以"文字上移"为隐喻的"中国乡村教育发展趋向的结构性机制及其深远的社会文化意涵"[③]，以及由此引发的乡村社会"空心化"进一步加剧和乡村社会瓦解、乡村文化传承断裂的发展危机乃至生存危机[④]。文

---

① 李书磊. 村落中的"国家"：文化变迁中的乡村学校. 杭州：浙江人民出版社，1999.

② 石中英. 知识转型与教育改革. 北京：教育科学出版社，2007.

③ 熊春文. "文字上移"的社会学解释. 中国社会科学报，2010-01-26（11）.

④ 万明钢. "文字上移"——渐行渐远的乡村教育. 教育科学研究，2010，（7）：19-20.

化作为一种生活方式的整体样式，既有一定的独立性和惯性特征，亦具有依附性和变迁性特征。在社会转型期，"离土又离乡"成为传统"乡土中国"变迁的主旋律和未来趋势。在这一进程中，农村经济结构和人口结构的变迁与转型，促使"离土又离乡"的农民工群体总量不断上升，塑造着"乡土中国"的文化结构及生活样式。

世界上农村和城市的差别是共有的现象，但当下中国城乡发展的问题，在于城市和农村的不等价交换和城市对农村的掠夺，这成为一种以牺牲农村为代价的不良发展。结果，不但城市人不认同农村，就连农村人也越来越不喜欢农村，他们总是想法设法逃离农村。至于那些空谈的人文雅士，虽也在文字或口头上赞美乡村，甚至表现出一种向往乡村生活的渴望，其实他们表达的更多的是对昔日乡村生活的怀念。置身现代化的浪潮中，中国社会国民经济结构由以农业为主向以工业和服务业为主转型，乡村社会结构也经历着从"乡土"到"离土"的时代变迁。当然，这一进程是不同步、非均衡的。

当今中国社会，民族地区不可避免地陷入一种两难境地：①面对传统文化日渐消解的现实境遇，我们竭力拯救、延续传统文化，势必要以传统"乡土中国"生活方式的维系为根基。②伴随民族地区生活方式的现代转型，传统的自给自足的农耕社会日渐让位于"逃离乡土"的"以代际分工为基础的半工半耕"的"新乡土中国"。[1]在这一转变过程中，民族传统文化的式微又具有历史的必然，任何妄图阻挡社会进程的做法都是逆历史潮流而动的徒劳无功或自作聪明。对"新乡土中国"而言，"过去那种地方的和民族的自给自足和闭关自守状态，被各民族的各方面的互相往来和各方面的互相依赖所代替了。物质的生产是如此，精神的生产也是如此"[2]。现代学校教育的出现及在乡土社会的普及，无疑在这一过程中发挥着重要作用。

学校教育作为一种"异文化"，通过国家政策强势介入民族村落，有意无意地使民族成员不可避免地疏离本族文化。民族性与时代性是一切文化的共性与存在方式，应在社会文化变迁的共时态中确立"学校知识"与"本土文化"关系构建的"知识境域化"观念。[3]学校作为制度化的传授系统知识的专门场所，只有

---

① 贺雪峰. 新乡土中国（修订版）. 北京：北京大学出版社，2013.

② 马克思，恩格斯. 马克思恩格斯选集（第一卷）. 中共中央马克思恩格斯列宁斯大林著作编译局译. 北京：人民出版社，1995：276-277.

③ 石中英. 知识转型与教育改革. 北京：教育科学出版社，2001：324. 需要说明的是，提出"知识境域化"观念并非赞同或宣扬后现代的知识观，旨在强调知识类型及价值的社会文化制约性和变迁特征，反对脱离文化主体的现实生活谈论"什么知识最有价值"。

成为人民群众改善窘迫、单调生活的希望，对人民群众而言才是温暖、亲切的，而非陌生、冰冷的"文明监狱"。关注教育发展与民生改善的依存关系，积极探索教育发展与民生改善共赢的深层机制及实践策略，是实现民族地区"教育优先发展"和"各民族共同繁荣"的现实需要与战略选择。

（二）"后普九"时代民族地区的教育需求

跨入"后普九"时代，学校教育发展中的质量难题与传统文化式微的"两败俱伤"是民族地区义务教育发展中的特殊矛盾。民族地区义务教育质量的提升，应在充分关注教育发展与民生改善依存关系和现实境遇的基础上，探索构建以"文化关照"为核心的教育发展新路径，减少文化差异导致的教育浪费和教育放弃。对"半工半耕"的民族地区而言，现代学校"升学取向""城市取向"的教育运作，与民族群众的生计、生活方式之间存在诸种形式的不和谐乃至冲突。"打工潮"背景下的留守儿童问题消解了学校、家庭、村落"三位一体"的既有传统教育场域，而新的替代性、补偿性完整教育场域尚未形成导致乡村儿童的全面发展出现了真空地带，这些是民族地区义务教育普及中的现实困境及深层社会文化根源。

当前中国的农民家庭，一般都存在以代际分工为基础的"半工半耕"结构，一个家庭两代人，既务农又务工，以此维持质量相对较高的生活。中国农村这种"以代际分工为基础的半工半耕"[①]的社会结构，仍然可以称为"捆绑在土地上的中国"。具体到民族地区，现代学校又意味着一种"异质文化"。面对民族地区独特的天地系统与人文生态，"现代化取向""城市取向"的学校教育普及表现出的诸多不适应，成为制约民族地区义务教育质量提升的社会文化因素。虽然脱贫治愚在某些民族地区依然具有重要的现实意义，但如何处理"教育下乡"与民族文化之间的各种不适应乃至冲突，是当前民族地区义务教育普及中最典型、最普遍的问题。因此，以汉文化为载体的都市化、现代化的教育设计与制度安排，在与民族村落接触的过程中便会遭到诸种不和谐，有些格格不入，使学校教育知识的价值多少显得有些遥远和陌生。

现代性的影响具有广泛性、全面性、深刻性。少数民族地区正在经历的社会变迁，其实质就是现代性不断向边缘地带的嵌入过程。在这一过程中，民族村落原本封闭孤立的文化场域日渐消解，传统文化场域固有的民族习俗、生活方式和价值观念不断被改变。我们在民族地区的调研发现，尽管公共教育资源日渐充盈，区域教育发展日渐均衡，但以民生境遇为集中表现的教育资本积累的先天不足依旧无法从根本上改变民族儿童遭遇教育失败的境地：①学校教育的免费供给对于

---

① 贺雪峰. 新乡土中国（修订版）. 北京：北京大学出版社，2013.

那些生计依然窘困的家庭来说是缺乏吸引力的，并不能给他们带来应有的安慰和希望，生活经验告诉他们，"过好日子并不需要太多的教育"。②对那些坚持完成义务教育的学生而言，他们虽然"学得了一些新知识，却找不到一座桥可以把这套知识应用到乡间去"，从乡土社会而论，免费供给的学校教育"是悬空了的，不切实的"①。调研发现，在民族地区义务教育普及的过程中，一面是教育经费投入不断增加、办学条件大幅改善、师资队伍日渐充盈，学校呈现出繁荣的大好景象；另一面是学生辍学、学业失败、"流民群体"和传统文化式微的现实困境，显露着教育衰败的深层隐忧。

每一个社会阶层群体大都有约定俗成的成功标准和现实典型，这一标准下的成功者往往成为该社会大多数人心目中的榜样人物，并形塑着特定社会、群体的成功逻辑。同样，榜样人物的现实典型及其教育经历（成功或失败）影响着村落成员对子女成长和教育的期望，学校教育与成功者的相关性成为社会成员教育价值判断及行为选择的重要标准。在许多民族村寨，成功人士的评判标准与通过教育跻身榜样人物的现实可能性之间形成了一种恶性循环。现实中，由于缺少通过接受教育成为榜样人物的有力激励，家长看不到通过教育改变命运和现实生活的希望，虽然学校提供免费的教育，但其送子女上学的积极性依旧不高，加之缺乏必要的督查和激励氛围，学生对学习既缺乏明确的奋斗目标，又缺少刻苦努力的积极性，而学业成就的失败使民族地区的学生又缺乏参与社会竞争的学力资本，反倒那些提前辍学、外出务工者相对富足、体面的生活现状，更有可能成为村落社会成功者的代表。

事实上，农民外出打工并非心甘情愿，抛家舍子、背井离乡是他们共同的痛楚。那么，农民为什么要外出打工？已有研究给出了辩证的回答，研究者从社会学的理性选择理论出发，将人的理性行为划分为生存理性、经济理性、社会理性三个不同层面，以此解释农村人口外出就业的原因、流向和类型。论者认为，"当代中国农民外出就业之所以大规模发生，既有其历史文化的根源，又有其现实社会经济的原因；既受人多地少等自然性因素的制约，又受制度规范等结构性条件的制约"。具体而言，"在农民外出就业发生初期，往往更多表现的是生存理性选择，随着外出寻求就业次数的增多和时间的拉长，社会理性选择和经济理性选择将表现得越来越突出"②。我们在民族地区的调研发现，"不出去吃什么？不出去怎么花钱？"是当地群众外出打工的现实原因。"半工半耕"的生产方式和

① 费孝通. 乡土重建. 长沙：岳麓书社，2011：60.

② 文军. 从生存理性到社会理性选择：当代中国农民外出就业动因的社会学分析. 社会学研究，2001，（6）：19-30.

社会结构，对民族地区义务教育普及的影响是双向的。

我们必须认识到，今天的民族村落不再完全是"绑在土地上"、无文字需要的传统乡土社会；农村人"离土不离乡"的文化根基和都市农民工的生存境遇，使得他们对文字的需要又是有限的。免费供给的学校教育，难免显得格格不入甚或多余。由此，就民族村落"半工半耕"社会结构的教育需要而言，国家大一统的义务教育供给仍然可以隐喻为新时代的"文字下乡"。教育作为一种培养人的社会活动，决定了"教育供给"与"教育效益"不同于一般的经济活动的投入与产出；教育投入的正外部性及效益的滞后性，决定了教育投入并不总能创造直接利润和获得现实盈利。以教育资源配置为手段，提高教育投入的效益，是实现教育有效供给、满足教育需要的根本所在。

二、民族地区学校教育质量优化的民生诉求

我们在民族地区的考察发现，一方面，少数民族传统文化中的某些因素已成为民族地区经济社会发展和人民生活改善的现实障碍；另一方面，置身现代化的进程中，少数民族传统文化中的优秀成分在现代文化的冲击下逐渐走向衰落。现代学校教育介入民族地区的过程中，同样面临上述困境：①现代学校教育作为一种"异文化"，因语言文字、传统习俗、价值观念等传统文化要素之间存有差异及不和谐、冲突，成为制约民族地区学校教育普及与质量提升的特殊矛盾；②现代学校教育作为一种强势文化，以国家制度的形式在民族地区的普及过程无疑加速了民族传统文化的消解。面对传统文化的消解和人的生存危机的双重困境，费孝通先生提出的"从文化转型上求生路"，无疑是远见卓识的。问题是怎样转，转向何处？①

民族地区义务教育质量优化的价值定位，不仅要为民族成员提供现代化的教育资源，更要考虑学校教育在民族文化传承与保护中的职责，避免民族成员"双重边缘化"的尴尬处境。民族地区与汉族地区的社会文化存在诸多差异，这无疑对民族地区的教育发展提出了特殊要求。民族地区教育发展的特殊性有二：①学校教育与当地经济社会发展水平之间的矛盾，主要表现为教育与当地生产力发展水平之间的不适应；②制度化教育与民族（地域）文化传承与保护之间的矛盾，主要表现为学校教育与传统文化之间的不适应。

> 目下一般汉人的生活水准，并不见得怎样高。不过比起凉山夷人来，仍有天渊之别，其相差可以世纪计。凉山地方，过于高寒，出产殊欠丰

---

① 费孝通. 文化与文化自觉. 北京：群言出版社，2012：190.

富。加以保夷文化程度甚低，不知如何尽量开发。因此他们所过生活，乃为一种原始的艰苦与简单生活。其与一般边地汉人生活水平的差别，甚至超过后者与欧美人士所享受者之差别。他们所过生活，至少是相当于几百年前的中古时代。我们甚至可以讲，说他们过着一种近似上古时代的原始生活，乃是更近于事实。目下在西昌城，若干人正在作一九四一年的享受；在另一方面，东边不远的凉山区域，夷人却在过着几千年前的简陋生活。①

物质生活的生产方式制约着社会政治、经济、精神生活的整个过程，文化是其特殊性的表现样式。民族文化与现代教育的冲突，其实质是现代教育与民族传统生产生活方式的不适应，并表现为一定的价值冲突及行为选择。教育质量作为特定主体教育需要的满足程度，本身就具有教育价值逻辑等价物的意义。优质教育必定是有价值的教育，有价值的教育也必定是有质量的。回答有关教育质量评价的相关问题时，离开教育主体需要，任何阐释都是缺乏依据的，也无法理解优质教育的内涵所指和实践表征。就民族地区义务教育质量评价的现实问题而言，在一味强调教育投入和入学率、完成率等数字化评价指标的同时，教育质量优劣的评价降格为繁杂的"数字游戏"，"却没有实实在在地去考查这种教育对乡村儿童的一生究竟意味着什么"②，对他们而言什么才是"好的教育"。

探讨民族地区的教育质量优化问题，必须思考如下现实问题：①由于生产力发展水平相对落后，甚至在某些地区还延续着刀耕火种、靠天吃饭的原始生计方式（图 5-1），学龄儿童亦是家庭中的"潜在劳动力"。②外出打工又为他们脱贫致富、改善生计提供了相对便捷的途径。③民族地区虽已基本解决温饱问题，但"脱贫致富、奔小康"成为广大群众当下最迫切、最现实的需要，"盖房子、娶媳妇、生孩子、随份子"是其直接表现。④读书本是辛苦的事情，当读书既不能带来更多的经济收入，又不能为升学提供机会时，民族地区的儿童靠读书改变命运的希望日渐渺茫，学生读书也就失去了榜样和动力。学龄儿童（主要是初中生）轻松、便捷加入农民工行列成为可能时，也就顺理成章成为家庭核心"现实劳动力"的重要一员，农事、工厂和学校争夺"劳动力"和"学生"的矛盾出现。"不读书等着穷，读书马上穷"，成为多数家长放弃子女教育的理性选择。在民族地区，学生读到五六年级时，基本能用"汉话"交流。加之

---

① 曾昭抡. 大凉山夷区考察记. 北京：中国青年出版社，2012：133，98-99.

② 刘铁芳. 乡土的逃离与回归——乡村教育的人文重建. 福州：福建教育出版社，2008：22.

图 5-1　"刀耕火种"的落后生计方式

身边外出打工者的"榜样示范"，一些本来学业不良的学生就会心动，更向往打工生活，渴望走出大山。家长既认识不到送子女读书的重要性，又看不到读书改变命运的希望。生活经验告诉他们，"多读一年与少读一年并无本质区别""继续读书是多余乃至浪费"，他们继而默许甚至鼓励子女辍学，这是民族地区"读书无用论"引发"教育放弃""逃离学校"的现实困境。

　　正如钱理群先生所言，"我们总是在夸耀已经'基本上普及'了九年制义务教育，且不说这是一个虚数，水数"；与之同时，"大批的辍学生和失业的大、中学校毕业生，游荡于农村和乡镇，成了新的'流民'阶层的主要来源"[①]。从公布的"普九"数据来看，民族地区的义务教育看似"繁荣"了，但群众对免费教育放弃、逃离的现象依然存在甚至日益严重也是不争的事实，这又显露出深层的"隐忧"。调研的民族乡镇某中心校林姓教师告诉我们：

　　　　你们也看到了，放学后高年级学生很少有背书包回家的，倒是低年级的娃娃都背着书包。在我们这里，根本不存在学生负担过重的问题，而国家还是整天在喊"减负"。我看，真正需要减负的倒是我们老师，除了正常的教学工作外，还有应付不完的各项督导、检查、评估，还要到下面搞"劝返"工作，周末和假期也无法正常休息。学生在学校不爱学习，平时也不做作业，回到家里不是帮着干农活，就是在寨子里耍。有

---

① 钱理群，刘铁芳. 乡土中国与乡村教育. 福州：福建教育出版社，2008：序言 5-6.

的假期直接出去打工，更无心学习了。我们这里不像城市，有各种各样的辅导班、兴趣班，也就没有什么课业负担过重的问题。学生却连老师布置的作业都很难完成。有些家长根本都不想让娃娃上学，只是被迫才把学生送来，你说他还会花钱让孩子去上什么辅导班吗？再说了，想上也没地方呀！说实话，或许城里学生真的需要"减负"，我看我们这里倒是应该"加负"。我一直在想，我们的学生为什么就是学不好呢？原因就是课程多、课时少。就像我教的数学吧，每周只有四节课，怎么能上好课呢？又是一门主课，现在的课时根本不够。如果不顾民族地区的实际，一味地推行减负，结果可能会使教育质量更差。"普九"，"普九"，谁又关心过质量？有一年，我教一个班，有 40 名学生，考试只有一个人及格。语文也考得差，平均分只有 26 分。我说真的，我当时都感到悲哀！现在考试不让打分、排名，学好学差都一样，（学生）也就失去了动力，结果许多学生考试不及格。特别是高年级学生，不爱学、不好管理，还故意给老师找茬。（学生）已经够轻松的了，不知道还要怎么"减负"？没办法！真的希望专家们能多来我们民族地区跑跑看看，或许他们就知道有些政策不适合我们这里了。

市场经济的介入、深化，促使乡村社会多元化的利益需求形成，人们越来越理性化、功利化。国家正式制度和正式组织的强势介入，若缺乏对乡土文化要素和社会文化变迁的应有关照和有力支持，无疑会削弱乡村建设中政策、资金输入的效能，造成教育资源的各种浪费。伴随现代化在民族地区的强势介入，少数民族成员有时被置于"双重边缘化"的尴尬境地。他们既不能很好地融入主流文化，又逐渐疏远其本土文化，游移于传统与现代、村落与都市之间，沦为现代化进程中的"文化流民"。民族地区的教育质量问题，不应缩略为各项数字指标的提升，应以满足群众通过教育提升生活质量，追求有品位、有尊严的生活为旨归。在社会主义和谐社会和新农村建设的进程中，教育民生功能的需要日益突出、紧迫，其实质是实现怎样的教育发展和怎样发展教育，以此满足"人民群众不断增长的多样化教育需求"。

三、民生取向的义务教育质量优化的价值定位

民族地区教育问题亦可归为广义的农村教育问题。对于民族地区教育的价值定位问题，我们应思考什么样的教育才是"好的教育"、什么样的教育才是"人民满意的教育"。加大对乡村教育的投入是合乎实际的，但如果不能从根本上厘清乡村教育发展的价值定位与发展方向，不能处理好农村学生义务教育后"升学"

与"就业"、"离农"与"向农"的价值问题，终究不能触及问题的实质。农村教育"离农"与"向农"的价值定位及实践探索虽是"老生常谈"，但对于分析当前民族地区义务教育发展中的质量问题仍具有重要的现实意义和针对性。民族地区教育发展的"离农"与"向农"话题，依旧是民族教育改革的核心问题，也是实现民族地区义务教育质量优化的关键。

（一）农村基础教育的价值选择与目标定位

当前，在教育理论和教育实践中，农村地区、民族地区的教育投入不足，教育质量不高，城乡教育非均衡发展，成为关注的焦点与共识，这无疑是我国教育发展中的客观问题。但是，另一个更深层次的问题值得我们思考，即"优质教育"对于人民群众的生活、民生改善意味着什么。农村不可能也不应当全盘城市化，"新型城镇化"也绝非让所有农民都搬进城市生活。农村优秀人才进城，带来的将是农村的"空心化"与村落文化的衰败。客观的现实是：①我们还无法满足"人人都能上大学"的需要；②即使"人人都能上大学"，我们也不能把所有的大学生都留在城市；③人人都接受现行的正规大学教育是否必需仍值得思考。因此，不改变当前升学取向、城市取向的教育价值定位，农村教育繁荣背后的潜在危机终难避免。

当前的教育制度设计、教育内容选择，依旧主要是"升学取向""精英取向"的教育。与享有优质"教育资本"的城市学生相比，农村学生的弱势地位并不必然因可能优化的师资队伍、办学条而发生根本性的转变，最终还将有大批农村学生难逃"学业失败""升学无望"的遭遇。对这部分学生而言，既然升学无望，学校里传授的知识又在今后的生活中多是"过剩"或无用武之地，他们对教育价值的怀疑态度和对免费教育的逃离、放弃，就难发生根本性的改变。因此，正确定位农村地区的教育价值取向，继而探索教育发展与新农村建设的共赢机制及实践策略，使农村孩子学有所成、学以致用，是解决农村教育问题必须回答的前提性问题。

事实上，农村地区义务教育的价值选择和目标定位，往往面临两难选择的困境，即究竟是发展普通教育，还是更多地安排职业教育，抑或选择其他路径（如"普职结合"或"普职渗透"）。少数民族地区的农村教育，还面临如何处理少数民族传统文化与现代学校之间的关系，即是否应该把各少数民族的传统文化引入学校教育，以及如何看待现代学校教育在民族地区介入过程中导致的民族传统文化式微。既有研究也指出，教育目标严重错位是我国农村教育的根本问题，具体表现为：①教育目标的单一应试性、唯城市性和离农性；②教育结构高度单一，在结构类型和教学模式上与农业和农村经济发展对人才的需求很不适应；③教育内容脱离实际，实行以学科知识为中心、以升学为目标的应试教育。①所有这些问题，成为民族地区义务教育普及中不可回避的"两难选择"，也就是一般意义上农村教育"离农"与"向农"的二元对立与两难境遇。

对待民族地区的学校教育普及及其他相关问题，某些"高雅"的知识分子其实有意无意怀有一个"不好的心眼"，他们迷恋于温情、感性乃至偏狭构筑的"田园牧歌"，并毫无根据地认为"原始"社会要比"现代"社会和谐得多；他们一再强调保存少数民族文化，"就像在非洲保存一个天然的动物园一样"，在民族地区保存一个"活的博物馆"，保存一块"活化石"。②这不过是文化相对主义者一种不负责的信口开河和"感情用事的无稽之谈"③。事实上，在民族群众的现实生活中，教育价值定位中"离农"与"向农"的对立并不成为矛盾，是否有利于追求更加美好、体面的生活，是人们投入或放弃学校教育最现实、最真实的共同逻辑。文化作为与之相适应的生活方式，不可避免地会发生不同程度、不同内容的变迁，在传统与现代、濡化与涵化、延续与疏离之间保持一定的张力。

1977 年，UNESCO 在肯尼亚首都内罗毕召开的高级教育计划官员讨论会上，对基础教育进行了广泛而深入的讨论，认为"基础教育是向每个人提供并为一切人所共有的最低限度的知识、观点、社会准则和经验"的教育。此后，1990 年 3 月，世界全民教育大会在泰国宗滴恩举行，此次会议最重要的议题就是在全球范围内首次明确提出"全民教育"（education for all）的新概念。"全民教育"作为一个新概念，强调以"相关性"为核心内容的基础教育质量提升，倡导世界各国必须注重基础教育的质量。它强调衡量质量的标准不应仅仅局限于学生的学业成绩，应该扩大到学校或其他形式所提供的教育是否切合学习者的需要，是否保证学有所用，考查所提供的教育是否与受教育者的生活及其需要具有相关性。就我国现行的义务教育和基础教育的关系来看，无论是从概念的内涵来看还是从现行的教育制度来看，义务教育都属于基础教育的下位概念，应具备基础教育所具有的上位概念特征，"相关性"理应是衡量义务教育质量的重要维度。自 20 世纪90 年代以来，无论是发达国家还是发展中国家，普及和提高基础教育质量均被提到各国发展的重要议事日程。教育普及与地方社会，特别是与底层群体需要不相

---

① 周洪宇，中国昌. 2005 年农村教育：免费义务教育的推进与义务教育法的修改. 教育发展研究，2006，（6）：10-17.

② 庞朴. 文化的民族性与时代性. 北京：中国和平出版社，1988：41.

③ Murdock G P. Culture and Society . Pittsburgh：University of Pittsburgh Press. 1965：146.

适应的弊端日渐引起重视。基础教育的质量标准不再仅仅局限于在校生的考试分数、升学情况，学校或其他教育形式所提供的教育是否切合学习者的需要，是否保证"学有所用"，是否与增进社会的公共福祉具有"相关性"，成为衡量基础教育质量的重要公认指标和核心价值定位。

提及义务教育的特点，免费性、普及性、强制性是教育理论和教育实践中谈及最多的话题，对义务教育的类型和具体的内容设计却很少关注。但是，就义务教育的内涵而言，义务教育作为基础教育的重要组成部分，为升学和就业打基础理应是其"双基"目标的应有之义。采用不同的形式、不同的方式、不同的教育内容，为所有适龄儿童的发展，为今后继续升学或就业打下坚实的基础，是义务教育应有的使命，也是义务教育"差异性"的表现和要求。从义务教育的差异性要求来看，一般讨论中义务教育"离农"与"向农"的二元价值对立，自然也就无法站住脚；在坚持义务教育统一要求的前提下，以差异性原则为指导，构建民族地区义务教育的不同发展类型，为超于农村教育"离农""向农"的二元对立开辟了新的视角、提供了理论支持。义务教育是基础教育的重要组成部分，我们在强调普及性、免费性、强制性等"同一性"的同时，更要关注"差异性"。就本质而言，"同一性"本身也含有"差异性"。基础教育之"为所有适龄儿童升学和就业打基础的教育"的本质规定，本身就要求从儿童不同的生活、文化背景出发，通过运用不同的教育形式、不同的教育方法、不同的教学内容等，满足不同儿童和儿童不同的教育需要，继而达成"双基"目标。

（二）民族地区义务教育价值定位的民生取向

民族地区的教育发展不应游移于教会学生逃离或扎根乡土的二元范式，民生改善更不应缩略为"物质富足""盖房修路"，传统文化的赓续、人民精神生活的充实应是其重要方面。突破当前民族地区义务教育发展中的质量困境，要求我们从经济教育学转向民生教育学，这也是跳出农村教育问题"离农"与"向农"二元思维的方法论转型与路径选择，既符合民族地区经济发展的现实需要，又是义务教育内涵的实践体现。

纵观中华人民共和国成立后我国义务教育的发展历程，其大致可划分为三个比较清晰的发展阶段，即政治教育学阶段、经济教育学阶段、民生教育学阶段。政治教育学阶段的显著特征是立足于政治目标来思考、定位教育问题，安排教育活动。经济教育学阶段的主要特征是教育工作服从和服务于经济建设大局，立足于社会经济建设目标的实现来思考、定位教育，谋划教育。民生教育学阶段，党对教育本质和功能的认识有着明显的升华，并立足"民生"主题来思考、定位、规划教育事业的发展。①民生教育学的理论与实践，为我们思考民族地区的义务教育质量困境开辟了新的方法论视角。早在民国时期，李士达先生"亲历凉山，目睹凉山区教育之落后"，其对凉山彝区教育发展的思考亦可归为民生教育学的相关论述。他指出：

> 我非教育专家，近以亲历凉山，目睹凉山区教育之落后……教育即生活，亦即需要，故教育之实施，必须适合人民生活之需要。苟其无需，强之不可；苟有所需，禁止不能。今欲发展边民教育，自当以适应凉山区边民生活之需要为原则。执边政者，当痛下决心，慎重将事，深切研究其生活习惯，民性风尚，就其实际，因势利导……方能提高边疆文化，改善边民生活，以尽教育之能事也。②

"教育之实施，必须适合人民生活之需要"，亦可理解为一种民生取向的价值定位。从民生改善的视角来看，接受义务教育是我国公民的一项基本权利和社会义务，提高义务教育质量、"办人民满意的教育"，既是新形势下义务教育发展的时代使命，又是人民群众对优质教育的合理诉求。在民族教育改革和发展的过程中，单方面强调"作为民生的教育"，虽不断增加教育投入力度、改善办学条件，却忽视了教育民生功能的发挥，导致教育脱离当地人民的需要，这是诸多教育问题的症结所在。

现实中，义务教育的"免费性"并未成为激励民族群众送子女读书的有效机制，当家长看到知识不能改变命运，或知识改变命运的希望越来越渺茫时，免费的教育不再是充满诱惑的"香饽饽"，教育的质量也就无从谈起。作为一项特殊的家庭投资，教育的投资具有明显的"积累效应"和"榜样效应"。"不读书等着穷，

---

① 程斯辉，李中伟. 从政治教育学到经济教育学——中国共产党领导教育的与时俱进. 复旦教育论坛，2011，(4)：5-14. 单就民生历史脉络讲，民生教育学的概念也是随时代发展而变化的，改善民生和解决民生问题的具体内容和主要方式也存在差异。研究者从民生的视角，把从辛亥革命以来的中国社会分为四个时期：第一，中华民国时期。虽将民生问题提升到国家建设和发展的高度，但在帝国主义侵略和半殖民统治时期，没有发动广大民众，无完整主权的国家没有能力解决当时严重的民生问题。第二，中华人民共和国成立初期。为解决国家安全和增强独立自主能力，国家实施重工业优先发展的工业化战略，民生问题被降低到次要位置，公众参与仅为开展政治运动，导致整个社会的民生难以改善，尤其以农村的民生问题更为严重。第三，改革开放伊始。国家和市场都将资源集中于轻工业生产，政策激励农民生产积极性提高，困扰中国百年的基本温饱问题在几年内得以解决，而此时公共服务民生问题却凸显为社会矛盾的焦点。第四，以民生为重点社会建设时期。解决民生问题需要构建公众参与基础上国家、市场、社会合作的新模式。详见桂家友. 公众参与视角的中国百年民生问题与解困探索. 社会科学论坛，2014，(6). 198-209.

② 李士达. 边疆问题：大凉山边民教育之改进. 边疆服务，1946，(11)：8-9.

读书马上穷"，是多数家长默认子女辍学的现实逻辑与理性选择。现代学校教育作为一种"嵌入文化"，与民族成员的既有经历存在不同程度的不和谐乃至冲突。受其自身的独特天地系统及其在此基础上孕育出的语言文化、风俗习惯、宗教信仰等人文系统的影响，现代学校教育对民生群众来说是陌生的、值得怀疑的。这使得民族成员在学校教育中处于一种不利的地位，有时他们即使拼命学习，也终难逃脱"失败者"的命运，结果往往自暴自弃、心灰意冷，甚至以一种"反学校文化"的生活方式游移于学校与村落之间，学校教育的经历成了他们不愿提及的"伤痛"。

置身于现代化的潮流中，民族成员及其持有的传统文化同样被排挤在现代教育的边缘，无论是在校园内，还是在日常生活中，民族传统文化支配下的生活方式逐渐显得格格不入，甚至越来越被扣上"落后"乃至"愚昧"的帽子。面对本土传统文化的现实遭遇，民族成员有时出于无奈，以一种"无意识的自愿"放弃固有生活方式，把尽快融入现代社会的大潮流中，成为被认可的一员视为"最明智"的选择。忽视民族成员的现实教育需求，则意味着我们对乡村教育的投入换来的将是低效、无效，甚至可能是负效的结果，将导致教育的"虚假繁荣"。当民族成员看到读书不再是一件"有利可图"的事情，有时甚至是一件"吃亏"的事情时，学校便成了他们努力逃离的地方，这或许才是民族地区"读书无用论"、义务教育普及成效低下的深层原因。

教育是国计，教育也是民生。在不关注教育发展的社会文化背景和普通民众日常生活需要的条件下，对义务教育相关问题的思考，多难逃出书斋里的教条主义和象牙塔里精英主义的泥潭。所谓的诸如此类的学问，"实际只是追求个人的自我目的，而与社会和大众的目的无关"[①]；所提出的对策和建议，也必将是治标不治本，甚是画蛇添足。社会文化作为群体的一种生活方式，是特定主体追求、享有幸福生活的"工具箱"和获取方式。重视社会文化与教育发展的依存关系及规约机制，关注普通民众的日常生活需要，探索教育发展与民生改善的协同共赢机制，是实现民族地区义务教育质量优化的基本原则。

---

① 李德顺. 价值论（第三版）. 北京：中国人民大学出版社，2013：320.

第六章

民族地区义务教育质量优化的原则及具体策略

> 对我们来说，把科学研究和实践政策联系起来是正当的，甚至是必要的。在某种程度上，我们是代替中国农民当了原告。在我们陈述了他们的理由（set forth their cause），提出了证据之后，我们就应该呼吁一些实际的行动来改善他们的生活。[①]
>
> ——费孝通

我国的基础教育改革经历了从"政治范式"到"经济范式"的发展，加强了学校与社会的联系，完成了学校教育规模与数量的扩张，人民群众"有学上"的需要已不再成为问题。进入"后普九"时代，"民生范式"的教育需要成为当前教育改革的时代课题，"上好学"成为人民群众的切实需要与合理诉求。实现教育发展与民生改善的共赢，切实发挥教育在改善民生过程中的应有作用，成为民族地区教育改革的重要使命。同样，提升民族地区义务教育质量，应在全面把握民族地区教育特殊性的前提下，正确处理民族地区社会文化传承及变迁与教育公平、教育均衡之间的依存关系，把"办人民满意的教育"作为教育改革与发展的出发点和归宿，实现教育改革从"经济范式"向"民生范式"的转型。

第一节　民族地区义务教育质量优化的基本原则

民族地区的教育问题不应被缩减为硬件设施的升级与读书机会的充裕，更要思考以下方面的问题：①读书对民族儿童、家庭来说意味着什么？②如何对待民族文化"礼失求诸野"的教化功能及其对"学校教育有限性"的必要补充？③解决民族教育问题的既有理路是否存在忽视文化差异导致的教育资源闲置与浪费？

[①] 费孝通. 江村经济. 上海：上海人民出版社，2007：505.

④增强民族教育发展的"教育学立场"意识，对促进民族地区的教育改革与发展有何现实意义？上述问题的有效回答，为我们厘清教育发展与民生改善的依存关系提供了新的视角，亦是民族地区教育发展促进民生改善的基本路向。

一、正确对待教育改革中的民族传统文化

民族地区教育发展中的文化背景具有双重性，是民族教育问题特殊性的深层根源和现实成因。一方面，我国是一个统一的多民族国家，汉族这一主体民族所代表的主流文化是各民族多元一体化进程中共享的社会文化背景；另一方面，各少数民族所享有的丰富多彩的民族传统文化，构成了各少数民族独特的地方文化背景。民族教育发展中所面临的双重文化背景，规定了民族教育问题的特殊性。

（一）民族教育文化共生理念的批判性反思

教育学意义上的"共生"理念，作为一种哲学和价值观，无疑是值得我们诉求和维护的，也可被视为人类社会发展的美好愿景和未来趋势。但是，无论是在共生理论的构建方面还是在现实问题的探讨方面，对于文化共生的内在机制、运作场域，以及实践的可能性及条件保障等前提性问题，我们思考得都还不够。这样的结果往往使既有论说陷入只谈"应该"不问"如何"的宏大叙事的误区。民族教育中的共生理念，又有意无意地只谈论"教育该如何如何"，却很少考虑"那些试图改善人类状况的"教育项目能否与现行的政治、经济、社会文化结构和环境相契合，彼此共存、共生的可能性和空间如何。

"共生"一词来自生物学界，指为了生存，各生物群体必须从他方获得满足需求的资源，"必需相互依存"的关系是共生的前提。因此，一旦这种必需依存的关系不成立或不存在了，共生自然便无从谈起。不要忘记，生物群落之间的关系除了共生关系之外，还存在共栖、寄生、捕食、竞争、原始合作等其他关系。人类社会及其文化群体之间，同样可能发生此类关系。因此，人文社会领域共生问题的探讨，也必须以这种"谁也离不了谁"的"必需的依存"关系为前提。事实上，"每一种文化皆以拥有看不见的界线，作为维持自身存在的基本条件。因此，文化的共生说起来容易，做起来难。眼下我们正处于维护文化的独自性与发展文化的共同性之进退两难的困境中"①。"共生"是自然科学的专业术语，我们将其引入人文社会领域旨在消除人类社会因竞争引发的各种

① 平野健一郎. 国际文化论. 张启雄，冯青，周兆良，等译. 北京：中国大百科全书出版社，2011：181.

不良后果，如经济危机、生态危机、道德危机、政治危机等，我们可将其视为一种价值观念的合众、联盟、共享。但我们在借用"共生"这一概念时，又有意无意地遗忘了基于竞争的达尔文主义仍是约束支配生物界的客观律令，也是人类社会进步的重要推动力。

诚然，共生理念的提出，是人类社会文化和文明属性的表征，也是人类社会"高明"于其他生物群体的地方。但是，竞争是一种客观律令，任何共生理念的构建及运用就不应也无法回避竞争"这只无形的手"。"因为生物圈的每样东西在所有时候都准备着面临更新、修正或作废。习俗或习惯和物种一样注定会走向灭绝，除非某种东西维持它们继续存在。"①例如，我们提出"发展民族特色职业教育，构建民族共生教育体系"，却对民族地区"职业教育特殊性"的本质规定语焉不详或隐而不论。同样，我们笼统地讲培养民族特色人才，却很少思考何为民族特色人才，以及民族地区当前和今后一个时期对此类特色人才的需求如何。现实的问题往往是，所谓的特色教育和特色人才，要么特色不明显，要么英雄无用武之地。其原因有三：①对民族教育特殊性的理解存有误区，集中表现为"文化相对主义"；②对教育（特别是制度化教育）的社会制约性认识不足，表现为不同程度的"教育万能论"；③混淆了以"民族文化传承与保护"为目的的"教育行为"和以"知识传授"为目的的"学校教育"的本质区别，表现为对学校教育特殊性的认识不足。

（二）"文化基因"对文化共生理念的启示

文化变迁源于文化主体对环境的适应和选择。变迁是文化适应的核心内容和存在方式。文化对环境的适应包括两个方面，即对自然环境的适应和对社会环境的适应。文化变迁的动力源于文化对环境的调适。对待民族问题、民族教育问题，我们应避免两种极端倾向：①过分夸大民族传统文化在教育中的作用，以一种"文化中心主义"把一切民族地区的一切教育问题概略为"文化问题"，继而拔高到"文化冲突""民族冲突"。这样的观念运用到实践，就会过分夸大民族地区教育问题的"文化差异性"，忽视了教育在促进人的发展和社会的发展中都受到的客观制约。②忽视民族地区教育发展中实存的特殊矛盾，特别是语言、宗教、习俗等传统文化要素对教育发展的特殊制约，其表现为把民族地区的教育问题等同于一般意义上的农村教育问题或贫困地区的教育问题。因此，我们要充分重视民族教育问题的特殊性，避免"普遍主义"的方法论误区，但也不应过分夸大民族教育问题的特殊性，走向"特殊主义"的另一个极端。

---

① 丹尼尔·丹内特. 自由的进化. 辉格译. 太原：山西人民出版社，2014：216.

　　不可否认，与非民族地区、农村贫困地区相比，民族教育问题的特殊性在于其少数民族文化的差异性，这也是理论界和实践界的共识；实现民族教育（包括民族文化）与现代教育（主要指学校教育）的共生则是我们为之开出的公认"药方"。但是，在这一"共生理念"似乎已成为民族教育研究中的常识或公理的同时，实际的问题有时并没有很好地解决，往往是治标不治本，甚至是事与愿违。问题何在？这里笔者想从"文化基因"①的角度谈一点看法。

　　不同的民族文化往往具有各异的文化基因，这也是一种文化区别于其他文化的本质规定。谈及不同文化的融合共生，我们就不得不面对一个前提性问题，这就是文化基因的相似性、亲缘性。不同文化源生的场域不同，造成了不同文化间基因的差异，继而规约着不同文化接触后的适应性、融合性问题。在生物领域，基因的差异是物种差异的决定因素，物种基因的差异又决定了不同物种之间的亲缘关系的亲近远疏。跨物种的转基因移植、同一物种不同品种间的杂交，都是以某种程度的基因相似性、亲缘性为前提的。举个简单的例子，我们用非洲马和亚洲马交配，可能会生产出集两种马所有优良品性的良驹，或者用老鼠和猫的基因转移，使老鼠具有猫的某些特性。但是，如果用鸡与马，或者猫与老鼠直接交配，绝对不会有什么结果，也不会有什么融合与共生。同理，在不同文化的接触中，异质、异域文化的共生与融合，也应遵循这样的规律。当两种文化的基因具有内在的包容性、亲缘性（包容性指不同文化间的共性，亲缘性指两种文化源起的相似性）时，这两种文化的融合和共生就比较容易；当两种文化的异质性过大，或者是非此即彼的水火不容时，这两种文化的接触必将引发各种各样的矛盾。这也可以解释西双版纳地区基督教至今为何也不能在傣族村寨立足。佛教和基督教是两种迥异的文化，在贵州的石门坎等苗族村寨，基督教几乎取代其当地原生的苗族传统文化，形成了嵌入苗族村寨的基督教文化，因为苗族地区的原生本土宗教形态与基督教文化基因并不存在非此即彼的冲突，甚至具有某些深层的亲缘性。就大的方面说，马克思主义在中国的传播和发展，也具有同样的道理。

　　因此，处理民族教育中的文化问题时，也应树立文化基因亲缘性、包容性的

---

① 早在20世纪50年代，美国人类学家阿尔弗雷德·克鲁伯（Alfred Kroeber）和克莱德·克拉克洪（Clyde Kluckhohn）就曾提出在不同文化中是否存在像"生物基因"的"文化基因"的设想。1976年，英国生物学家和科普作家理查德·道金斯（Richard Dawkins）出版了《自私的基因》（The Selfish Gene）一书，创造了"谜米"（meme）一词，"谜米"便逐渐成为现在所理解的"文化基因"的代名词。道金斯认为，文化中存在生物基因那样的复制过程和遗传因素，"谜米"是用来说明"文化遗产"的隐喻性概念。理查德·道金斯. 自私的基因. 卢允中，张岱云，陈复加，等译. 北京：中信出版社，2012.

理念，以此来区分民族教育中不同文化间的接触、融合、共生问题。避免那种"本土文化与他者文化"二元划分方式的简单思维，关注不同文化间的基因亲缘性，有助于我们更好地处理民族教育中出现的诸多问题。这就要求我们做好两方面的事情：①厘清不同文化基因的差异性与相似性；②采取不同的策略、方式方法对待不同文化接触中的现实问题。现实中，某些民族地区的教育问题之所以比其他地区发展得要好，与其说是教育政策、制度的功劳，毋宁说是民族传统文化基因与现代教育文化具有更多的亲缘性，使民族传统文化与学校教育文化具有较好的适切性。当然，那种以牺牲、放弃民族传统文化而赢得学校教育的繁荣则另当别论。

（三）在教育生活中传承"活的文化"

文化作为实践的产物，离开了主体的实际生活，也就成为无源之水、无本之木，并最终因失去生命的滋养而枯竭。就发生过程而言，文化是在满足人类需要和创造新需要的过程中积淀而成的，是一定时期特定群体（族群、民族、人类）的生活方式。不同文化源生的场域不同，导致文化基因选择和遗传方式的差异，并表现为文化传承和变迁的不同样式。在生物领域，基因的差异是物种差异的先天决定因素，物种基因的差异又决定了生物的多样性。文化则不同，它是人的实践活动及其创造物，是人类自我选择和自我创造的结果。所谓"文化遗传"，只是一种生动的隐喻，其本质上是一种"学而知之"的教育现象（广义的教育），而非"生而知之"的不学而能、先天赋予。任何文化都与其根植的天地系统存在某种程度的依存关系，并以此形成独特的文化基因和文化个体。就此而论，无论文化的技术系统还是价值系统，都是特定天、地、人"三才"的融合体，实践则是三者融通的中介。正如哲学与其根植环境的依存关系一样："人们生活的环境在决定他们的哲学上起着很大的作用，然而反过来他们的哲学又在决定他们的环境上起着很大的作用。"①所以，有什么样的实践活动和方式，根植于何种天地系统，也就决定了特定主体文化发展与传承的基本脉络。

民族地区的调研发现，伴随民族群众物质生活的日渐富足和整体生活水平的改善，此前曾经中断、消失的民族传统文化出现了"复兴"。目前，许多民族地区摆脱了"靠天吃饭"的传统单一生计方式，外出务工、发展特色农业和文化旅游业，成为民族群众生活赖以改善的新方式。特别是随着文化旅游业的发展，民族传统文化以表演素材和"道具"的角色得以复现与传承，成为少数民族传统文化保存的"新载体"。传统文化旅游的发展为民族地区的民生改善提供了新的契

---

① 罗素. 西方哲学史（上）. 何兆武，李约瑟译. 北京：商务印书馆，1976：12.

机，成为提高民族群众生活质量的重要着力点。2015 年 2 月 1 日中共中央国务院发布的《关于加大改革创新力度加快农业现代化建设的若干意见》明确提出，"开发农业多种功能，挖掘乡村生态休闲、旅游观光、文化教育价值"。调研发现，没有民族文化旅游业的发展，民族传统文化将会面临更加严峻的传承危机。在肇兴侗寨，当地一些本已消失或濒临消失的侗族传统文化和民族习俗，由于近年来旅游业的繁荣得以"复兴"或"重生"。此前被搁置、被冷落的民族服饰、乐器、歌舞等，在旅游业的带动下又被重新拾起，成为当地侗族人民向游客展示自身民族文化、获取旅游收入的重要内容；与之相对，距之仅不足 30 里[1]的皮林侗寨，因未开发民族旅游业，村寨中已经很少举行民族歌舞活动，传统侗族木楼建筑也被现代砖瓦水泥建筑所代替。不可否认，当地政府、民众为迎合旅游发展的需要，使民族传统文化的原生面貌遭到不同程度的冲击，甚至走样、失真，表现为民族传统文化旅游业在促进民族文化保存、传承过程中的"负效应"。因此，为避免各种"负效应"对民族传统文化的冲击、消解，我们应以文化旅游业为契机，弘扬民族传统文化中的精华，构建民族传统文化赖以存在、发展的新型土壤，这是民族地区经济社会发展和民族文化传承与保护的战略机遇与历史使命。

当然，不同文化间的交流也对文化有重要的影响，但文化间的交流与影响同样是人类实践的对象和产物。民族文化作为特定民族或特定地域存在的标志，与民族成员的生活密不可分，其本身就是文化主体的生活样式。民族文化传承只有根植于其源生的文化土壤，才有可能、有意义，这样的文化才是"活的文化"。民族地区的教育问题，有许多是和我国非民族地区共存的问题，特别是同广义的"乡村教育问题""村落文化问题"具有同一性。值得一提的是，"在当今中国作为主流文化的汉文化也具有显著的多元性"[2]，城乡文化差异、区域文化差异便是这一多元性的具体表现。比如，农村地区普遍存在的"读书无用论"，以及现代教育对传统"村落文化"的消解，是民族地区和广义的"农村地区"共同面临的时代问题和文化困境。就此而言，把少数民族地区的教育置于农村教育的分类中有时具有更加普遍和有效的解释力。

（四）学校教育传承民族文化的基本原则

对待民族地区的教育问题，应兼顾其特殊性与普遍性，特别是处理好文化因素与教育问题的关系，不应以一种先入为主的特殊主义方法论寻找、分析、消解所谓的民族教育问题。关注民族成员的教育需要与民生诉求，有助于减少"客位

---

① 1 里为 500 米。

② 翁乃群. 村落视野下的农村教育——以西南四村为例. 北京：社会科学出版社. 2009：前言 4.

立场""经济思维"导致的文化偏见,以及避免"政治思维"导引下好大喜功的"教育政绩工程"和机械照搬西方资本主义社会意识形态教育学的"惯病"。以现代教育改革为突破口,通过学校课程设置及课程知识选择传承民族文化,是民族教育理论与实践关注的焦点。以学校教育为载体传承民族文化,应坚持如下基本的方法论原则。

1. 重视民族传统文化与学校知识的差异性

现代学校教育如何有效传承民族传统文化,如何从理论上保障这一转化的有效性、可能性?我们在把民族文化作为一种特殊的知识引入学校教育,通过学校的教育教学保护与传承民族文化时,必须充分认识民族传统文化知识与学校学科知识之间的差异。

1)就知识的源生机制而言。民族传统文化是民族成员历史生活方式和心路历程的积淀,是文化主体共享的人伦日用或生活方式的积淀,是基于主体特定价值取向的适应和选中生活环境的过程。这不同于以书面符号为载体的学校科学知识的"先验"(这里是对知识个体而言,而非类主体)存在与学习主体的接受、理解过程。前者具有明显的"主体赋予"的"在场"性,学校知识的形成则主要是"主客二分"的"离我而去"的"他者"创造。因此,制度化的学校教育过程并非民族传统文化的源生土壤。

2)就知识的特点而言。民族文化具有鲜明的地域性、历史性、主体性,不同于学校知识的客观性、中立性和普遍性。前者主要是一种"意会知识"(tacit knowledge),后者主要是"编码知识"(codified knowledge);前一类知识与个体的直接经验密切相关,多是只可意会不可言传的"生活方式"及"精神偏好";后一类知识主要是间接经验的逻辑整合,具有超越特定主体的普适性、客观性、独立性。民族间历史中生存环境的差异及民族文化自身传播与交流的独特经历,孕育了不同民族各自独特的文化背景,并凝固为各种特殊的民族文化和地域文化形态。"橘生淮南则为橘,生于淮北则为枳",一方水土养育一方人,孕育一方文化,说的就是这个道理。

3)就知识的传授方式而言。现代学校教育以班级授课制为主要教学形式,通过有目的、有计划、有系统地选择知识、编制课程组织教学,其是独立于日常生活之外的一项特殊活动;而作为人伦日用的民族传统文化,多是通过家庭、社区、村落等途径自发的、零散的、非正规的方式口耳相传、代际相承,其本身就是日常生活的方式和过程。因此,区分作为"生活知识"与"生活方式"的传统文化与制度化课程知识的本质区别,是"民族文化进校园"的科学性、适切性、有效性的方法论前提。

4）就价值的实现方式而言。现代学校教育以传授系统性、间接性的学科科学知识为主要目标，不同于以传统科技、观念习俗、宗教信仰、道德伦理等生活化的文化知识为主要内容的文化传承。因此，二者的价值和实现方式也表现为不同的具体样式。科学文化知识的特点决定了价值实现的间接性和专业化；文化知识的生活化决定了其价值实现的直接性和世俗化。因此，从某种程度上讲，学科知识是脱离生活实际的，而文化知识是与生活融为一体的，继而决定了二者价值实现方式的差异性。文化的影响是广泛的，从衣食住行到婚丧嫁娶、从田间劳作到宗庙祭祀、从人情世故到宗教信仰，无不承载着文化的使命，这使得文化价值的实现具有渗透性、广泛性、潜在性，兼具"阳春白雪"和"下里巴人"的双重样式。学科科学知识的专业性、体系化，使其价值实现方式受到较大限制，使其多在专业化的活动中方能有用武之地，随着教育层次和学科知识专业化程度的增加，这一特点更加突出。

2. 坚持民族传统文化与学校教育互促发展

置身经济全球化、生产现代化的大背景之中，人们对多元文化的诉求与文化融合趋同加剧的现实，成为当前各国、各民族文化传承与保护过程中面临的客观矛盾。其反映到民族教育改革的实践中，就是我们如何处理学校教育与民族文化传承之间的关系问题，如何发挥学校教育在民族文化传承中的应有价值。伴随我国改革开放和现代化进程的不断推进，一些民族文化尤其是传统文化在传承过程中的断层现象日益严重，许多少数民族的传统文化面临失传的境遇。坚持民族文化与学校教育互促发展，探寻二者互促发展体制机制，是学校教育传承民族文化方法论原则和路径选择。

1）"民族文化进校园"应是一个双向共赢的过程。通过学校教育传承民族文化，不应把传承民族文化奉为单一面向的目标和价值诉求，应把民族传统优秀文化及要素作为重要的教育资源进行有效开发利用，充分发挥民族传统优秀文化的教育、教化功能。现代教育通过何种方式吸收和弘扬民族优秀文化传统，摒弃各种不适应现代化要求或不利于民生改善的传统文化，继而实现教育自身不断优化和民生功能的有效发挥，应是当前民族教育改革与发展中的前沿课题。

2）重视民族文化的实践性、生成性、发展性。通过学校教育传承民族文化，不应把传统文化视为静态的固化物，而应把民族文化置于文化主体当下生活的进程中并予以审视。文化的生成过程就是不同民族文化和地域文化在交流中的"抗拒""涵化""濡化"过程，这就要求我们确立实践和变迁的视角，从文化本体论的实体思维转向实践思维，避免认识论和方法论上的本质主义、基础主义和形而上学。文化本身就是实践的产物，脱离了实践，离开了主体的生活，文化也就无法存在，所谓的文化传承只能是无源之水。因此，实现民族传统文化这一非系统化、非制度化的"生活知识"向制度化、系统化的学校课程知识（这里指广义的课程）的有效转化，应充分考虑文化的发展性和实践性，避免生吞活剥地把民族文化塞进校园、搬进书本。

3）兼顾民族文化传承的工具性，尊重文化主体的价值选择。现实中，由于单方面强调学校教育的文化传承与民族认同价值，我国某些民族地区的"民族文化进校园"被异化为一种政府行为、形象工程，民族文化主体有时以一种"被压迫者"的尴尬处境学习"制度化"的民族文化。这一方法论指引下的课程观，有时会在文化传承的庇护下走向"文化单边主义"。民族文化作为一种生活方式，也是一种生活工具，是过程性的、手段性的，其本身并非目的。人们需要文化，而非文化需要人；为了人们的生活而传承文化，而非为了文化而改变人们的生活。生活需要教育，才使教育需要传承文化，而不是教育需要传承文化，才使人们需要教育。因此，"民族文化进校园"作为民族教育改革的重要议题，必须充分重视民族群体的利益和愿望，真正服务于学校教育质量的提升和改善人民生活的需要。

3. 尊重民生主体的教育文化诉求

文化是一种生活方式，改善民生是实现民族地区教育发展与民族传统文化和谐共生的重要桥梁与现实路径。民族地区现代化是否会越来越失去本土文化的特点，并最终向汉文化或一般意义上的主流文化看齐？对于这个问题，费孝通先生曾提出远见卓识的看法。费通先生曾讲："一个社会越是富裕，这个社会里的成员发展其个性的机会也越多；相反，一个社会越是贫困，其成员可以选择的生存方式也越有限。"

具体到民族地区的现代化与民族传统文化的传承，"经济越发展，亦即越是现代化，各民族间凭各自的优势去发展民族特点的机会也越大。在工业化的进程中，各民族人民生活中共同的东西必然会越来越多，比如为了信息的交流，必须有共同的通用语言，但这并不妨碍各民族用自己的语言文字发展有自己民族风格的文学"[1]。文化的本质乃是一种生活方式，必须要适应"新的处境"，必然会在变迁中此消彼长。因此，"传统也不是先天注定、一成不变的，而是在实践中不断形成和发展着的。古已有之的东西，未必皆成为传统；古未有过的东西，也未必不能进入传统；对我们来说，说到底，在生活中已经死去的、在历史上湮灭了的东西，并不属于传统；只有在现实中仍然活着、并起着作用的既往存在，才

---

① 费孝通. 文化与文化自觉. 北京：群言出版社，2010：82.

是真正的、有生命力的传统"①。

　　总之，置身现代化的进程中，谁都没有权力也无法让民族群众继续固守原始、封闭的"世外桃源"式的生活方式，学校教育也不应被视为既有传统文化最后的"避难所"和"救命稻草"。民族文化的传承与保护，应在充分尊重文化主体的价值尺度的基础上，"取其精华，去其糟粕"。具体到学校教育中，如何通过学校教育的普及，帮助提高和改善民族群众的生活水平，为其过一种更加体面的生活服务，应是一切教育改革的出发点和归属。这也是处理民族地区学校教育与民族传统文化关系的方法论原则和价值立场。

二、尊重教育发展的客观历史阶段规约性

　　对任何社会问题的考察，必须将其放到历史的脉络中加以理解，否则就无法真正理解问题的缘由。教育现实图景的形成是一个历史积累的过程，无论是教育功能的显现，还是教育自身的发展样式，均遵循事物发展的普遍历史规律。实现民族地区义务教育质量的优化、"办人民满意的教育"，虽离不开教育主体对教育的重视，但更要尊重教育发展的规律，从各地社会和教育发展的实际出发，这样方能真正解决好教育发展过程中显露的各种热点和难点问题。民族地区义务教育质量的提升，虽离不开各教育主体对教育的观念重视和实践能动性的发挥，但更要尊重教育发展的历史阶段制约性。从各地社会和教育发展的历史阶段和时代背景出发，方能真正解决好教育发展过程中显露的各种热点和难点问题。

（一）教育发展是历史积累的过程和结果

　　教育事业的成功，有赖于必要的"教育积累"，这包括"教育的内部积累"和"教育的外部积累"两个方面。前者表现为教育发展的相对独立性和继承性，后者表现为教育发展的社会制约性和变革性。谈及民族教育问题，不应一概等同于静态的文化问题，其特殊性同样表现在教育发展的历史阶段性和时代性特征等方面，且被一定的历史阶段性所规约。不难理解，当前民族地区的许多教育问题，都是非民族地区教育发展历程中曾出现过的问题，在某种程度上是不可"绕行"的，是受特定历史条件、历史阶段制约的。无论是民族成员的教育观念，还是与教育互为依存的经济、文化、政治因素，都不可避免地带有历史的印迹，甚至其本身就是历史的产物。人的改造和社会的改造是同一个过程，教育作为人的改造

---

① 李德顺. 认识"传统"必须以"现在"为坐标. http://www.qstheory.cn/zhuanqu/qsft/2015-01/08/c_1113928526.htm
　　[2014-05-10].

和社会的改造的主要途径，更要从其依存的社会发展的特定历史阶段出发，不可一蹴而就。提出民族教育发展的历史阶段规约性，旨在树立对待民族教育问题的"历史意识"[1]。把民族教育问题置于"过去""现在""未来"的共时态背景中，便于我们更清楚地厘清民族地区义务教育质量困境的内在机理与发生机制。教育的独立性是相对的，"撇开社会现实条件和历史进程，孤立地就教育论教育，就是重陷教育万能论、历史唯心主义的窠臼"[2]。因此，处理民族教育问题，不应忽视教育问题的社会历史制约性，过分强调教育的相对独立性、超越性和主体能动性。正确的做法应是：既要横向分析，又要从纵向维度审视各种教育问题的历史根源及时代制约性，从教育普及与民生改善的历史境遇和现实需要出发，合理确定教育发展的速度、规模和教育内容的选择和价值定位。

一般而论，民族地区的教育质量问题源于家庭和学校教育投入不足的"双重贫困"。现实逻辑是：①家庭经济贫困，既无力供养子女读书，又需要子女在家务农或外出打工以改善家庭生计；②区域、城乡教育的非均衡发展又无法满足农村家庭对优质教育的诉求。上述逻辑可以概括为"教育的经济学逻辑"。以此逻辑为依据，解决民族地区教育问题的关键措施包括三个方面的内容：①加大民族地区教育投入的力度，改善办学条件，促进教育均衡发展；②加快民族地区经济社会发展水平，提高农村家庭的教育负担能力，避免因贫辍学；③推进民族地区教育现代化进程，发掘教育人力资本潜力，促进民族地区现代化发展水平。

教育问题从来不单单是教育问题，这是教育理论与实践中的常识，但我们在理论和实践中却经常犯此类常识性错误。民族地区教育普及中出现的各种"浮夸风"，便是其具体表现。民族地区不同的社会文化结构及差异性特征，使其对"自上而下"的全国性的教育政策和教育改革有着不同的接受方式和接受能力，并由此带来教育政策、法律、制度在各民族地区不同的运作机制、实践方式及成效，表现为教育改革的限度。探讨民族地区的义务教育质量问题，应将其置于社会历史文化的宏观结构中，在普遍联系和动态发展中厘清相关问题的症结和可能的出路。再以义务教育均衡发展为例，教育资源的均衡配置之所以并不总是带来相应的质量均衡，也在于教育发展所依存的社会文化结构及要素没有处于相应的均衡水平。国家政策的强势介入虽能保障公共教育资源的均衡配置，但无法保证整体社会结构及"非教育因素"和"非公共教育资源"的同步均衡。恰恰是此类宏观社会结构和"非教育因素"的非均衡状态，造成了"后普九"时代民族地区义务

---

[1] 于述胜. 也谈人文社会科学研究的"历史意识"——基于教育研究的理论思考. 教育研究，2012，（1）：53-58.

[2] 王策三. 应该尽力尽责总结经验教训——评"十年课改：超越成败与否的简单评价". 教育科学研究，2013，（6）：5-19.

教育质量的诸种困境。如果忽视教育改革发展的社会历史规约性，无论制度设计多么精细、理论构建多么精致，任何教育改革、政策、制度都不可能获得理想的成效，相应的教育投入也难免出现不同形式和程度的浪费，造成有限教育资源的低效或无效投入。尊重教育改革的历史限度，能够有效规避教育理论与实践中的各种常识性错误。

（二）学校教育的功能具有有限性

作为社会一个相对独立的子系统，正如张楚廷先生所言，"教育就是教育"[①]；但是，教育系统的复杂性决定了"教育有时又不仅仅是教育""教育问题又不单单是教育问题"，其应是一个更大范围的"社会问题"或"文化问题"。教育与文化、教育与经济，彼此密不可分，但又不可将它们简单机械地等同。教育、经济与文化，不是任我们"随意打扮的小姑娘"，我们必须尊重其内在的依存关系和规约机制，增强学校教育改革与社会文化背景之间的协同性。

教育不是神话，无法超越客观规律。对于民族地区义务教育质量的提升，同样要有一个实事求是的态度。学校教育仅是社会大系统中的一个子系统，其功能是有限的，这算是教育理论中的又一常识，不需要复杂的理论论证。学校教育功能有限意指有二：①教育"应然"功能的有限性，缘于教育本体论特征的内在制约性，表现为学校教育自身无法规避的局限性；②有限教育功能"实然"发挥的有限性，体现为教育功能发挥的社会历史制约性，表现为教育执行中的偏误、过失。对于人的发展来说，学校教育的作用的确不能低估，但也不能无限拔高。

制约学校教育的因素是十分复杂的，不能对学校教育抱一种过于浪漫的态度，任意设定、拔高教育发展的规模和质量。这里说的不能随心所欲，包含两层意思："第一，学校教育是被决定的，被社会决定的，往往'身不由己'；第二，学校只能做学校的事，不能为所欲为，不能对学校教育赋予过多的幻想。"[②]这就要求我们在"教育的理想"与"理想的教育"之间保持必要的张力，不应对学校教育抱一种过于乐观的期望和态度，视其为不近人间烟火的"人间乐园"。无论是过往历史中，还是当下社会中，教育经常被赋予一种无力担当的重任或使命，结果因其无法满足各种水涨船高的"厚望"，常常沦为被指责、奚落、谩骂的对象。在这一过程中，教育的"附魅"（enchantment）与"祛魅"（disenchantment）以不同的姿态时隐时现，打扮着教育的理想图景。从教育学史上的"教育万能论"

① 张楚廷. 教育就是教育. 高等教育研究, 2009, (11): 1-7.
② 陆有铨. 从学位论文看基础教育研究中的若干问题. 教育学报, 2008, (4): 3-6.

"教育救国论"，到洛克的"白板说"、华生的"经典假设"，无疑都是有关此类"教育神话"的最生动呈现。

综上所述，基于我国政治、经济、文化发展水平存在较大差异的客观事实，民族地区义务教育质量提升的实现不可能一蹴而就、平行推进、同步发展。应增强民族教育发展的社会历史规约意识，切实依据各地区经济社会发展的实际情况区别对待、差异发展，有计划、分步骤地梯度推进、分步实施。"不能就教育本身谈教育，也不能就少数民族教育本身谈教育"①，而要从社会文化及其变迁的宏观全局审视民族地区的义务教育质量困境及可能的出路。就此而论，民族地区义务教育质量的基本原则应是以区域内教育均衡发展为基础，逐步缩小区域间教育发展的历史差距，继而实现更大范围内及全国教育均衡发展的全局目标。这也是落实民族地区教育优先发展、实现各民族共同繁荣的阶段性目标和战略性选择。

三、重视教育改革的社会文化背景协同性

增强教育改革的社会文化协同性，就是要使教育发展与其根植的社会文化背景保持相对和谐的状态。所谓和谐，是指各要素在自然状态中的自我实现、自我展开，在结构组织中自由地发挥自己的功效，实现各要素的组织、结构功能。所以，和谐又是可持续的，是处于发展中的和谐。重视教育发展的社会文化的协同性，也就是要保持教育与其根植的社会文化各要素、各系统、各结构间的和谐，实现教育的可持续发展。

（一）教育具有"文化负载"性

文化作为各种外显或内隐的行为模式，是人类行为全部影响因素中最密切、最强大的决定因素。正如心理学家和人类学家莱斯利·A. 怀特（Leslie A. White）所强调的，"人的所思、所感、所做无一不决定于他的文化，不是我们控制着文化，而是文化控制着我们"，"文化也不服从于人的自由意志"②。同样，这一特点也适用于教育与文化的依存关系，特别是对制度化的学校教育而言。现代学校教育是专门化的传授系统知识的场所，既定的社会文化系统对教育的影响是全方位的，规约着教育作为一种特殊的文化样式存在的客观性、必然性。在德国文化教育学派的代表人物斯普朗格看来，教育也是一种文化过程，其本是就是一种

---

① 哈经雄. 民族地区教育均衡发展问题. 西北师大学报（社会科学版），2005，（6）：94.

② 郑金洲. 教育文化学. 北京：人民教育出版社，2000：21.

文化活动，或者说"教育即文化的别名"①。从教育价值观的形成、教育目的的确立，到教育内容的选取、教育方式方法的运用，无不体现为某种特定的"教育文化"样式。据此，"文化负载"或"价值规约"无疑是教育的本质特征，也是教育学、教育研究人文科学归属的本质规定和具体表现。

"教育文化"作为社会文化的一个子系统，是某一时期、某一群体或民族成员对教育的根本看法及其态度，其核心是教育价值观。教育价值观的形成具有明显的"文化负载"性。不同的文化系统往往积淀出不同的教育价值观念，并以此影响着文化主体的教育设计、教育期待和教育选择；并集中体现为特定时期、特定主体的教育质量观，继而决定了潜在教育对象对现实教育的获取、逃离或放弃。从这个意义上说，恰恰是文化勾勒了教育的"现实图景"与"历史画卷"，而非主观设计的教育打扮着文化，教育本身乃是文化的历史积淀和现实存在。教育属于人文现象，是特定主体价值观的外显与实践过程，而教育主体的价值好恶，无疑是社会文化的产物和具体化。因此，社会文化不仅框定了学校教育的"故旧样式"与"当下图景"，而且预设了人们心目中对未来理想教育的期待与憧憬。从这个意义上说，教育是一种文化现象、文化存在，价值预设、文化负载是其本质特征。

以封建时代的科举取士为例，"学而优则仕"的价值文化、制度文化，镌刻了科举教育的"历史画卷"，而非某种先验的教育理念架构起整个封建社会的"文化骨架"。合理性与保守性是民族传统文化的双重属性。合理性意味着在当前和今后相当长的一个时期，现代学校教育不可避免地要与既有民族传统文化共存，学校教育也应积极吸纳传统文化的精华；保守性意味着民族传统文化中的某些对当下而言"消极"因素的影响，无疑依旧是民族教育现代化、民族地区经济社会发展的阻碍因素。因此，"融合"与"超越"应是民族教育现代化的价值定位和方法论取向。"融合，是超越的基础；超越，是融合的目的。没有超越的融合，是纯粹的消极适应；而没有融合的超越，则是无根之木，无源之水，因而也是无法超越的。只有两者结合，融合才会是积极的适应，超越才是现实可能的。"②

（二）重视学校教育的"非教育使命"

虽然我们强调学校教育功能的有限性，但学校教育的"非教育使命"同样是不容忽视的教育基本理论之一。学校不仅仅是传授知识的"教育场所"，其在社会上还承担着更重要的"非教育的使命"，即通过制度化的知识标准和制度设计选拔社会精英、实现社会流动。这也是社会底层获得向上流动机会可资依赖的最

---

① 邹进. 现代德国文化教育学. 太原：山西教育出版社，1992：27.

② 张诗亚. 祭坛与讲坛——西南民族宗教教育比较研究. 昆明：云南教育出版社，1992：384.

便捷途径，也是传统话语中"知识改变命运"的实现方式。

　　教育总是一定时代、一定社会的教育，其在促进个体发展的同时，还应承担相应的社会使命，这也是学校教育的"非教育使命"的具体表现。例如，德国工业化对劳动力的需求成为义务教育普及的动力，而美国的为了阅读《圣经》，同样成为义务教育普及的动力。对当前我国广大民族地区而言，改善民生、增进人民生活福祉，应成为义务教育普及和质量提升的内在动力和迫切需要。不要忘记，"教室并不是平静的、安宁的，并与社会、文化和政治生活这条大河相隔离的港湾，相反，课堂是块竞争之地——教室还是个漩涡，它包含着存在于外界的为了获取物质优势和理论合法性而进行斗争的逆流"①。然而，由于各种历史和现实条件的制约，民族群众通过教育实现社会流动的机会并未随着义务教育的普及而增加，也是民族地区义务教育质量困境的最直接表现。

　　就教育与社会的关系问题，叶澜曾有过一个生动的比喻："教育就像根植于社会这个大地中的一棵大树，时时从社会大地中汲取丰富的营养，又时时结出丰硕的果实奉献给大地。为了生存，它必须适应社会土壤的特点，而它的生存又对社会土壤的改造起着特定的作用。"②教育作为社会的子系统，虽具有相对独立性，但关注教育与其他社会系统的依存关系尤为必要。事实上，教育的相对独立性主要是针对教育的"自我保存"而言的，保持"教育自身生态平衡"是教育独立性的实质含义。③具体到实践中，教育系统不能不同时与几乎所有的社会部门发生联系，离不开与社会其他各系统之间的协同发展。

　　教育改革不应单单把注意力限制在教育自身的狭窄天地，更不应主观臆断地单方面"拔高"教育发展的速度和规模，而不关心经济、社会、政治、文化的协同改革与发展的实际水平。以民族地区留守儿童教育问题为例：社会主义初级阶段"城乡二元"背景下的打工潮是其时代背景；普遍存在的空巢老人现象使许多学前、小学儿童处于无人监管、无人辅导的放任自流状态；受知识水平、文化差异（主要指语言、文字）等条件的制约，许多少数民族地区的家长及监护人无力辅导学生的课业知识，导致小学毕业生既未打下必要的知识基础，又未养成良好的学习、生活习惯。这些是民族地区义务教育质量普遍低下的系统成因。

　　简单地从任何单一方面着手，都无法解决好民族地区的义务教育质量问题。民族地区义务教育质量的提升，应被置于大的社会系统中全盘考虑、统筹协调，避免"头痛医头、脚痛医脚"地"就教育谈教育""就文化谈文化"。否则，只

① 斯蒂芬·D.布鲁克菲尔德.批判反思型教师ABC.张伟译.北京：中国轻工业出版社，2002：10.

② 叶澜.教育概论.北京：人民教育出版社，2005：96.

③ 陈桂生."教育学视界"辨析.上海：华东师范大学出版社，1999：352.

能是顾此失彼、治标不治本，甚至会事与愿违。这样既浪费了教育资源，又扰乱了既有教育改革与发展的秩序，教育发展的质量终无法保障。

四、关注民族群众的现实民生境遇与教育需要

民族教育改革作为一项系统工程，无论是探讨教育均衡发展，还是民族文化的传承与保护，抑或教育的民生改善功能，民族教育的主体性及价值取向问题都应是其出发点和归宿。既有研究谈及民族地区的辍学、失学等问题时，要么指责"教育经费投入不足"，要么以"民族成员的教育观念落后"简单概括，这其实是一种片面乃至错误的观点。就本质而言，教育活动是基于主体特定价值取向的行为选择及主观建构的实践过程，脱离主体的需要谈教育的好与坏都是不准确的。民族地区义务教育发展质量不容乐观，很大程度上缘于教育供给与教育需求之间的矛盾使教育发展与民生改善之间的不和谐乃至冲突。

当前，在有关民族教育改革的理论与实践中，存在机械照搬西方"多元文化理论"的不良倾向，其表现为单方面强调民族教育问题的差异性、独特性，忽视民族教育的政治功能、经济功能及民生功能，使教育改革与民族地区民生改善的现实需要相脱离。同时，对文化多样性的阐释过程中，亦存在忽视文化主体性与变迁性的弊端，以一种抽象、静态的形而上的"实体性"思维诠释文化，忽视文化的生成过程乃是主体价值选择及符号化的过程。这一方法论指引下的民族教育改革，因过分强调教育与文化（指狭义的文化）的关系，容易忽视教育与生产力、与政治经济制度的关系，造成教育与人的需要、社会的需要相脱节。教育改革应着眼于普通民众的基本生存和生活状态，兼顾普通民众的现实需要和长远发展、物质生活的改善与精神生活的富足；否则，这种教育改革就是不成功的，也不是在"努力办好人民满意的教育"，"因为它没有以最公正的方式关注和解决最大多数的人民群众最关心、最直接、最现实的生活问题"[1]。

改善民生既是社会主义教育的本质规定和应有功能，又是提升民族地区教育质量的基础性保障。以地区经济发展水平为例，"一般说来，经济发展水平越高，第二、第三产业的比重越大，劳动力市场对高素质的劳动力需求就会越大，这会刺激教育规模的扩大和教育需求层次的提高"[2]。民生改善不仅为民族成员接受教育提供充裕的物质基础、时间保障，也使民族群众真正体会到教育之于生活改善的必要性和可能性，继而激发新的教育需要，实现教育发展与民生改善的双向

---

[1] 张学文. 教育综合改革应由"教育工具论"向"教育民生论"转型："十八大"报告"努力办好人民满意的教育"之学理解读. 清华大学教育研究，2013，（1）：17-21.

[2] 王善迈，袁连生，田志磊，等. 我国各省份教育发展水平比较分析. 教育研究，2013，（6）：29-41.

共赢。因此，从民族群众的民生状况和现实需要出发，深切关注"底层社会"在现代化进程及制度安排中的得失利弊和教育诉求，是民族地区教育改革和发展不容回避的使命。"教育经费"和"办学条件"是既有研究用以评价民族地区教育发展质量的惯用指标，对民族地区的民生境遇、教育需求、教育改善民生的"贡献率"缺乏应有的关注。民族地区民生状况的改善不仅有赖于经济、政策的帮扶，更需要提升民生改善主体的"民生力"。民生改善主体的"民生力"主要包括民生意识、民生智力、民生行为，又可分为积极创造民生资源和消极规避民生风险的双重机制和具体内容。"升学取向""精英取向"的教育制度设计和行动选择下，大批少数民族学生难逃"学业失败""升学无望"的遭遇。对这部分学生而言，既然升学无望，学校里传授的知识在农村又鲜有用武之地，他们对"免费教育"有用性的怀疑、否定态度终难发生质的改变。关注教育的民生功能，使民族地区的学生学有所成、学以致用，是义务教育质量的应有之义。

对于一些偏远、贫穷的民族地区、山区而言，长期以来形成的"输血型""救济型""依赖型"外源式发展机制，并不能从根本上改善当地经济社会发展的整体面貌，这一发展瓶颈必然体现在义务教育的普及中。民族地区义务教育质量优化机制的有效构建，应与民族地区经济社会"造血型"内源式发展机制的营建相协同，并以此发挥教育的先导性、全局性、基础性作用。需要指出的是，20世纪20—30年代乡村建设和贫民教育实践者的理论与实践，对优化民族地区义务教育质量，构建教育发展与民生改善的共赢机制具有重要的启示意义和借鉴价值。他们倡导"生活教育"和"贫民教育"，使教育与当地人们的生活经验相结合，为提升乡村人民的生活品质服务。同理，民族地区的教育发展应重视民族群众的民生诉求和教育需要，从当地民族社会文化的历史传统和经济社会发展的实际出发，把促进民族平等和民生改善作为教育改革与发展的重要使命，也就是不断增强教育改革的主体意识，逐步实现改革主体的下移，关注社会底层和普通民众的民生需要和教育诉求，使民族群众真正成为教育改革成果的享有者。

对广大民族地区而言，教育改革与发展不应是"锦上添花"的娱乐消遣；民族文化传承不应沦为少数文化精英的"精神盛宴"。民生改善视域下的优质教育供给，应是切实改善民族群体生活的"雪中送炭"，民族文化的传承与保护应以最广大民族群众生活福祉的增进为目标。忽视民族文化传承与保护情形下，学校教育的"胜利"非但没有让民族成员感悟到"知识改变命运"的教育有用性，有时反倒成为他们逃离、厌弃民族传统文化、生活方式、价值观念的"吹鼓手"，"成功"的教育成为他们"失败"生活的幕后凶手。他们既不想生活在村寨，又无法通过教育实现对目下生活的逃离，这使民族地区学生陷入"贫困文化"的怪圈。

学校教育是传授系统知识的专门场所。教育只有成为人民群众改善拮据、单调生活的希望，对人民群众而言才是温暖、亲切的，而非陌生、冷酷的"文明监狱"。因此，关注民族成员的现实生活和教育需要，使民族文化传承与民族教育发展真正服务于民族地区人民生活的改善和和谐社会的构建，应是民族地区教育发展与改革的本真价值诉求。现实中，当上学读书与改善民生的迫切需要相矛盾时，各种形式的辍学、失学、学业不良等问题也就无法从根本上杜绝。民生改善不仅为民族成员接受教育提供了充裕的物质基础、时间保障，也激发人们新的教育需要，使民族成员真正体会到教育的价值，认识到接受教育乃是改善生活的必要条件。诚如论者指出的，"其实普通农牧民对利益的理解就是'有事干、有钱挣'。虽然一些知识分子对此不屑一顾，但事实确实是普通民众对政治的热情并不高，对国家和汉族的怨气主要就来自缺乏经济收入以及经济生活中被边缘化的现状"①。笔者认同这一观点。读书上学的价值和意义在普通百姓看来，就是要改变命运，让他们过一种更体面、更有尊严的生活。倘若教育不能满足他们的这一需要，他们看不到读书上学的"好处"，教育即使"免费"乃至"倒贴"，也无法保证民族群众对学校教育价值的认同。民族群众送子女读书的积极性和学生勤奋苦读的动力也就无法保障，一切提高义务教育质量的举措也都收效甚微。因此，倘若单以高雅的读书人的观念指责、指导老百姓的教育选择和教育期望，只能使问题变得更糟！

五、增强教育改革过程中的"教育学立场"意识

教育问题的开放性、复杂性，决定了不同领域、学科的研究者共同关注教育问题的可能性和必要性。教育学是一门"成人之学"，其特殊的价值诉求和理论品性，无疑应是一切教育改革与发展不容回避的核心指导理论。伴随教育改革的纵深推进和教育学理论的发展，我国教育改革的方法论意识和自觉逐渐凸显。增强民族教育改革的"教育学立场"意识，旨在强调教育理论的创造者、教育政策的设计者、教育活动的执行者，始终应把民族群众的发展和民生改善作为一切教育改革的出发点和归宿。具体到本书，确证民族教育改革的"教育学立场"意识，对义务教育质量的提升同样具有不容忽视的理论意义和实践价值。

（一）避免教育发展中"经济决定论"的观念误区

民族地区教育改革和发展的过程中存在把"教育问题"缩略为"经济问题"的观念误区和行为定势。它们认为民族地区的教育问题皆在于教育经费投入不足，

---

① 付佳杰. 少数民族怨气的经济根源——以四川凉山地区为例. 文化纵横，2014，（3）：38-46.

只要增加教育经费投入，问题也就迎刃而解。"教育的经济贫困"导致了"贫困的教育质量"，成为此类论者分析、应对民族地区教育问题的认识论假设和方法论逻辑。不同学科立场具有不同的理论旨趣和价值预设，决定了理论与实践融合方式与途径的差异。民族教育改革中教育学立场意识的提出，有助于避免"经济决定论"惯性思维范式的偏误。民族地区的教育质量问题不单单是经济问题，更关涉到教育资源有效配置中的文化关照和民生诉求，我们不应单纯地把经济投入作为衡量教育效益、教育质量的缩略指标，忽视人民满意才是衡量教育优劣的最终标准。教育事业的发展和教育质量的提升，不仅取决于教育投入绝对值的增加，更有赖于教育投入的有效性。毕竟，"教育事业不同于经济活动，不仅'效'需要有出于教育学立场的理解，'投入'和'产出'也都具有自身的特殊含义"①。人的社会历史性存在，决定了人不单单是社会性的存在，更是一种"文化性"的存在，这也是人与其他动物的本质区别。正如蚂蚁、蜜蜂虽皆为社会性动物，却不具备人类特有的文化属性和实践性存在。而且，人的社会性也是一种"文化化"了的社会性，不同于一般动物的本能社会性。人的社会性是教育的结果，动物的社会性是遗传的获得。②具体到民族地区，社会文化的特殊性对教育发展提出了各种特殊要求。忽视文化的"中介性"规约作用，简单地以经费投入衡量教育质量，自然难以触及问题的本质。文化在教育发展中的"中介性"规约，表现在教育规模、教育方式（方法）、教育内容、教育价值的确立等各个方面和教育的整个过程。当前，民族地区有限教育资源的闲置、浪费和"读书无用论"的流行，是其具体表现。教育问题从来不单单是学校的问题，更不单单是"钱"的问题，这是教育学的常识。义务教育质量的提升若缺乏对社会文化及其变迁的应有关照和有效应对，无疑会削弱各种扶持性、倾斜性政策和资金的应有效益，造成有限教育资源的利用的低效或无效。这也是"后普九"时代，民族地区义务教育质量面临困境的深层原因。加大民族地区的教育投入虽毋庸置疑，但如何"把钱使在刀刃上"更是问题的关键。

（二）避免"文化决定论"的思维偏误

强调民族地区义务教育发展中的"教育学立场"意识，旨在把"人的发展"作为一切教育问题成立的价值前提和逻辑理路。具体而言，作为制约民族地区教育发展核心要素的民族文化，是以人的培养为纽带被引入教育领域的，所谓的"文

---

① 杨小微. 公平取向下义务教育发展的评价指标探究. 华中师范大学学报（人文社会科学版），2013，（4）：146-153.
② 确证的人的"文化性"存在，并不意味着人比动物更高尚、更优越，也绝不应成为人类名正言顺地向自然界和动物界肆意掠夺、任意杀戮的借口。

化问题""文化规约",是一种"教育中的文化"现象,而非"文化中的教育"现象,后者乃是文化学或人类学的提问和思维方式。学科立场是学术研究的"生命基质",对理论构建和实践运用具有方法论的规约意义。文化学或人类学的立场往往把文化作为思维展开的基点,并以此分析文化中的教育现象,文化始终是其关注的焦点;教育学的立场则把人的培养作为联系教育与文化的纽带,只有当文化与人的培养、人的发展相关联时,文化才被纳入教育学者的视野。此时的文化,要么是作为教育的内容,要么是作为教育的目的,抑或是以一种教育方式、方法而存在,"教育性"或"教育学归属"是其共享的属性。"教育学立场"视域下的文化现象,始终是一种教育现象,相关话语中的概念、理论、范式,始终属于教育学或"教育学化"了的范畴。因此,人类学、文化学虽也关注教育现象中的相关问题,但其理论旨趣与教育学往往存在较大差异。至少说,民族教育研究中教育学所秉持的"以文化关照为手段,实现民族成员全面发展"的理论旨趣、价值诉求不是其他学科研究教育问题最根本、最直接的动机。无论是"文化中心主义"还是"泛文化主义",均以不同的方式混淆了"教育现象"和"文化现象"的边界。增强民族教育发展的教育学立场意识,是避免教育理论与实践中"文化中心主义"和"泛文化主义"的方法论自觉。

（三）有助于避免教育改革中的浮夸风

教育的改革或变革不同于一般的经济、政治、制度变革,有其特殊的演进理路和变革逻辑。

1）人的发展的规律性,决定了教育改革不可一蹴而就、任性而为。教育是以人的培养为本职使命和存在方式的,决定了任何教育改革都不可急于求成、立竿见影。人的培养的复杂性,要求教育改革必须以一种和风细雨的方式稳步推进,不可以暴风骤雨式的"革命作风"强制推行。毕竟人的培养不同于工厂计件产品的生产方式,工厂、企业中的管理理念和效率观念在教育改革中是行不通的。人的发展是一个连续性、渐进性的一体化过程,家庭、社会、学校是个体成长的共同文化场域,这是不容改变的客观事实。人的发展还具有阶段性和不平衡性,当错过某一"发展关键期",教育的效果往往事倍功半或劳而无功,这是教育学中的又一常识。同时,个体发展的差异性,也是整齐划一、"一刀切"的教育变革注定要失败的规律性原因。

2）教育的社会制约性,决定了我们不可忽视其他社会因素对学校教育改革的客观规约,主观臆断地单方面"拔高"教育发展的速度和规模。20 世纪 50 年代末,中国社会发生的"教育大革命"运动,便是沉痛的历史教训! 教育作为社会大系统的子系统之一，与其他社会系统有着千丝万缕的联系。教育虽具有相对的独立性，但不能脱离社会而单独存在。教育的发展与其所处社会的政治、经济、文化唇齿相依、互为表里，忽视社会其他因素对教育发展的现实制约，任何基于主观意志的教育提速、超速发展都将难逃失败的命运。民族地区教育优先发展战略的提出有其理论合理性和现实必要性，但并不意味着可以不顾及国情和地区经济社会文化发展的客观条件，无限度、无差别地"超前"发展教育。近年来，尽管民族地区的教育投入力度不断加大，整体办学条件（特别是硬件设施和现代化设备的配置）有了质的飞跃，但学生入学的积极性不高、教育政策执行代价偏大、教育普及的成效不理想是其面临的共同难题。原因无疑是多方面的。但是，单方面"拔高"的教育与当地社会发展整体水平相对落后导致的教育"提速""超速"发展，是其重要原因。教育规模的扩大、入学人数的增加，毕竟不等于教育质量的提升。

3）教育自身的保守性或继承性，同样要求教育改革不可以革命的方式盲目推进。不同的知识观、价值观，对教育内容的选择、教育目的的确立、教育方法的运用，具有不同的评判标准和实际效益，文化在这一过程中发挥着重要作用。教育改革或变革，不仅仅是对不适应社会发展需要的旧传统、旧文化的抛弃，也是立足于既有文化，对传统文化中的精华和合理因素的积极吸收和弘扬。重视社会文化历史差异对教育的特殊需要，是民族地区现代教育改革有效推进的认识论和方法论前提。

民族地区浓厚的社会历史文化特征，要求教育改革必须建立起连接传统教育与现代教育、村落社会与现代生活的桥梁，这样方能使现代学校教育在民族地区扎根，教育发展的质量才会有保障。

第二节　民族地区义务教育质量优化的具体建议

民族地区义务教育的质量优化，不应把视野局限在学校系统内部，而要放眼于学校教育赖以存在的整个社会文化系统及时代变迁的场域中。论其本质，学校教育不过是特定文化主体价值或意义的确立、认同和传承的过程，这也是我们一再强调教育学是人文科学的理由和价值所在。探讨民生取向的义务教育质量观及优化路径，以人的社会存在和人在实践中的主体性和文化规约性为前提，并将此作为理解"教育价值"和"教育质量"的客观标准，是提升民族地区义务教育质量的相关实践策略有效性的前提。

一、优先普及民族地区的学前教育

学前教育是学校基础教育的起始阶段，学前教育公平是基础教育公平的起点和保障。为切实保障适龄儿童，特别是弱势儿童平等享有优质基础教育的权利，世界许多国家和地区的政府把积极推行免费学前教育政策作为重要举措，并着力推进学前教育普及。20世纪70年代以来，西方发达国家开始重视对处境不利儿童实施早期补偿的学前教育。美国从1965年开始实施的"开端计划"（Head Start Program），英国政府从1998年开始实施的"确保开端计划"，都旨在通过学前教育为处境不利儿童提供良好的早期补偿教育的项目。[①]同样，我国民族地区义务教育质量的提升，更需要学前教育的大力发展，以实现基础教育的有效衔接。教育作为一项系统工程，基础教育各阶段、各类型教育（如家庭教育、学校教育、社会教育，传统教育与现代教育）的有效衔接是保障义务教育质量的必要条件。这些衔接的不畅是民族地区义务教育发展中各种现实问题的凸显的重要原因，尤其是学前教育与义务教育衔接的不畅。调研中，我们发现彝区的学前班存在人数较多的情况（图6-1），当地教师普遍感觉现在的学生越来越不好教了，初中教师则抱怨小学送上来的学生基础太差，他们不知从何教起，而小学教师则埋怨家长不重视教育，既不能培养子女良好的生活学习行为习惯，又未担负起监督、辅导子女学习的应有责任。除具一般地区发展学前教育的必要性之外，大力发展民族地区的学前教育更有其特殊的必要性和紧迫性。

图6-1 彝区的超大学前班

---

① 曹能秀. 关于民族地区学前教育发展的若干思考. 中国民族教育，2013，（6）：7-9.

对民族地区而言，以语言、文字为代表的传统民族文化与学校推行的普通话、汉字存在不同程度的差异和隔膜，"听不懂、不会说普通话"是义务教育阶段学生厌学、弃学的重要原因。此外，留守儿童现象在民族地区大量存在，传统核心家庭维系的早期教育环境逐渐被消解，也是民族地区学龄儿童学业及行为不良的重要原因。基于这样的社会文化现实，民族地区学前教育的有效普及，不但能为民族儿童顺利接受小学教育打下语言文字基础，更能弥补留守儿童早期教育、家庭教育的缺失，既能给留守儿童情感的温暖，又可使学龄儿童养成良好的生活、学习习惯，为他们顺利进入小学打下良好的基础。同时，学前教育的有效普及，还能够为各种文化或家庭处于不利地位的儿童提供良好的早期教育补偿，为民族地区义务教育阶段的均衡发展和全面教育质量的提升奠定坚实的基础。"众所周知，儿童在文化上的隔阂，特别是在语言上的隔阂，是同样严重的障碍，如果说不是更严重的话。"[①]因此，学前教育的有效实施，能够补偿广大少数民族儿童由于家庭环境缺乏文化上的帮助所遭遇的缺陷，为其接受学校教育提供必要的文化积累和文化过渡。当前和今后一个时期，大力普及学前教育，加强学前教育与义务教育的有效衔接，是弥补当地家庭教育缺失、民族文化差异等制约民族地区义务教育质量提升及其他诸多现实问题的最有效手段之一。优质有效的学前教育，不仅为民族留守儿童顺利进入学校打下良好的语言、习惯基础，更可以减少家庭教育缺失造成的各种不良影响。良好的学前教育，不仅可以为民族儿童营造良好的早期生活环境，也是尔后学校教育成功的前提。值得注意的是，发展学前教育应避免学前教育学校化、知识化，使学前教育真正成为儿童成长的乐园。因此，我们认为，大力发展学前教育是提升民族地区义务教育质量的关键所在。

在优质教育资源的可及性和良好家庭环境的拥有性方面，农村留守儿童都低于城镇儿童，这一差别以教育均衡、教育公平等为主要形式，延伸到个体成长的各个方面和整个历程。良好的早期教育和家长参与，是优质基础教育必要的保障。美国一项历时30余年的跟踪研究表明，为使学生获得高质量的教育，增加家长在教育过程中的参与是至关重要的。因此，优化早期教育环境，构建顺畅、科学的学前教育体系，无疑是提升民族地区义务教育质量的国际经验和迫切需要。

值得注意的是，民族地区的调研发现，当地政府和教育主管部门为提高当地教育质量和办学效益，投入大量公共教育资源举办各种形式的"后义务教育"（如"普及高中"和"9+3"免费职业教育）的做法具有一定的普遍性。有的地方，甚

---

① 联合国教科文组织，国际教育发展委员会. 学会生存——教育世界的今天和明天. 华东师范大学比较教育研究所译. 北京：教育科学出版社，2008：12.

至打出没有法律依据的"送子读书，保证每个适龄未成年人接受'9+3'教育是父母的责任和义务"的宣传标语（图 6-2）。2014 年四川省启动实施的《大小凉山彝区教育振兴行动计划（2014—2018 年）》，也提出"2015 年学前两年毛入学率和高中阶段毛入学率分别达到 65% 和 75%"的目标[1]，并同样把高中教育的优先发展列在学前教育发展的前面。我们认为，在公共教育资源总量，特别是优质教育资源依旧有限、义务教育质量依旧堪忧的现实下[2]，超前"向上延长"免费教育和普及教育年限的做法是不明智的。特别是此类利用公共教育资源为少数"成绩优秀者"提供免费高中教育的做法，更有悖于教育公平和义务教育的公益性宗旨，其合理性和合法性有待商榷。因此，我们提出，在进一步办好义务教育的同时，"率先向下"逐步延长民族地区普及教育的年限，应是民族地区教育优先发展的战略方向和迫切需要。具体而言，我们可以考虑优先推进民族地区学前教育的普及，为民族地区的儿童提供必要的早期教育补偿。当然，优先推进民族地区的学前教育普及，并不意味着一定要把学前教育纳入现行的义务教育体制。

图 6-2 民族地区村寨中宣传"9+3"的标语

---

[1] 刘森森. 力争民族地区学前两年毛入学率 65%. 四川日报，2015-03-08（01）.

[2] 目前，关于是否延长义务教育年限是存在争议的。教育部的观点是：目前，我国还没有延长义务教育年限的考虑，也没有在局部地区延长义务教育年限的打算。其理由之一是，虽然我国已经普及九年义务教育，但义务教育的质量还不高，应集中精力抓好九年义务教育。焦新. 延长义务教育年限的条件还不具备——教育部有关负责人就义务教育年限等问题答记者问. 中国教育报，2013-07-20（02）.

二、有效落实地方和校本课程

我国实施的三级课程，既是一种课程管理体制，又是一种课程形态。三级课程是以课程开发的主体为依据划分出来的。凡是地方遵照国家课程管理政策开发并在本地实施的课程，"不管是何种内容、何种形态、何种特点都应属于地方课程的范畴"①。地方课程和校本课程的内容选择和价值确立不应简缩为"地域性"和"传统性"。校本课程，顾名思义是以学校为课程编制主体，自主开发与实施的一种课程类型，是与国家课程和地方课程相对的一种课程。当然，地方课程和校本课程虽然应以当地社会历史和民族传统文化为根基，但也要适应经济社会发展的现实需要和时代趋势。三级课程的实施目的就是使教育发展更好地适应国家和社会发展的统一要求和各地区、各民族经济、文化和社会发展的特殊需要。无论是课程内容的选择还是课程价值的确立，都应兼具时代性和开放性。然而，现实的问题却是，要么地方和校本课程流于形式，要么错误、片面理解三级课程的价值初衷，有意无意加重了民族学生的课业负担（如同时学习汉语、英语和民族语言引发的"三语负担"），甚至出现"文化被传承"②的不良后果。

论及民族地区的三级课程问题，既有理论与实践中关注的焦点多是课程管理的体制机制或权利运作问题，以及课程内容的选择与民族传统的传承与保护问题，很少从教育发展与民生改善的关系展开探讨。此类研究与实践的思维范式，忽视地方课程、校本课程对促进民族地区义务教育质量的提升，以及以此为契机促进教育民生功能的有效生成的必要性和可行性，也是当前地方课程和校本课程开展不力的重要原因。我国现行的三级课程管理，为这一目标的实现提供了制度空间和法律保障。特别是地方课程和校本课程的开发，应在充分关注本土文化背景和现实需要的前提下，积极探索适合地区特色、民族特色的三级"民生课程"。2001年发布的《国务院关于基础教育改革与发展的决定》首次提出"在保证实施国家课程的基础上，鼓励地方开发适应本地区的地方课程，学校可开发或选用适合本校特点的课程"；之后的《基础教育课程改革纲要（试行）》也再次强调，实行国家、地方和学校三级课程管理的目的在于"增进学校与社会的密切联系，培养学生的社会责任感"，使学生"了解必要的通用技术和职业分工，形成初步技术能力"。可见，义务教育阶段三级课程的实施目的就是通过增强学校与地方、社

---

① 成尚荣. 地方课程管理和地方课程开发. 教育研究，2004，（3）：67-71.

② 所谓"文化被传承"指并非出自文化自觉，而是由于外界因素的迫使而被迫传承所谓的民族文化。其实他们既不认同，又不愿意传承被安排的文化。

会的联系，实现学生的全面发展，这也是民生取向的教育质量观及生成机制的根本内涵。民族地区三级课程的有效落实，不仅要为民族成员提供现代化的优质教育资源，更要考虑民族文化的特殊要求及普通民众的民生需要，避免民族成员"双重边缘化"的尴尬处境。合理而有效的社会流动渠道和民生改善能力的提升是激活民族群众合理教育需求的前提条件和保障，民生取向的三级课程设计和课程内容的选择，是实现这一需求的中介和潜在可能。

当前民族地区的义务教育普及和课程安排中，民族成员由于不能认同学校教育及课程知识选择的价值，对免费义务教育的放弃或逃离是"后普九"时代义务教育质量困境的根源。正如论者所言："在学校的围墙之外，村落的生活按自己的节奏与逻辑进行着。"学校围墙内的"课程设计也不是为农村生活准备的"，其对乡村生活的某种满足也只是一种附带产生的结果，如识字、算账和对乡村生活没有实际性帮助的"文化消费能力"[①]。在我国的教育理论与实践中，以"三级课程"，特别是地方课程、校本课程为议题展开的有关民族地区课程知识选择的讨论，往往过多地关注教育的文化传递功能、政治整合和民族认同功能，而较少关注其经济功能、促进社会流动和民生改善的功能，因此难以触及问题的实质和症结。现实的问题的便是，地方课程、校本课程成了"民族文化进校园"的"代名词"和缩略样式。当前民族地区的义务教育质量困境，并非源于对"知识即美德"的知识应有价值的遗忘与否定，亦非对"科学危机"导致"人的危机"的反思，而是对民族地区义务教育发展中，民族学生"升学无望，就业无门"引发的"读书无用论"和民族成员"双重边缘"引发的"教育危机"的思考。因此，民族地区三级课程的有效落实，其重要任务就是要充分发挥地方课程和校本课程在民生改善中的应有功能。

文化的发展归根结底是人的发展。以三级课程的实施为依托，在通过地方课程和校本课程保护与传承民族文化的过程中，更要关注文化主体的生存状态与教育需要。有关民族地区教育发展和课程改革的实践与理论中，存在机械照搬西方多元文化理论的不良倾向。单方面强调民族教育问题的差异性、独特性，忽视民族教育的政治功能、经济功能、民生功能，导致教育发展与民族成员的实际需要不同程度地脱离，是当前民族地区诸多教育问题的症结之一。另外，文化多样性的阐释过程还存在忽视文化的主体性与发展性的弊端。以一种抽象的、静态的形而上的方法论诠释文化，忽视文化的源生乃是主体价值选择及符号化的过程。这一方法论指引下的课程改革，往往使地方课程和校本课程的实施同民族群众的现实需要及社会发展的需要相脱节。党的十八大报告把教育问题作为改善民生与社

---

① 李书磊. 村落中的"国家"：文化变迁中的乡村学校. 杭州：浙江人民出版社，1999：118-120.

会建设的重要方面加以阐述，其核心是"努力办好人民满意的教育"。因此，以民族教育优先发展为契机，在充分重视民族主体教育需要的前提下，着力构建教育发展与民族文化传承和人民生活改善协同共赢的三级课程管理及保障机制，是破解民族地区义务教育质量困境、"办好人民满意的教育"的现实需要和可行路径。

三、全面推进早期双语教学工作

我国是一个多民族国家,不同语言民族的长期交往过程中必然产生双语现象。民族地区的调研和既有研究发现，语言障碍是义务教育质量不高和各种失学、辍学问题的重要原因。科学有效的双语教育能够有效促进民族地区教育的全面发展，对提高少数民族地区的人口素质，促进各民族共同繁荣与国家的长治久安具有重要意义。因此，在我国民族地区基础教育阶段实施双语教育，具有现实的必要性和紧迫性。康定藏区的调研发现，因藏语和汉语存在差异，藏语课中的好多内容，当地学生都不能用汉语准确翻译。我们请调研时租住客栈老板在镇上读初二的儿子帮忙翻译他现在使用的《藏语文》课本目录时发现，课本 7 个单元 21 篇课文中，他仅能勉强翻译出如下内容（图 6-3）：

2.《背影》，4.《树的分类》，7.《最后一课》，8.《钢笔的来源》，9.《我的老师》，10.《春》，11.《五颜六色的花》，14.《当我还是小孩时》，19.《松赞干布》，21.《藏族人民的解说》。

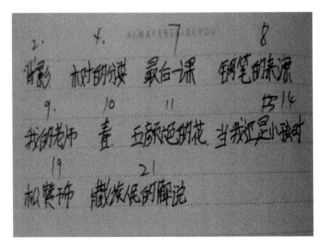

图 6-3　藏族学生翻译的课文目录

我们请懂藏文的藏族博士生帮忙翻译了该本《藏语文》的目录。该教材是青海人民出版社出版的《藏语文》七年级下册。教材中除以下所列篇目外，还安排有语法、修辞学、书信写作、申请书写作等内容。该教材安排的具体课文篇目内容如下：

第一单元：1.《不一样的握手》，2.《背影》，3.《福禄贝尔家的周末》

第二单元：4.《木之歌》，5.《期待的一封信》，6.《奇妙的梦境》

第三单元：7.《最后一课》，8.《粉笔的来源》，9.《我的老师》

第四单元：10.《秋》，11.《美丽的花朵》，12.《奇特的湖泊》

第五单元：13.《幸福的王子》，14.《小时候的故事》，15.《父心在子 子心在石》

第六单元：16.《成为杰出的人》，17.《格言》，18.《启迪心智》

第七单元：19.《唐东杰布》，20.《藏族先民的起源》，21.《藏族的吉祥图案》

对照上述翻译，我们不难发现，那位读初二的藏族学生不但不能翻译所有题目，而且在已翻译的内容中有诸多错误和不准确的地方。例如，把"粉笔"翻译成"钢笔"，把"秋"翻译成"春"，把"唐东杰布"翻译成"松赞干布"。语言障碍无疑是藏族学生学习过程中面临的现实难题。藏族学生学习汉语，面临与汉族学生学习英语相似的困难。汉语和藏语虽同属汉藏语系，但二者有明显的区别。汉字是一种表意文字，而藏文是一种拼音文字。汉语在藏族农牧区的使用十分有限，许多学生在入学前从未接触过汉语，入学后除在课堂外也几乎用本地藏语方言交流。因此，藏族农牧区小学生学汉语比学藏语要困难得多。这一语言上的障碍必然给他们带来巨大学习障碍和心理负担，他们容易产生厌学的消极影响和各种心理压力。"心里明白，说不出来，不会表达"，是许多拥有本民族语言文字少数民族学生在学校教育中面临的共同难题。听不懂、学不会导致厌学、辍学，是民族地区义务教育阶段学生学业成绩不良、厌学、辍学的重要原因。调研中，客栈老板的儿子告诉我们：

我的藏语文和英语最好。我喜欢学习藏文，因为汉语比较难学。我汉语成绩一般50多分或60多分，英语40多分或50多分，藏语文一般能考90多分。刚上学时，特别是小学1～3年级时，我根本听不懂汉语，那时学习比较糟糕。上小学时和同学玩时用藏语交流，现在上初中了同时用藏语和汉语交流。原来的老师比现在的老师好，现在的老师不会讲藏语，和老师交流会有困难，而且感觉不如以前的老师近乎。

值得注意的是，区分双语教育的不同目的取向及实践策略，是双语教育科学性的前提。从实施双语教育的目的来分，我国在民族地区实施的双语教育可分为以传承少数民族语言为主要目的的双语教育和以提高学生汉语水平为主要目的的双语教育。现实中，由于过分注重双语教育的文化传承功能，在双语教育改革的实践中过多地强调"语言是民族文化的重要载体，是民族认同的基础，承担着保存传统文化价值的使命"①。事实上，历史上各民族对本民族语言的取舍是个长期的、自然选择的过程，缘于普通民众眼里的实际利益驱动。从我国双语教育政策执行的历史实践来看，民族地区的双语教育并非主要着眼于把语言作为民族认同标记的"精神价值和意识形态价值"，而是关注"语言作为交际工具的实用价值和效率"②。同样，今天在我国某些欠发达少数民族地区推行双语教育，不应简单地与民族认同画等号。我们既反对双语教育中的"工具主义"倾向，也不赞同语言民族主义。语言民族主义轻视语言的交际功能，往往是少数社会精英而非大众语言精英在极力"挽救逐渐式微的方言"，其结果"便意味着将以旧社会的传统来对抗现代化所带来的变故"③。因此，在民族地区推行双语教育，必须兼顾语言的教育需求和文化功能，实现民族双语教育与现代教育的有机结合。

有学者对壮汉双语教育进行了个案研究，提出双语教育转向的问题④，认为双语教育应实现从"双语教育"到"多元文化教育"的转向。但是，从民族地区经济、社会和教育发展的实际来看，多元文化教育在某种程度上超出了民族教育研究中一般意义上双语教育的任务，其目的在于培养国民的多元文化素养，以适应多元文化社会发展的要求。民族地区双语教育的推行主要有两个方面的任务：①民族地区民族语言文字和民族文化的传承与保护；②提高民族地区普通教育的质量，促进教育公平和教育均衡发展。从当前我国民族教育面临的实际问题来看，培养多元文化素养的国民并非双语教育最紧迫的任务。对广大民族地区而言，如何通过有效实施双语教育，提高民族地区的教育质量，办人民满意的教育应是当前双语教育面临的首要任务。事实上，"双语教育向多元文化教育转向"命题的提出，在某种程度上忽视了双语教育的不同类型与价值取向。多元文化教育主要基于社会学、政治学、文化学、人类学等学科的立场，促进不同文化主体的理解与融合。这是"多元文化一体"理念在教育上的体现，是一切教育的共同使

---

① 万明刚. 论我国少数民族双语教育——从政策法规体系建构到教育教学模式变革. 教育研究，2012，（8）：81-87.

② 陈平. 语言民族主义：欧洲与中国. 外语教学与研究，2008，（1）：4-13，80.

③ 埃里克·霍布斯鲍姆. 民族与民族主义. 李金梅译. 上海：上海人民出版社，2006：114-115.

④ 滕星. 壮汉双语教育的问题及转向. 广西民族大学学报（哲学社会科学版），2012，（4）：7-11.

命。但是，就我国民族教育的实际而言，双语教育除了传承民族语言文字外，更要关注人的发展、教育公平与教育均衡，主要侧重教育学的立场，以"提高教育质量""办人民满意的教育"为价值诉求。从当前我国民族教育面临的实际问题来看，通过实施双语教育提高民族地区普通教育的质量，继而进一步促进教育公平和教育均衡发展，"办人民满意的教育"，应是当前双语教育改革的核心价值取向。

四、构建民族地区义务教育质量监测体系

对广大民族地区而言，进一步增加教育投入，优化教育发展的外部环境虽然十分重要，但以课程改革为契机，制定合理的教育质量监测体系和评价机制同样不容疏略。"促进均衡提高质量，面临的一个巨大障碍是对目前中国教育状况把握不清，不仅在基础教育阶段，高等教育及其他领域教育方面都存在这个问题。因为到目前为止，我国对教育质量监测和评估的相关体系还不够完善。"[1]一方面，由于缺乏科学有效的质量监测体系，民族地区的义务教育普及出现了片面追求"入学率"和只关注"人头数"的不良倾向。另一方面，由于现行的教育设计和制度安排的文化关照做得还不够好，国家现行的课程标准和评价指标，对于民族地区学生的接受水平而言具有较大的难度，更容易因学业不良、学业失败诱发学习动机和自信心的不足。由此带来的问题便是：在一些民族地区，学校为了完成上级下达的"控辍保学"任务，出现了盲目、片面追求入学率，忽视、牺牲教育质量的不良后果。特别是2001年义务教育"以县为主"管理体制明确提出以来，为了完成国家规定的"两基"标准，各地方政府和教育主管部门在义务教育政策执行的过程中，存在"以数量代质量""以校园建设达标代教育质量达标"的政绩行为、形象工程。当前，在全面推进素质教育、促进基础教育均衡发展的时代背景下，建立健全符合民族地区实际的教育质量监测体系和保障制度，对民族地区义务教育的提升具有重要的指引价值和现实意义。

世界范围内，制定教育质量国家标准和监测体系也是各国推动基础教育改革与提升教育质量的通常做法和重要手段。特别是进入21世纪，制定基于课程标准和学生学业成绩的基础教育质量国家标准，构建相应的教育质量监测体系和操作制度，已成为多数国家提升基础教育质量、促进教育均衡发展的基本思路和重要抓手。其中，美国的"教育进展评估"和经济合作与发展组织的"国际学生评估项目"最具代表性。当前，我国义务教育国家课程标准和教育质量监测体系的设计

---

① 艾丹青. 从两份海报设计透视下城教育质量监测体系. 杭州日报，2010-11-10（A14）.

与实施，缺少对民族地区社会文化特殊性的应有关注，容易导致课程标准和质量监测指标超过或脱离民族地区学生的实际发展水平和学习接受程度，出现不同程度的"课程难度过高"的现实问题。民族地区的田野考察和调查研究发现，由于文化差异和学校教育文化积累的先天不足，多数学生对现有的课程内容和考试评价难度感到"负担过重"，导致"听不懂""学不会""不愿学"成为义务教育阶段辍学、失学、学业成绩不良的主要原因。此外，由于学业负担过重，那些对学习失去信心的"差生"，很容易沦为"村寨流民"和"校园混混"，不利于学生优良品性和健康人格的养成。因此，关注民族地区教育质量优化的社会文化规约性，建立具有社会文化关照性的民族地区教育质量监测指标和体系，是提高民族地区义务教育质量的方法论前提和实践路向。

建立教育质量监测体系的根本在于确立学校课程知识的选择标准及对学生知识掌握情况的评价。学校教育作为有目的、有计划传授系统知识的实践活动，满足社会文化对知识的需求，提高文化主体的生存能力和生活福祉，是其本职使命。我们不能脱离人的生活实践抽象地谈论知识的价值，应在实践中提出具体的、针对性的问题和可能的对策。否则，只能是"仅限于根据某些含糊的形而上学的考虑"，便不负责任地罗列各种看似高深的"以警句形式提出的主张"[①]。因此，结合民族地区经济社会文化发展的实际和民族学生的实际学习接受能力，构建民族地区义务质量特色监测体系，是民族地区义务教育质量提升的前提和依据。《国家中长期教育改革和发展规划纲要（2010—2020年）》明确指出："建立以提高教育质量为导向的管理制度和工作机制，把教育资源配置和学校工作重点集中到强化教学环节、提高教育质量上来。制定教育质量国家标准，建立健全教育质量保障体系。"据此，在建立健全国家义务教育质量标准的基础上，探索构建适合民族地区经济、社会、文化实际的特色义务教育质量监测体系及保障体制，是提升义务教育质量的重要前提和必要环节。作为一种过渡方式，民族地区义务教育质量评价和监测体系的构建，一方面可以考虑在保证完成国家义务教育基本质量标准的前提下，适当调整和降低普通教育的评价标准和达标水平；另一方面，可以以地方课程和校本课程为主要平台，适当渗透各种职业教育的内容和评价指标。

五、进一步发展和改善民族地区的民生状况

改善民生既是教育的应有功能，又是义务教育质量提升的基础性保障。民族

---

① 埃米尔·迪尔凯姆. 自杀论. 冯韵文译. 北京：商务印书馆，2001：133.

地区的民生改善有赖于教育质量的提升，义务教育质量的提升同样需要以民生的进一步改善为基础。民生改善不仅为民族成员接受教育提供了充裕的物质基础，还会激发人们新的教育需要，使民族成员真正体会到教育的价值，认识到接受教育乃是改善生活的必要条件，为教育事业的发展提供必要的观念保障和潜在的教育对象。处于经济、社会、教育的快速发展与转型期，城乡二元社会结构和社会贫富差距的现状，为我国义务教育的内涵式发展提出了新的挑战。当前，民族地区人民的生活有了质的改善，吃饱穿暖虽不成问题，但是手头缺钱花，人民群众渴望摆脱贫困、致富奔小康的民生诉求日益强烈。吃饱、穿暖、有钱花，则是农民生活改善和农村经济繁荣的具体内容[1]，也是普通民众的生活逻辑和教育诉求（图6-4）。读书上学的价值和意义在普通百姓看来，就是要通过教育改变命运，过一种更体面、更有尊严的生活。当教育不能满足他们的这一需要，他们看不到读书上学的"好处"时，教育即使"免费"乃至"倒贴"，也无法保证民族群众对学校教育价值的认同。由此，民族群众送子女读书的积极性和学生勤奋苦读的动力都无法保障，一切提高义务教育质量的举措也只能是舍本逐末。因此，单以高雅的读书人的理论指责、说教庶民百姓的读书选择和读书期望，只能使问题变得更糟！因此，民生的进一步发展和改善，无疑是增强民族群众教育现实需要的基础性保障和内在性动力。

（a）

（b）

图6-4　彝家依旧贫困的生活境况

民生问题具有整体性，某一方面的民生改善也有可能诱发其他民生问题的恶

---

① 费孝通. 小城镇四记. 北京：新华出版社，1985：20.

化,民族地区义务教育的免费供给与非无偿获取之间的现实矛盾便是典型的例证。义务教育的免费供给虽减轻了家庭的民生负担,但也可能与家庭民生的整体改善发生冲突,使义务教育的"免费性"供给与"有偿性"获取之间存有矛盾。义务教育的"免费性"与"无偿性"是教育理论与实践中时常被提及的两个概念,但人们在对其具体的使用和理解中却存有混淆与误解。最明显的表现就是,把教育的"免费性"与"无偿性"作为对等的概念使用。事实上,义务教育的"免费性"与"无偿性"并非对等的概念,义务教育的"免费性"供给与免费义务教育享有的"有偿性"亦可同时存在。从当前民族地区义务教育普及的现实出发,澄清义务教育的免费性与无偿性,既有助于全面理解义务教育的特殊性,又有助于厘清"后普九"时代民族地区义务教育阶段学生辍学、弃学、学业成绩不良等相关问题的深层社会文化根源和可能的优化路径。

"免费"(free)一词通常的解释是"免交费用、不收费",是相对于"收费、付费"而言的。因此,免费实际上是指特定主体向某一对象(类对象)提供非付费性的各种服务或实物,强调的是"免费供给""免费提供"。同样,义务教育的"免费性"准确的表述应是"免费供给的教育",具体指国家为预期的、潜在的教育对象免费提供教育资源或教育机会,但"免费供给"并不必然等同于现实教育获取者"无偿享有"该教育免费物。"无偿"通常的解释是"没有代价""没有报酬"。前者强调的是某一主体单纯获得某种利益而无须支付任何经济代价的行为;后者强调的是付出的无收益性。由此可见,"物的免费性"与"免费物获取的有偿性"二者并不矛盾。"无偿性"指无须付出代价,这里的代价可以是物质、精神、机会等方面的支付。"无偿性"又可分为"无偿供给"和"无偿享有"两个方面。义务教育的"免费供给"并不等同于义务教育的"无偿享有",义务教育的"免费享有"也不等同于"无偿供给",这里的关键是要区分教育成本分担的不同主体,关注免费教育享有者的"机会成本"。教育成本分担理论就是基于对教育机会成本的分析提出的。依据教育成本分担理论,教育成本可分为三大类:①教育教学成本,包括教师及教辅人员的工资、图书仪器设备、教学用建筑、水电费用等;②学生生活成本,包括学生、家长因接受教育为住房、伙食、日常生活及学习需要的书本、文具、交通等支付的费用;③学生放弃的收入,即为接受教育所付出的机会成本。因此,教育的"免费性"与教育的"无偿性"并非对等的概念。一方面,义务教育具有免费性,以无偿供给的方式公平地为所有适龄儿童提供公共教育资源;另一方面,义务教育(特别是初中教育)又具有一定的"付费性",只是这种"付费"以受教育者放弃从事收益性劳动(如进城务工或在家从事收益性劳动)的获益为变相支付方式。因此,免费供给并不等同于无偿享有、无偿获取;其潜在的受益者也不必然、无条件、积极主动地去获取这一免费教育。关注免费义务教育获取的"有偿性"，有助于我们更好地理解为什么义务教育免费后，并未实现所有法定人口（预期、潜在的受益者）都能无困难、无障碍地获取义务教育。

"免费品"和"稀缺品"是经济学中的一对概念，"免费品"是不用付出代价就能获得的东西；"稀缺品"则是必须以别的东西为代价才能得到；仅不需代价就能获得的东西才是"免费品"。排队领取的"免费"音乐会票便是"稀缺品"，它要以时间为代价获得。[1]据此，"免费供给"的义务教育并非"免费品"，而是一种"稀缺品"。当因享有免费教育而放弃的"收益"大大超出其带来的"好处"时，当预期的教育"受益者"因苦于生计而无暇顾及其免费的"诱惑"时，义务教育的"免费性"则很难成为人们向学的有效动力。对他们而言，"免费"教育是"稀缺品"，而非"免费品"。通常提及的义务教育"无偿化"，其实是指国家以无偿的形式向国民提供义务教育资源，对义务教育的接受者而言则是一种免费供给的教育机会，并不等同于现实可及的无偿教育。就权利与义务的关系而言，我国公民都均等地享有免费接受国家供给的义务教育资源（免费性）的权利，而又必须履行接受一定程度国民教育的义务，因此又具有强制性，这使义务教育不同于一般意义的纯免费服务或无偿服务。重视义务教育享有的"非无偿性"，有助于我们更好地认识义务教育的强迫性。由于义务教育本身的非无偿性，其预期的潜在教育对象往往因教育的收益成效小于预期成效，或者免费供给的激励水平低于放弃教育而获益的激励水平，而表现出以辍学、弃学为表现的各种形式的教育放弃。在承认接受免费义务教育是公民的一项基本权利的同时，强调义务教育的强迫性意义也在于此。义务教育的免费供给只是为未成年人接受义务教育提供机会与可能性；但是，义务教育的非无偿享有，以及对所供给教育质量的质疑与误解，是这一可能性转变为现实性的双重障碍，这也是义务教育的免费性不同于一般的无义务性质的纯免费性服务或供给。

就国家层面而言，义务教育的免费供给也不是无回报性的无偿支付，其本身也是一项重要的投入性事业。从国家的经费预算来说，在世界范围内的公共资金支出中，教育免费供给的支出已居于国家经济预算的第二位，仅次于军费开支。2012年，时任财政部部长谢旭人在全国财政工作会议上指出，我国目前的教育预算已占我国 GDP 总量的 4%。国家提供免费义务教育的出发点在于，保障国民素质达到特定社会发展水平所要求的"底线"，培养合格公民，促进经济社会健康发展。因此，义务教育之"义务"，既是国家对公民的义务，又是公民对国家应

---

[1] 保罗·海恩，彼得·勃特克，大卫·普雷契特科. 经济学的思维方式（第 11 版）. 马昕，陈宇译. 北京：世界图书出版公司，2008：19-20.

尽的义务。在人力资本理论产生之前，教育支出一般被认为是一项消费活动，而自西奥多·W. 舒尔茨（Theodore W. Schultz）提出人力资本理论之后，教育支出的投入性逐渐被认识。正如舒尔茨所言，"好多我们称之为消费的东西，就是对人力资本的投资"，直接投入教育的费用和为接受教育所放弃的收入均是明显的例子。[1]对免费提供教育的国家而言，教育投入同样是一项具有回报性的事业，而且是一项具有战略意义的长效投入。因此，在国际范围内，教育的投入性质日益被重视，特别是"教育先行"理念的提出及落实，更是对教育支出投入性的认同与践行。同样，区分义务教育的"免费性"与"无偿性"，具有重要的理论意义和实践价值，既有助于我们全面认识义务教育的义务性与强迫性，又为我们分析和解决民族地区存在的以辍学、弃学为表现的"读书无用论"提供了新思路。我们必须认识到，倘若单方面强调义务教育的国家免费供给，忽视民族群众接受义务教育的民生"有偿性"，"办人民满意的教育"则很难落到实处。把教育作为重要的民生问题，关注教育发展与民生改善的依存关系，深化对教育民生功能的认识和教育改善民生的价值确立，应成为"后普九"时代民族地区义务教育质量提升的核心议题。

现实中，对民族地区而言，义务教育的潜在对象转变为现实的对象，是以牺牲作为家庭劳动成员的学龄儿童从事生产劳动的收益为代价的。对广大民族地区而言，受生产力发展水平和生活方式的制约，义务教育的预期、潜在对象多是家庭劳动力的重要组成部分，这意味着他们进入学校接受免费义务教育将支付较大的机会成本，教育免费并未完全消除他们生活中的"眼前困境"与"后顾之忧"。对许多民族地区而言，当上学读书与人民群众改善民生的迫切需要依旧存有过多的不和谐乃至冲突时，各种形式的辍学、失学、学业不良质量困境也无法从根本上解决。民族地区义务教育的免费供给虽减轻了家庭的民生负担，但也可能与具体家庭民生的整体改善发生冲突，使义务教育的"免费性"供给与"有偿性"获取之间存有矛盾。民族地区的客观事实是，义务教育的"免费供给"并不等同于义务教育的"无偿享有"，义务教育的"免费享有"也不等同于"无偿供给"，这里的关键是要区分教育成本分担的不同主体，关注免费教育享有者的"机会成本"。西奥多·舒尔茨曾提出的学校教育"费用的全面概念"（或学校教育"全部要素费用"的概念）包括两部分内容：①提供教育服务的成本，即"学校经费"；②学生因获取教育而放弃就业收入的损失，即"放弃的收入"。他进而指出，"在教育方面有许多困惑不解的问题，而放弃的收入则为解决这些问题提供一个坚实而合理的解释"，"拿费用的全面概念来研究学校教育费用好处甚多，研究人员

---

① 外国经济学说研究会. 现代国外经济学论文选（第8辑）. 北京：商务印书馆，1984：232.

长期感到困惑不解的一系列教育问题会迎刃而解"[①]。传统观点认为，"家庭贫困"和"教育贫困"是义务教育阶段学生辍学的首要原因。但是，民族地区的调查表明，"学业成绩低下""留守儿童问题""新读书无用论"的兴起，是民族地区失学、辍学的主要原因。对许多民族地区的学生而言，义务教育后面临的多是"读书不成，庄户不能"的尴尬境遇。所以，提高义务教育质量，满足学生升学或就业的双向需要，是避免民族群众"逃离教育""放弃教育"的根本所在。因此，如果单方面强调义务教育的国家免费供给，忽视民族群众接受义务教育的民生"有偿性"，那么"办人民满意的教育"则很难落到实处。关注教育发展与民生改善的现实依存关系，进一步发展和改善民生，应是民族地区义务教育质量提升的基础保障。

调研发现，某些村寨因迫于生计的人口迁出导致学龄儿童逐年减少，群众"就近入学"的愿望变得更加渺茫，成为制约民族地区义务教育质量提升的现实问题。某些民族村寨因地理位置偏僻，进出道路又多为崎岖的盘山路，逢上雨雪天气，出行则十分困难。因此，有些在外打工的村民举家搬迁，到周边县乡或打工地安家，其子女也跟随其到当地入学。以调查中的黎平某苗寨（自然村）为例，该村已有 67 户陆续搬出，仅剩下 100 余户，村里的适龄学童逐年减少，他们渴望恢复村小的希望更加渺茫。据当地教育辅导站人员介绍，许多村寨适龄学童越来越少，有的每年只有 4～5 个，加之办学成本、师资配置等现实问题，他们暂时没办法在各村都留办教学点。因此，有的村寨因顾及子女的安危及其他实际问题，不得自己保留教学点。在申请公办教师不能满足的情况下，村民只得自掏腰包请代课老师。这既增加了家庭的经济负担，又难以保障教育质量。因此，民族群众同样渴望子女接受优质教育，通过教育改善生活处境的愿望依然非常强烈，我们在调研中发现的"大学生村"现象[②]同样可以佐证。事实上，民族地区广泛存在的辍学、失学现象，更多地源于民族群众因看不到"教育的有用性"或"现实效益"对教育的被迫放弃。在多数民族群众看来，免费的学校教育并不能解决家庭谋生、脱

---

① 西奥多·舒尔茨. 教育的经济价值. 曹延亭译. 孙长顺校. 长春：吉林人民出版社，1982：48，36. 舒尔茨指出，"放弃的收入"为以下三种现象提供了合理解释：①家庭收入低的许多有才能的儿童过了法定的强迫教育年龄后，即使是免缴学费，发给奖学金都不能使他们继续在学校学习；②农村儿童所受教育不如城市儿童那样正规；③国民收入低的国家的儿童在完成头几年学习之后就被迫失学. 详见：西奥多·舒尔茨. 教育的经济价值. 曹延亭译. 孙长顺校. 长春：吉林人民出版社，1982：17-18.

② "大学生村"现象是我们在民族地区调研过程中发现的同辍学现象并存的又一普遍现象. 以调查中的某侗族村寨为例，该村共 29 户，约 128 人，有 4 名在读大学生. 村里人看到有人靠读书走出了大山，改变了命运，受其"榜样示范"的影响，村民都不惜代价地供孩子读书上大学，使该村成了有名的"大学生村". 当地教师也反映，像这种"大学生村"现象在当地相当普遍，他们自己通过读书"跳农门"，成为国家教师的亲身经历也佐证了这一点. 当然，民族地区教师当前的生存状况同样有待改善，这是另一个问题.

贫、致富的现实问题，他们看不到送子女读书（特别是中学阶段）的"有用性"和"实惠"，于是普遍缺少监督子女接受学校教育的现实需要与强烈愿望。当许多家长看到子女升学无望，"多读一年与少读一年书又没有什么区别"时，他们发现教育改变生活的路子是根本走不通的，结果只能被迫选择诸如外出打工或回家务农等实际的路子来改善当下并不富裕的生活。

环境的改变和人的活动的一致性，只能被合理地理解为革命的实践，是马克思主义关于人和环境与教育的关系问题的基本看法，其实质是对教育在人的发展和社会发展中作用的科学揭示。学校不是"文化的孤岛"，是存在于社会文化之中的，地方性和民族性是其重要特征。人们对教育的获取或放弃，是基于既定需要与价值判断的心理倾向及行为选择，与其根植的社会文化价值观念和行为模式互为表里。对学校教育问题的思考不应仅仅把视野局限在学校系统内部，而应放眼于学校教育赖以存在的整个社会文化系统及其时代变迁的场域中。对待民族地区的义务教育质量问题，应在充分尊重民族成员切身利益的前提下，使学校教育的普及真正服务于民族群众民生改善、过体面生活的现实需要和价值诉求，这也是文化的本质属性和我国教育的社会主义属性的本质规定。民族地区义务教育质量的提升，不应机械照搬全国"大一统"的模式，应以民族地区经济、社会、文化和教育的发展的客观现实和特殊性为依据。当然，强调关注民族地区教育问题的社会文化制约性，绝不意味着我们可以过分夸大民族地区教育问题的特殊性，更不应走向"文化相对主义"的另一个极端。

结　语

学校不是"文化的孤岛"，是存在于社会文化之中的。对于教育的理解乃是对文化理解的一个函数，教育的功能亦在使年轻一代"导入文化的规范之道"。[①]教育不是独立的存在，我们也无法通过主观设计使其看起来好像是独立的。学校教育是社会文化的存在，也是文化存在和延续的载体和方式。若不关注人的现实需要及其文化规约性，一切教育问题的思考都是肤浅的，所谓的对策和建议，也必将是治标不治本，甚或事与愿违、徒添麻烦。

跨入"后普九"时代，民族地区义务教育发展有了质的改善，整体成效有了大幅提升。但是，经济社会整体发展水平相对落后的现状，依旧是制约民族地区义务教育普及成效提升的社会历史文化根源。对待民族地区的义务教育问题，应在充分尊重民族成员切身利益的前提下，正确处理教育发展与民族文化差异之间的特殊关系，坚持教育普及真正服务民生改善的教育价值诉求和现实需要。既有研究虽也关注教育与文化的规约关系，但现代学校制度往往被其固化为"村落中的'国家'"，村落则被看作毫无主动性、主体性的"弱者""底层"，忽视了其内部的历史力量与主体能动性，有意无意把"村落"与"国家""民族文化"与"现代教育"置于非此即彼、不可调和的对立面。这样的研究范式过于偏倚知识分子的文化视野和价值立场，容易忽视对普通百姓文化研究中"日常生活"（everyday life）[②]及价值逻辑的关注，也遗忘了我国社会主义的教育与阶级社会教育、资本主义社会教育的本质区别。人性绝非抽象的实体存在，文化亦非不食人间烟火的闲情雅致；知识并非具有某种先验的价值，教育质量的评价也无法脱离文化主体的日常生活。文化是一种手段，是人类追求、享有幸福生活的"工具箱"，教育是其重要方面和实现方式。具体到我国民族地区的教育问题，实现教育发展与民生改善的双向共赢，是社会主义教育的本质要求。在社会主义和谐社会和新

① Bruner J. The Cultural of Education. New York：Harvard University Press,1997.

② 许江. 文化研究视野中的日常生活. 读书，2013，（8）：59-64.

农村建设的进程中，教育民生功能的需要日益突出、紧迫。处于社会文化转型的"后普九"时代，通过教育发展进一步促进民生的改善，"努力办好人民满意的教育"，是民族地区教育改革和发展的时代使命与迫切需要，也是实现国家长治久安、各民族共同繁荣的战略选择。

学校教育不过是特定文化主体价值或意义确立、认同和传承的特殊过程，这也是我们一再强调教育学是人文科学的理由和目的所在。民族地区的义务教育质量优化，不应仅仅把视野局限在学校系统内部，更要放眼于学校教育赖以存在的整个社会文化系统及时代变迁的场域中。尊重人的社会存在和人在实践中的主体性和文化规约性，以此作为理解"教育价值"和"教育质量"的客观依据，是提升民族地区义务教育普及成效相关对策建议有效性的前提。无论是从人性的角度而言，还是从日常生活中的价值观念与行为表现来看，人类的"共同性"往往要大于"差异性"，且表现为人（人类）的"需要"的客观性和普遍性。当然，限于生活经验、文化传统，人们对美好生活的理解和追求方式会有各种误判或错判。因此，我们说人的基本需要是一致的，但满足需要的具体方式则不尽相同，乃至表现出诸种形式的"不可通约性"和"不可超越性"，这也是文化差异性的内涵所指。世界范围内的教育危机是"教育先行"的"副作用"或"后遗症"，特别是对发展中国家和地区而言。本书关注的民族地区的教育质量问题，则是这一世界性教育危机的典型案例和鲜活存在，具有"活化石"的理论价值和现实意义。然而，受后现代思潮的影响，以一种"文化相对主义"的理论盲从和思维习惯看待教育问题，又是"好心办坏事"者的有意或无意之举。

事实上，我们对民族地区诸多教育问题的认识较能达成共识，对其成因和解决策略的分析也较为一致。但是，如何及能否有效地把对策付诸实践则是另一回事。加大民族地区的教育投入毋庸置疑，亦刻不容缓。但是，如何"把钱使在刀刃上"，使民族群众真正享有优质教育资源，使民族地区的群众真正享有教育发展的成果，是切实提高民族地区义务教育发展质量的核心目标。教育问题从来不单单是学校的问题，也不单单是教师的问题，更不单单是钱的问题。只有明确什么是"好的教育"，才能真正把教育办好；只有关注什么是人民群众所理解、所期望的"满意的教育"，人民对教育才会真正满意。教育实践需要教育理论的指引，理论陌生于实践也是需要警惕的！

参考文献

巴战龙. 2010. 学校教育·地方知识·现代性: 一项家乡人类学研究. 北京: 民族出版社.

保罗·弗莱雷. 2007. 被压迫者的教育学. 顾新建, 赵友华, 何曙荣译. 上海: 华东师范大学出版社.

保罗·威利斯. 2013. 学做工: 工人阶级子弟为何继承父业. 秘舒, 凌旻华译. 南京: 译林出版社.

查尔斯·赫梅尔. 1983. 今日的教育为了明日的世界. 王静, 等译. 北京: 中国对外翻译出版社.

陈桂生. 2012. 人的全面发展理论与现时代. 上海: 华东师范大学出版社.

陈国华. 2014. 民族地区义务教育治理内卷化研究——基于勐海县的考察. 西南大学博士学位论文.

蒂摩西·威廉姆斯. 2013. 知识及其限度. 刘占峰, 陈丽译. 陈波校. 北京: 人民出版社.

刁培萼. 1992. 教育文化学. 南京: 江苏教育出版社.

恩斯特·卡西尔. 1997. 人论. 甘阳译. 上海: 上海译文出版社.

费孝通. 2005. 费孝通论文化与文化自觉. 北京: 群言出版社.

费孝通. 2011. 乡土重建. 长沙: 岳麓书社.

冯友兰. 2009. 中国哲学史(上册). 重庆: 重庆出版社.

顾智明. 2009. "人的世界历史性存在"与人的实践自觉. 中国社会科学, (2): 39-51, 205.

郭雅娴. 2012. 中国教育资源配置效率研究. 北京: 人民出版社.

黄济. 2004. 教育哲学通论. 太原: 山西教育出版社.

靖东阁, 孙振东. 2014. 学校教育传承民族传统文化存在的问题及出路. 中南民族大学学报(人文社会科学版), (6): 58-62.

卡尔·雅斯贝尔斯. 1991. 什么是教育. 邹进译. 北京: 生活·读书·新知三联书店.

克利福德·格尔茨. 1999. 文化的解释. 韩莉译. 南京: 译林出版社.

梁漱溟. 2010. 东西文化及其哲学. 北京: 商务印书馆.

迈克尔·阿普尔. 2008. 教育的"正确"之路. 黄忠敬, 吴晋婷译. 上海: 华东师范大学出版社.

黔东南州地方志编委会. 2004. 黔东南州志·文化志. 贵阳: 贵州人民出版社.

孙喜亭. 2003. 教育原理. 北京: 北京师范大学出版社.

孙振东. 2006. 从实求知: 民族教育田野研究的方法论原则. 西南师范大学学报(人文社会科学版), (6):56-60.

托马斯·库恩. 2003. 科学革命的结构. 金吾伦, 胡新和译. 北京: 北京大学出版社.

汪晖. 2010. 别求新声: 汪晖访谈录. 北京: 北京大学出版社.

王铭铭. 1997. 社会人类学与中国研究. 北京: 生活·读书·新知三联书店.

王平. 2014. 基于教师改革信念视角的课程改革困境反思. 中国教育学刊, (8): 86-90, 108.

许江. 2013. 文化研究视野中的日常生活. 读书, (8): 59-64.

杨小微. 2013. 多样·优质·均衡: 步入高位的教育发展评价尺度. 教育发展研究, (2): 1.

伊曼纽·华勒斯坦等. 1999. 学科·知识·权力. 刘建芝, 等编译. 北京: 生活·读书·新知三联书店.

约翰·罗尔斯. 2012. 正义论. 何怀宏, 何包钢, 廖申白译. 北京: 中国社会科学出版社.

翟博. 2013. 基础教育均衡发展理论与实践: 中国基础教育均衡发展研究报告. 北京: 教育科学出版社.

詹姆斯·班克斯. 2009. 文化多样性与教育: 基本原理、课程与教学. 荀渊, 等译. 上海: 华东师范大学出版社.

张诗亚. 2010. 化若集. 南京: 南京师范大学出版社.

张学敏. 2002. 贫困与义务——贫困地区义务教育经费投入研究. 重庆: 西南师范大学出版社.

张兆林. 2015. 非物质文化遗产领域的行业协会研究. 美术观察, (4): 112-117.

Horner R. 2011. Culture, communication, and competence: A commentary on variables affecting social and academic behavior. Journal of Behavioral Education, (20).

Jones S. 1997. Language awareness and learning styles. Encyclopedia of Language and Education, (6).

Juran J, Godfrey B. 1998. Juran's Quality Handbook. New York: McGraw-Hill.

Kagia R. 2005. Quality education for all young people: Challenges, trends and priorities. Prospects, (1).

Ladson-Billings G. 1994. The Dream-keepers: Successful Teachers of African American Children. New York: Jossey-Bass.

Lindblom C. 2013. Practical conditions for home and consumer studies in Swedish compulsory education: A survey study. International Journal of Consumer Studies, (5).

Martínez M J L. 2014. The social and emotional competences in the earliest academic training of compulsory education teachers within multicultural contexts. Procedia-Social and Behavioral Sciences, (3).

Murdock G. 1965. Culture and Society. Pittsburgh: University of Pittsburgh Press.

Northoff G. 2013. What is culture? Culture is context-dependence! Culture and Brain, (2-4).

Postiglione G. 1999. China's National Minority Education: Culture, Schooling and Development. New York: Falmer Press.

Raty H. 2006. What comes after compulsory education? A follow-up study on parental expectations of their child's future education. Educational Studies, (1).

（一）家长和村民访谈提纲

1）您觉得送孩子去学校读书有用吗？

2）您觉得现在孩子读书是否有家庭经济负担？

3）您觉得现在家长对男孩子和女孩子读书的重视情况是否有区别？

4）您对现在的学校教育是否满意？

5）您认为现在学校教授的知识是否有用？

6）现在送孩子读书还有哪些方面的困难？

7）您认为是现在家长更重视孩子的教育还是以前更重视？

8）您认为现在学校的办学条件怎样？还有哪些需要改进的地方？

9）您觉得是现在的孩子学习更努力还是你们那个时候的孩子学习更努力？

10）您觉得是现在的孩子各方面的表现好些还是以前孩子的表现好些？为什么？

11）如果您的孩子不想上学了，您是否同意他辍学？

12）您是否希望您的孩子利用假期或尽早出去打工？

13）现在是否还需要孩子帮家里做一些农活和其他事情？

14）现在村寨里辍学的孩子多吗？

15）您是否经常关心孩子的学习情况？是否会向学校教师了解孩子在学校的学习成绩及各种表现？

16）您觉得现在学生学习成绩不好的主要原因是什么？

17）如果有可能，您希望孩子到好点的学校或县城去读书吗？

18）您觉得家长出去打工会对孩子的学习和成长有不好的影响吗？

19）别人家的孩子考上大学，您会羡慕吗？

20）您希望孩子考上高中、考上大学吗？

（二）学校教师和教育部门领导访谈提纲

1）请您介绍下目前咱们这里"普九"工作开展的基本情况。

2）您怎么看待目前正在实施的"9+3"免费职业教育？

3）目前制约学校发展和教育质量提升的主要因素有哪些？

4）您认为现在的家长是否重视子女的教育？

5）学校教育教学和管理工作中面临的最大困难是什么？

6）现在学生的学业成绩和行为表现如何？

7）现在学生学习的积极性如何？

8）您认为学生学习成绩不良的主要原因有哪些？

9）您觉得民族地区的教育质量提升主要面临哪些方面的特殊困难？

10）您觉得不同民族学生的学习成绩及各方面表现是否不同？

11）学校的地方课程和校本课程的开设情况如何？主要面临哪些方面的困难？

12）您认为是否有必要在民族地区优先普及学前教育？

13）您觉得影响家长送子女读书和对子女教育重视程度的主要因素是什么？

14）您怎么看待现在民族地区普遍存在的留守儿童问题？

15）您认为是否有必要恢复升留级制度？

16）您怎么看待目前各学校普遍存在的"重点班"和"普通班"现象？

17）您认为是否应该把民族传统文化引入学校课程？

18）民族地区的语言及传统文化是否会对教育质量产生不利影响？

19）您认为是否有必要在民族地区开展双语教学？

20）您对现在的工作和生活状况是否满意？

（三）学生访谈提纲

1）你是否喜欢学校生活？

2）你的学习成绩如何？比较喜欢哪门课程？为什么？

3）你是否出去打过工？你希望出去打工吗？

4）你上学读书的目的是什么？

5）你觉得学校教师教的知识是否有用？

6）你在学习中面临的主要困难有哪些？

7）你觉得学校分"重点班"和"普通班"的做法好吗？

8）你的父母是否出去打工或出去打过工？

9）父母是否重视您的学习情况？他们是否希望你考上大学？

10）你是否希望考上高中、考上大学？

11）你了解你们民族的传统文化吗？

12）你在学习过程中是否会有语言障碍？

13）你平时是否会帮家里做些农活或其他事情？

14）你希望学校开设一些对今后生活或工作有帮助的职业性质的课程吗？

说明：在实际的调研过程中，我们主要采用开放式访谈，考虑到语言和理解上的障碍，在实际的访谈中我们会对个别问题进行相应的转换。以上访谈提纲只是实际访谈问题的框架，具体的访谈内容会根据访谈对象的实际情况和涉及问题的针对性和典型性进行灵活调整。

后 记

　　本书是在我的博士学位论文的基础上修改而成的，能够顺利出版离不开众多师长、亲朋的帮助。

　　首先要感谢我的导师西南大学孙振东教授！人与人的相识相交是一种缘分，师生关系更是如此。能成为孙老师的学生既是一种缘分，又是我的福分。孙老师给予我学业和生活上诸多关爱，不但是我学术的导师，更是我人生的导师。他始终以"诲人不倦"的爱心和耐心教授我为学之道，更是身体力行、严于律己地教导我做人的道理。在孙老师的严格要求和谆谆教诲下，我的学术能力有了提升，我选择学术人生的信心和信念也更加坚定。他给予我一生的财富，使我受益终身！

　　感谢读书期间和论文开题、答辩过程中给我帮助和指导的诸位专家、老师，他们是四川大学何景熙教授，清华大学刘兵教授，西北师范大学王鉴教授，四川师范大学巴登尼玛教授，广西师范大学孙杰远教授，西南大学的张诗亚教授、张学敏教授、么加利教授、吴晓蓉教授、倪胜利教授、蒋立松副教授、罗江华副教授、陈荟副教授，感谢论文的盲评专家，他们为书稿修改和后续研究提出了宝贵的意见和建议。感谢给我诸多帮助和鼓励的诸位学友，他们为我的论文的写作提出了宝贵的意见和建议。还要感谢书稿参考文献的众多作者，他们的智慧为研究奠定了基础，在此一并致谢！

　　本书能够顺利出版，离不开我在民族地区的多次田野考察。本书作为国家社会科学基金重大项目"西南民族地区民生改善调查研究"（编号：11AMZ004）的资助项目，得到了课题的经费资助和研究团队的大力支持。在此，谨向课题主持人及和我一同进行田野调研的课题组成员表示诚挚的感谢！考察期间，我们还得到当地政府和教育主管部门、学校、乡村教学点和乡村干部、群众的热情帮助和大力支持，特别是黔东南侗乡的罗老师、杨校长、蓝老师、梁老师、林老师，凉山彝区的顾局长、曲比县长、的日马列主任、王校长，还有那些无法一一具名的群众，等等。没有他们的帮助，调研工作会面临更多困难，在此一并致谢。

感谢求学期间给我诸多帮助和鼓励的诸师兄、师姐和师弟、师妹。他们的陪伴，不仅开拓了我的学术思维，也为日常生活增添了诸多乐趣和希望。

还要感谢本书的编辑同志，特别是乔宇尚和王丽娟两位女士，感谢她们为本书的编辑工作付出的巨大耐心和辛勤的专业劳动。

本书出版获得了聊城大学出版基金和山东省"十二五"重点建设基地"教师教育创新研究基地"项目的共同资助，在此一并表示感谢。

当然，还要感激我的家人，是他们给予我无尽的精神慰藉和生活上的支持，使我能安心完成学业。

在我看来，学术研究不应囿于自我娱乐的私利，而要有人道主义的情怀和使命、责任与担当。作为人文科学的教育学，尤其如此。学术作为一种特殊的人类实践，也是一种特殊的劳动，增进人类的福祉应是"学者的使命"和"人的使命"。知识和美德具有内在的一致性。崇高的学术探索需要高尚的道德为航标，否则绝不会有真正的学术。作为地地道道的农村人，我对社会底层人民的生活境遇及其对教育的期盼有着切身的经历和深切的感悟。教育本应是承载着希望的事业，是人们追求美好生活的过程和方式。一旦教育遗忘了其所担负的增进人类生活福祉的期盼，即使投入再多的人财物，结果也顶多是"学校繁荣，教育衰败"的重演。

学术人生是艰辛的，只因其任重而道远！

是为后记。以自勉。

满忠坤

2017 年 9 月